CPDA®数据分析师专业技术考试教材

供应链优化与投资分析

GONGYINGLIAN YOUHUA YU TOUZI FENXI

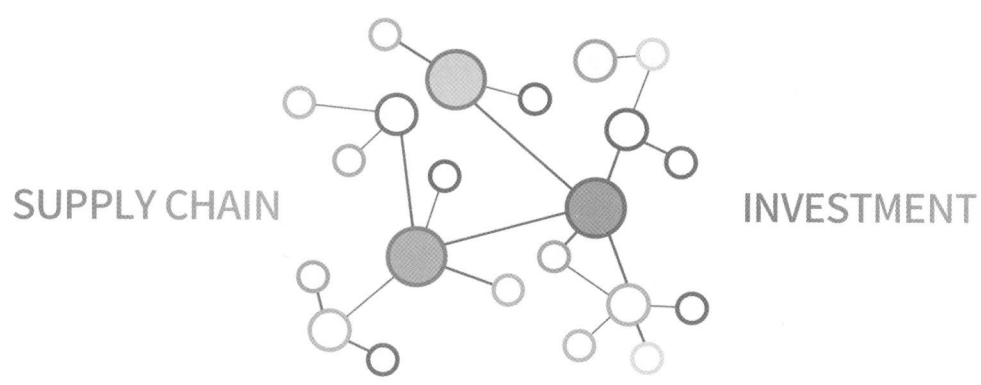

SUPPLY CHAIN　　　　INVESTMENT

中国商业联合会数据分析专业委员会 编著

中国商业出版社

图书在版编目(CIP)数据

供应链优化与投资分析 / 中国商业联合会数据分析专业委员会编著 .—北京：中国商业出版社，2021.7
CPDA 数据分析师专业技术考试教材
ISBN 978-7-5208-1646-5

Ⅰ.①供… Ⅱ.①中… Ⅲ.①供应链管理—资格考试—教材②投资分析—资格考试—教材 Ⅳ.①F252.1②F830.593

中国版本图书馆 CIP 数据核字(2021)第 101190 号

责任编辑：朱丽丽

中国商业出版社出版发行
010—63180647　www.c-cbook.com
(100053　北京广安门内报国寺 1 号)
新华书店经销
三河市中晟雅豪印务有限公司印刷
★
787 毫米×1092 毫米　16 开　20.25 印张　477 千字
2021 年 7 月第 1 版　　2021 年 7 月第 1 次印刷
定价：60.00 元
★ ★ ★
(如有印装质量问题可更换)

前言

数据资源被视为21世纪的"石油"！当前，我国政府和企业均高度重视大数据的开发与利用，大数据为社会和经济的发展带来了机遇，但大数据时代的数据分析也面临许多新的挑战，传统的数据分析思维和方法并不完全适用于大数据分析。这就要求数据分析人才能够运用正确的数据分析方法收集和整合各种数据，选取合理的模型，挖掘这些数据背后的价值，实现企业利润最大化以及社会资源的最优配置。

自我国于2003年底正式设立"数据分析师"考培认证以来，该项目获得了众多数据分析相关工作者的关注与支持，各地政府机关和企业将其作为人才引进的考察依据，每年的考生人数也呈递增态势。为了更好地帮助企业做好数据化转型，避免无效引入数据化软件，也为引导每一位数据分析人员跳出"分析工具＝数据分析"的误区，助力打通数据价值最后一公里，中国商业联合会数据分析专业委员会组织专家精心编写了此套辅导用书。作为CPDA数据分析师专业技术考试教材，在编写的过程中，全书既注重内容的新颖性，理论的成熟性，又强调了方法的实用性，并通过分析大量业界的实际案例，做到了理论联系实际，既有助于读者认识数据分析的全过程，又与国际接轨，符合企业实际。

本套书共有三本：《数据分析基础》《客户与产品数据分析》和《供应链优化与投资分析》。三本书是一个相对完整的体系，且各有侧重。

《数据分析基础》侧重于介绍数据分析的理论知识与方法，为《客户与产品数据分析》和《供应链优化与投资分析》的学习提供基础性知识和技能工具，注重培养数据分析的底层思维，旨在帮助读者了解数据分析的基本流程，掌握数据分析的基本方法，培养大数据爆炸时代解决问题所需的数据分析思维。全书从实战的角度出发，采用了大量真实案例，既完整体现了数据分析的严谨性和系统性，又增加了学习的趣味性，有助于提高读者的操作能力以及更好地构建数据化思维。

《客户与产品数据分析》侧重在企业经营过程中，针对不同类型的客户和产品所需要的数据分析，提供各种经济学分析模型和方法，注重培养数据分析思维在客户分析和产品分析中的应用。系统地阐述了数据分析在客户分析和产品分析中的应用，介绍了客户分析和产品分析的基础知识和模型方法，旨在帮助读者了解客户和产品数据的价值，掌握客户分析和产品分析的模型和方法，为企业运营策略提供最优的规划方案。

《供应链优化与投资分析》侧重在供应链体系中的最优配置和在投资项目决策中所需要的决策依据，为企业的优化和投资提供合理的数学模型，注重培养数据分析思维在供应链和投资上的应用。旨在分析供应链流程优化和投资分析等多方面内容，提供深度的市场机会研究，以专业的研究方法发现投资价值和投资机会，解决数据应用问题，使供应链在各个价值转换过程产生的数据具备商业价值。

每本教材最后均提供了考试内容解读和考试真题讲解，帮助考生充分了解近年来考试全貌，体会考试特点，为真正走进考场应试提前做好准备。

本书在编写过程中参阅了多位专家和同行的文献和著作，从中深受启发。感谢各位专家和同事的大力支持与帮助，在此对他们的辛苦工作表示感谢！

由于时间仓促和编者水平有限，书中难免有不妥之处，恳请读者批评指正。联系邮箱：services@chinacpda.org。

中国商业联合会数据分析专业委员会

目 录

第一部分 供应链优化

第 1 章 数据分析对供应链的影响 ………………………………………… (3)
 1.1 构建数据化智能供应链的必要性 …………………………………… (5)
 1.2 供应链数据分析——从生产源头到终端销售 ……………………… (7)
 1.3 构建数据化智能供应链的背景与实施障碍 ………………………… (11)
  1.3.1 构建大数据供应链的背景 …………………………………… (11)
  1.3.2 数据化智能供应链实施的障碍 ……………………………… (12)
 1.4 数据化智能供应链的应用实现 ……………………………………… (15)

第 2 章 采购优化 ………………………………………………………… (17)
 2.1 数据分析如何影响采购 ……………………………………………… (19)
 2.2 供应管理—供应定位模型 …………………………………………… (22)
  2.2.1 IOR 水平 ……………………………………………………… (22)
  2.2.2 供应项目定位的改善 ………………………………………… (24)
 2.3 供应商选择—层次分析法(AHP) …………………………………… (26)
  2.3.1 层次分析法(AHP)简介和适用范围 ………………………… (26)
  2.3.2 层次分析法的实施步骤 ……………………………………… (26)
  2.3.3 层次分析法选择供应商案例 ………………………………… (30)
  2.3.4 层次分析法的优缺点 ………………………………………… (32)
 2.4 自制与外购决策 ……………………………………………………… (35)
 2.5 物料需求计划 ………………………………………………………… (41)
 2.6 采购优化常用分析工具及模型 ……………………………………… (48)
  2.6.1 学习曲线 ……………………………………………………… (48)
  2.6.2 ABC 分析法 …………………………………………………… (55)

2.6.3　通过VA/VE价值工程分析采购成本 ……………………………（58）
　　　2.6.4　采用Excel进行最优交货天数决策 ………………………………（61）

第3章　生产优化 …………………………………………………………（65）

3.1　企业生产管理的内容 ……………………………………………………（67）
　　　3.1.1　生产管理的目标 ………………………………………………（67）
　　　3.1.2　生产运作决策 …………………………………………………（67）
3.2　生产计划—线性规划求解法 ……………………………………………（69）
　　　3.2.1　线性规划求解法简介和适用范围 ……………………………（69）
　　　3.2.2　线性规划求解生产优化案例解析 ……………………………（69）
3.3　按生产成本选择分厂 ……………………………………………………（74）
3.4　设备最优使用寿命决策 …………………………………………………（78）

第4章　物流优化 …………………………………………………………（81）

4.1　物流外包决策 ……………………………………………………………（85）
　　　4.1.1　物流是否外包 …………………………………………………（85）
　　　4.1.2　采用AHP法和博弈分析法进行外包给谁的决策 …………（92）
4.2　物流中心选址—重心法 …………………………………………………（98）
　　　4.2.1　重心法介绍 ……………………………………………………（98）
　　　4.2.2　重心法的基本原理 ……………………………………………（98）
　　　4.2.3　重心法案例解析 ………………………………………………（99）
　　　4.2.4　重心法的优缺点 ………………………………………………（100）
　　　4.2.5　重心法的适用范围 ……………………………………………（101）
4.3　配送线路优化—节约里程法 ……………………………………………（102）
　　　4.3.1　节约里程法介绍 ………………………………………………（103）
　　　4.3.2　节约里程法步骤及案例解析 …………………………………（104）
　　　4.3.3　节约里程法优缺点 ……………………………………………（106）
4.4　库存管理 …………………………………………………………………（108）
　　　4.4.1　经济订货批量（EOQ）…………………………………………（108）
　　　4.4.2　加入限时的订货至交货周期 …………………………………（109）
　　　4.4.3　来自供应商的价格折扣 ………………………………………（110）
4.5　退货管理 …………………………………………………………………（117）
　　　4.5.1　逆向物流 ………………………………………………………（117）

4.5.2 多余物品的识别分析 …………………………………………… (118)
4.6 库存精度与周期盘点 ………………………………………………… (120)
4.6.1 库存精度 ……………………………………………………… (120)
4.6.2 循环盘点数据应用决策 ……………………………………… (122)

第5章 销售预测优化 …………………………………………………………… (125)
5.1 销售预测的特点及分类 ……………………………………………… (127)
5.2 销售预测——时间序列法 …………………………………………… (129)
5.2.1 时间序列法适用范围 ………………………………………… (129)
5.2.2 时间序列法原理简介 ………………………………………… (129)
5.2.3 平稳时间序列预测方法 ……………………………………… (130)
5.2.4 包含长期线性趋势的时间序列预测方法 …………………… (133)
5.2.5 包含长期线性趋势和季节变动的时间序列预测方法 ……… (134)
5.3 销售预测——回归法 ………………………………………………… (139)
5.3.1 回归法简介 …………………………………………………… (139)
5.3.2 线性回归法预测流程及案例解析 …………………………… (139)
5.4 销售预测——线性规划法 …………………………………………… (141)
5.4.1 市场调查应用案例 …………………………………………… (141)
5.4.2 媒体选择应用案例 …………………………………………… (143)

第二部分 投资分析

第6章 投资概述 ………………………………………………………………… (147)
6.1 投资 …………………………………………………………………… (149)
6.1.1 投资项目 ……………………………………………………… (149)
6.1.2 投资决策与管理 ……………………………………………… (153)
6.2 量化投资 ……………………………………………………………… (157)
6.2.1 量化投资定义 ………………………………………………… (157)
6.2.2 量化投资的特点 ……………………………………………… (157)
6.2.3 量化投资数据分析的意义 …………………………………… (158)

第7章 实业量化投资 …………………………………………………………… (159)
7.1 实业投资的技术选择方法 …………………………………………… (161)

7.1.1　费用—效果法 ……………………………………………………… (161)
　　7.1.2　边际分析法 ……………………………………………………… (162)
　　7.1.3　成本法 …………………………………………………………… (164)
　　7.1.4　收益法 …………………………………………………………… (165)
　　7.1.5　期权法 …………………………………………………………… (167)
7.2　实业投资数据编制与估算 …………………………………………………… (169)
　　7.2.1　实业投资项目周期与计算期 ……………………………………… (169)
　　7.2.2　关于资金时间价值基本理论 ……………………………………… (169)
　　7.2.3　投资基准折现率的确定 …………………………………………… (183)
　　7.2.4　总投资构成及估算方式 …………………………………………… (188)
　　7.2.5　资金来源构成及还款估算 ………………………………………… (203)
　　7.2.6　总成本费用构成及估算方式 ……………………………………… (207)
　　7.2.7　收益构成及估算方式 ……………………………………………… (216)
　　7.2.8　资金平衡表 ………………………………………………………… (220)
　　7.2.9　资产负债表 ………………………………………………………… (222)
　　7.2.10　投资项目现金流量表的基本概念 ………………………………… (223)
　　7.2.11　现金流量表的编制 ………………………………………………… (230)
7.3　实业投资数据分析 …………………………………………………………… (245)
　　7.3.1　经济效益指标分析 ………………………………………………… (245)
　　7.3.2　投资项目的不确定性分析及风险决策 …………………………… (257)

第8章　金融量化投资 ………………………………………………………… (283)
8.1　金融量化投资的主要方法 …………………………………………………… (285)
　　8.1.1　基本面分析 ………………………………………………………… (285)
　　8.1.2　技术面分析 ………………………………………………………… (299)
　　8.1.3　基本面分析与技术面分析的区别和联系 ………………………… (309)
　　8.1.4　资本资产定价模型 ………………………………………………… (310)

第一部分
供应链优化

第1章
数据分析对供应链的影响

数据分析法改变了许多商业领域,但是没有哪个领域的变化能够与供应链管理发生的变化相匹敌。除非有突发状况,例如,在网上订购的商品没有如期到货,或者是想购买的宣传商品已售罄,否则多渠道销售的零售商必须要在当天交货,这点是众多消费者的期望。没有数据的推动,点对点的运营模式、获得全球供应链管理的竞争优势就无从谈起。

1.1 构建数据化智能供应链的必要性

数据分析广泛应用于各个领域,功能不尽相同。银行和电信行业较其他行业复杂,安全、性能以及可靠性、可服务性要求更高;地产业侧重于区位分析;零售业更侧重于收入弹性分析;等等。但是供应链系统关联广、动态性强、集国民经济复杂性于一身,应用数据化智能供应链能从根本上提高企业如下能力:

1. 流程跟踪能力

智能供应链系统采用工作流程跟踪营销、客户发展、服务反馈等业务,为跨部门工作提供支持,使这些工作能动态地、无缝地集成,并对各个环节进行生命周期跟踪。

2. 渠道反馈集成能力

渠道反馈拉动客户和企业的互动,使企业营销形成闭环。在跟踪服务的同时,收集了客户的反馈信息,这些信息对于企业都是不可多得的财富,指导企业后期新产品的营销以及对员工的掌握。

3. 信息数据仓储能力

各部门业务信息持久化,不但可提供多维度的查询能力,还可为报表和数据分析提供有力的数据支持。

4. 信息数据统计挖掘能力

企业数据是一个企业的有形资产,是企业的金矿。如何有效利用日积月累的流水数据,是当今所有企业面临的挑战。谁率先发掘出其中的有利信息,谁将掌握企业发展方向的金钥匙。

5. 大数据报表展示能力

报表展示可以了解运营效率,直观展现企业运营情况。投入低,产出高。同时对报表的质量要求高。

6. 大数据客户洞察能力

大数据是当今各行各业炙手可热的技术，客户信息是企业宝贵的财富。大数据分析客户洞察能力可以帮助企业挽留潜在流失客户，为企业开源节流的同时，创造额外利润。

1.2 供应链数据分析——从生产源头到终端销售

很多企业将数据分析运用到供应链从进货到销售的各个环节，比如：

采购	供应商特点 产品特点 货源渠道选择 供应商整合 供应商谈判	采购越来越依靠数据分析评价供应商，与供应商进行谈判
制造	科技水平 能力限制 设备位置 库存 设备分布 知识与技术	生产环节越来越多地应用数据分析优化库存和运转能力
物流	配货与物流 交通方式选择 路线规划 日程安排 直接运送与间接运送	物流管理应用大数据分析进行交通线路和日程设计已达数年之久
销售	销售预测 广告投放计划 地区导向营销 店内行为分析 消费者分区 情感分析 多渠道营销	为更好地理解消费者行为，优化商品应用正在快速地发展

1. 采购

采购环节包括货源或购物，是指从供应商处购买商品和服务的一切活动及过程。营销能解决消费者问题，供应链环节发挥主要作用的是货源。

企业在采购环节占用的资金较多，多数制造企业采购环节支出会占到总成本的50%~90%。比如，一辆汽车超过80%的成本都源于采购，生产商只负责装配零配件，在采购过程应用大数据分析进行合理规划就可以节约大量的资金，这对企业来说无疑有重大的意义。

以电子商务企业为例,应用数据分析优化采购策略,管理物流体系,保证了货物是由制造商运送到客户手上,整个过程涉及应用数据分析货物补充、协调补货以及单一货源的合理组合。事实上,很多企业已经将先进的供应链管理方法与技术应用到完成订单、扩大库存能力、库存管理、采购物流等各个重要环节。数据可以分析客户的偏好和购买行为,反过来能够为企业与供应商的谈判提供科学决策。

2. 生产

生产主要指一个组织的运营功能,负责创造产品和服务。生产在企业运营中发挥着举足轻重的作用,意味着将企业的投入转化为最终产品。这些投入包括:原材料、科技、信息、人力资源以及技术设施。生产的产出是企业的产品和服务。

企业能利用数据分析来改进生产的各个方面包括库存管理、优化库存水平、优化维修保养以及判断更新设备的位置、员工生产力评价、企业能力限制等方面。

企业能根据企业门店销售、库存单位销售以及单位员工销售额的数据,来分析每天的生产绩效,或通过观察劳动数据查看生产准确率和产品质量,这种量表技术已有多年历史,但目前的使用规模与从前相比却有一定程度的区别,科学利用数据分析技术现在越来越接近实时报送,频率高、速度快的数据分析能帮助企业及时对生产做出有针对性的调整。

3. 物流

物流可以使产品在供应链中得以流动和存储,是将产品在原计划内运送到指定地点的业务。与之相关的分析应用主要有:优化库存、协调调配原材料、配送中心优化选址、安排配送路线及货运、交通成本最小化等方面。

加载GPS导航的大数据远程信息处理技术和路线优化来改善货运交通,可以使企业提高燃料效率、进行预防性检修、优化司机行为和行车路线,从而提高生产力水平。实施关注天气以及其他干扰性因素也有助于路线优化。

数据分析在库存管理方面也应用较广,涉及门店、仓库、生产车间等各个环节,还涉及交通方面。射频识别技术在数据分析应用领域发挥的作用突出,比如能动态追踪库存、确定位置、货物量以及规避安全风险、监测路线周围温度、规划运送保质期等。

4. 销售

供应链中的销售环节指的是市场营销。众所周知,目前大量企业使用分析应用程序来观察消费者行为。然而,这对建立智能供应链的意义在哪呢?市场营销将企业与消费者联系起来,负责管理供应链的下游,其任务是识别消费者需求,创造对公司当前产品及新产品需求,抓住市场机遇。由于提供消费者价值,推动了企业及供应链的所有活动,因此它对企业起着举足轻重的作用。

市场营销需要解决的问题如下:

消费者真正想要的是什么?

如何为每个市场分区创造价值?

消费者的目标消费额是多少?

什么样的产品能够创造销售额,什么样的产品不会?

如何预测产品的未来销量?

需要在广告上投入多少?投入之后又能够获得多少收益?

销售环节的数据分析能够回答以上所有问题。然而,管理销售环节比这些问题要复杂得多,因为导致消费者消费行为的不只是他们对商品和服务的基本需求,而且,往往消费者自己也不清楚是什么导致了自己的行为。

营销为整个企业和供应链提供动力,推动着它们前进。这种动力指引着企业的所有活动,指导他们调整操作,适应新的市场需求。市场营销要想成功,企业的其他部分必须为其提供支持,生产消费者需要的商品。没有合适的商品,消费者的需求就没有价值。

市场营销环节不仅促使企业进行生产和运货决策以满足消费者需求,还促使他们进行供应链决策。市场营销决策通常包含四个部分,被称为营销组合或者4P,它们分别是产品、价格、地点(运货)和宣传。这4种手段帮助营销者确定合适的商品,制定合理价格,选择合理的销售地点,使用正确的促销手段。过去,这些直接驱动供应链的决策都是以推测的形式做出的,而现在,它们大多数都可以通过大数据分析进行优化。

营销是大数据应用中公开最多的环节。企业在这一环节应用大数据分析,将其用于市场分区以驱动供应链、基于地区的市场营销、情感分析和店内行为分析。有一些企业还将其用于推销环节,尤其是商品的定价和组合优化。数据分析应用程序提供了更准确的信息,使得供应链的表现更为出色。事实上,企业越来越多地依赖销售点数据,将其视为需求信号,进而通知原材料及零件供应商,带动整个供应链做出改变。数据的合理应用可以在营销环节做出独特的分析。

本书重点强调如何预测产品的未来销量、价格等为生产和销售计划服务,以及如何有计划地组织广告投放以实现既定的目标等问题。

5. 协调整合

供应链中采购、生产、物流、销售各个环节不是分散发挥作用的,而是利用数据分析协调整合,由公司高层领导向企业各层决策者进行推广,促进整个供应链绩效的优化提高。

  从横向看,要构架起不同公司不同供应链的联系;从纵向看,要联系公司高层的决策者与底层的生产者。领导者需要创建企业文化,支持实事求是的决策理念。所有这些必须集成为一个整体,这一理念逐渐扩散到整个供应链,才能够建立起一整套分析型供应链网络。数据和分析优化了决策,科学技术使得生产逐渐自动化,由进货到销售,企业决策在每一过程中得以沟通协调,由此才能得以完成智能化的供应链。

1.3 构建数据化智能供应链的背景与实施障碍

目前企业面临着激烈的竞争,加上国际外部环境,我国企业面临着艰难的转型升级,在人口红利渐渐减弱的大背景下,构建数据化智能供应链对于提升我国制造业的竞争力有着极大的意义。

1.3.1 构建大数据供应链的背景

随着科学的迅速发展和技术的成熟完善,企业面临着严峻的挑战,比如如何有组织地利用大量数据,如何在成本最小的前提下站在科技前沿,如何将已获取的信息最大化利用等。面对这些挑战,大数据分析将成为供应链优化中不可或缺的方法之一。通过对大量数据的分析,企业能够深入地了解发展现状并快速做出决策,从而获得竞争优势。

1. 数据与信息

数据分析虽然能够挖掘大量的数据,但是最终要将挖掘到的数据转化为有助于决策的有效信息。在数据与信息的转化过程中,首先,企业应对技术与方法有初步的了解并构建完善的工作流程,才能采用数据分析技术。若该技术用在薄弱的环节,只会导致错误的分析和决策。其次,企业需要拥有把从数据分析中获得的信息转化到实际工作中去应用的能力。最后,企业要确保工作流程中的基础设施与信息相匹配,从而可以高效地利用新信息。

2. 推动消费者服务

开发有关企业投资的数据分析软件的目的是提高经营业绩,更重要的是为了提高消费者服务水平。现如今,多数企业不仅注重降低成本,而且越来越重视消费者的体验感,以此来推动业绩增长和企业发展。大型企业的业务范围不再局限于提供商品,而是扩大到更好的服务,我们称这个过程为"服务化"。虽然在产品供应环节加入服务可提高企业竞争力,但是同时也增加了供应链的复杂程度。数据分析能够找到产品—服务中消费者最重视的部分,然后将这个信息反馈到供应链的上游,以进行产品设计,帮助供应商生产相应的产品。所以,如何将这些环节联系起来各尽其能,从而推动消费者服务,是企业面临的巨大挑战。

3. 打破信息孤岛

过去企业已经研发了很多高端的技术,比如供应商管理软件和客户关系管理软件,但是这些技术产生的信息是孤立的。将这些孤岛式的信息联系起来是各大企业面临的重要问题,而大数据分析是将孤岛式信息连在一起的有效方法。利用大数据分析方法,企业可以对各个环节深入了解,将孤立的信息整合到一个数据库中,进而根据信息整合实现有效的运营。

4. 技术升级

我国正在经历由"中国制造"到"中国创造"的转型,各大企业也在不断地升级技术进行创新。比如聘请决策专家等数据分析领域的人才,重新更改企业内部业务流程,为制定系统的信息化流程和最大限度地利用信息提供方案。与此同时,还要确保内部组织流程可以利用信息来提高决策能力。因此,科技和分析法的升级将会使企业在竞争中获得优势。

1.3.2 数据化智能供应链实施的障碍

企业通过应用数据分析而收益,但并不意味着数据分析潜能可以随意发挥,这其中仍存在着诸多阻碍,归纳起来主要是技术、人力和流程三大块,这三大主要困难不分主次,因此应该一起进行克服。比如企业投资技术,对技术投资可以使工人利用先进工具更快地完成工作。但是如果不对人力和组织变化进行投资,企业的生产能力一般也不会有显著提高。这是因为,企业既要投资技术,也要投资管理流程,才算完成了技术投资,两者同时进行才能各尽其能。换句话说,对数据分析的投资要作为总体战略的一部分。

1. 技术障碍

(1)需要系统升级

随着企业成为由数据推动的组织,它们都需要应用新科技,这就要求企业在技术硬件、软件、应用程序开发以及数据与服务方面投资。这些方面的投资规模由企业现有的科技水平所决定,为了数据整合进而产生更优化的分析方法,企业必须要处理类似标准和格式等传统系统与新技术不兼容的问题,升级系统。但企业不能急于加大数据分析应用的投资,而要首先分析自身需求,明确自身现有技术与需求技术之间的差距,然后逐步、慎重实施。

(2)需要处理遗留系统

所谓遗留系统是许多企业几十年前安装的系统与近几年安装的新系统不兼容,产生的信息无法互相沟通,甚至没有兼容的标准与格式,从而导致高级分析方法无法充分利用,计算能力无法提升,当然也就没有办法提出全面的问题解决方案。这些无法进行整合与分析的独立系统成本很高,即使更新系统,性能提高程度也是有限的。企业如果有此类遗留系统,应该考虑购买全新的系统。

当然，全新的信息系统也存在着挑战和风险，一般在技术中常伴随着许多始料未及的小问题，进而导致技术应用的恶性循环。比如早期射频识别系统是用来追踪和管理库存，可是在最初使用时，识别器没有预期那样精确，所以需要人工修正这些偏差，进而导致企业没法提高生产率。后来，虽然企业不再急于应用射频识别系统，但每个电子标签的成本却没有按照预期降低。

（3）需要实现数据访问

数据已成为供应链系统不可缺少的资源，可利用的数据更是成为企业的竞争资本，但企业决策者无法得到符合他们需求的数据。所谓"可利用"就是要对数据进行处理，然后将数据转换为应用者可以利用的形式。数据访问来源及存在的问题主要有以下几类。

1) 企业清楚自身所拥有的数据，但对其内部的数据量往往感到意外。

2) 企业对其他潜在数据可以进行系统记录。

3) 政府、公众与企业官网中有大量可利用的数据，企业可以委托第三方处理、存储这类数据，将这类工作外包可以让企业快速地获取可利用数据。

4) 供应链上合作伙伴的数据。实现数据共享有利于供应链上的所有参与者，企业只需要有自身价值定位或者是经济激励，以寻求合作伙伴来共享数据。

5) 购买的数据。目前兴起了许多新兴商业，例如，数据整合商、数据代理商等。

2. 人力障碍

领导者无法意识到大数据能为企业带来的价值，他们对大数据的认识淡薄是企业应用大数据分析法的第一大难题。

大数据分析人才的稀缺是第二大难题。企业急需大量的具有数据分析和挖掘能力的人才，而目前这类人才极度匮乏。在企业里不需要每个人都成为数据分析的专家，但是需要营造大数据氛围，形成一种企业文化，进而推进利用数据决策的过程。

企业文化跟不上分析方法的步伐是第三大难题。企业文化是工作环境的氛围特点，它是企业员工都认同的认知、信仰和价值观。而企业领导需要将这种凭借直觉和猜测构成的企业文化转化为与数据分析相匹配的企业文化。

3. 流程障碍

前面提到了两个障碍，企业应用创新信息系统与应用程序解决了技术障碍，也雇用了具备深度分析能力的人才。但是，如果没有对组织流程做相应的改变，协调好各个环节，企业是不会取得成功的。

目前，各大企业存在的最大问题是没有将技术融入业务流程中。企业如果想利用大数据分析法在竞争中脱颖而出，则必须打破陈旧的传统思维，重新规划业务流程，将信息技术融入决策的过程，使决策更加科学准确。这就要求企业管理人员和信息技术人员相互协作，将企业需求与技术能力结合起来，将信息技术作为推动企业发展的引擎。企业领导者应将信息技术视为竞争优势，时刻关注信息技术，积极推动将其应用到组织中去。

大数据分析需要企业间的合作，将企业与供应链联系在一起，这就是沃尔玛、UPS公司等领军企业能够成功的关键。销售与运营计划和"规划、预测、补货合作"这一流程就能很好地整合数据。这些流程可以跨功能、跨企业地进行数据分析，以实现数据的应用。

企业若想使用大数据解决问题，则必须进行观念转变。但企业转变可能会威胁到员工与企业的现状，企业员工需要多方面的激励以促使他们接受这种转变。许多企业认为只要应用技术系统就足够了，事实上并不是如此，企业必须确保全体员工都加入企业转型的过程中，并且整个过程需要与企业的发展方向一致。

大数据变革使企业可以使用由全球供应链产生的大量数据。虽然企业可以用相关性分析法、预测性分析法去分析大量数据信息，但也只有少数企业能在供应链中充分应用这些方法。数据使企业库存、订单履行率、原材料和产品运送等实现可视化，并使企业能够深入了解供应链的各个环节，对供应链进行高效管理。目前，更多的企业没有使用数据和预测分析来改变供应链运作，因为面对大量的数据，他们不知道如何利用。有些企业只是零散地运用这些分析方法，缺乏系统性和合作性。这种情况的结果是企业只能获得孤立的利益，缺乏洞察力和竞争力，导致供应链效率低下，成本超支。

1.4 数据化智能供应链的应用实现

企业如何在不同的供应链环节运用数据分析法,从而获得竞争优势与协同作用呢?一是将数据分析方法进行综合运用,二是做好企业发展规划。

1. 综合运用数据分析方法

企业应用数据分析方法能够获得竞争优势,这体现在供应链的购买、生产、运送与销售各个环节上。数据分析方法可以应用到需求方目标或者特定地点的市场,以改善采购渠道,优化库存。然而,只有达到协调性与统一性,并把其作为企业总体战略的一部分,创造有助于应用数据的企业文化,这些应用才能够发挥作用。分析法要综合运用,这是值得一再强调的。

2. 企业发展规划

企业若想在激烈的竞争中占得先机,就需要有清晰的发展规划。需要确定正确的方向,以促使其冲破重重阻碍,在供应链上实现数据分析法有效、低成本的应用。本书主要讲解了如何将数据分析应用到供应链优化中去,把信息转化为对企业有用的情报,从而获得竞争优势。

第2章
采购优化

采购是指购买商品与服务的过程，主要负责选择和确定供应商、采购、协商合约、评估供应商效益。然而，采购不仅仅局限于购买，多年以来，采购所涉及的活动范围正在变得更广、更具战略意义。我们称之为战略采购或供应管理。

采购的管理是十分复杂的过程，也是企业面临的重要难题。一般来说，采购可分为小型采购、小宗购买、大宗购买、战略采购与供应管理等。这些术语在使用上均为采购之意，但他们所指内容却未必相同，这体现了采购决策具有广泛性。在采购这一环节，企业要从自身的需求出发去选择与之相匹配的数据分析方法。

战略采购不仅关注商品价格，而且会从战略和长远角度来看待采购部门。它会塑造一个能够为企业解决问题的采购，并使其成为企业的竞争优势。企业想要做到这一点，则必须扩展采购的作用。采购不只是购买，而是要与目标供应商和合作商建立长期的密切联系。本部分内容重点从两方面——寻源采购（Sourcing）和采购执行（Procurement）来介绍采购中需要掌握的数据分析方法。

2.1 数据分析如何影响采购

企业在采购环节选择大数据应用时，要明确一点，其目的是改善采购这一环节还是在管理战略采购。大数据不仅能够改进企业控制成本的流程，还能够促进企业提前制定策略以应对风险。不论规模大小，数据分析方法是来自不同资源的数据与内部系统的结合，有助于企业更快、更好地做出采购决策。

1. 订单流程

改善订单流程是企业对大数据分析的基本应用。订单流程是指从下订单到完成订单的整个流程，企业订单流程的速度和准确性与企业提供的消费者服务密切相关，并且消费者在订购过程中与企业联系紧密。因此，企业如何管理这一环节将影响到消费者对其服务的满意度。通过数据分析，企业可以在短时间内高效地管理订单流程。信息技术系统允许公司监控整个交易周期，包括消费者订购产品的方式和处理发票的方式等。

将数据分析方法和信息技术相结合能够缩短从下订单到完成订单的时间。在订单流程中，购买者可以通过网络或电子数据交换将订单发给销售者，此过程的自动化不仅缩短了传送时间，而且大幅提高了订单流程的准确性。通过对各大企业全面的财务分析，数据化的订单流程系统与其相应的商业分析方法也被证实确实能够降低企业成本。

2. 标准化

订单流程的自动化可以实现供应链的标准化与统一化，因此企业能够高效地管理全球的订单流程，完成各地区的订单。比如，欧洲的某个客户半夜突然发现缺少一个关键部件，他无须等到工作时间才能购买，只要联系在世界其他地区的订单处理部门购买即可。因此，数据分析方法促进了企业全球全天候的订单处理，实现了标准化与统一化。

3. 视觉化

数据分析促进了企业使用新的方法来管理企业成本，提高了企业使用现有方法的能力。这是因为，数据分析使大数据集和不同变量之间的关系变得更加可视化，管理人员能够通过图像、图标、仪表板和动画有效地表示不同的信息。

管理人员可以通过技术工具将数据进行可视化处理，这些数据集可以是整合的，也可以是碎片化的。例如，它们可以是材料清单的详细数据，也可以是保修和索赔数据。当这些信息与其他来源的数据相结合时，企业可以对事物有更深入的理解。

4. 更加迅速地解决更多的问题

数据分析方法的创新应用使得企业能够更加迅速地解决问题。这代表企业可根据自身约束和市场预测等分析更多的情况，优化企业的采购决策，迅速做出成本组合的最优决策。不仅如此，这些应用程序还使企业能够从不同的角度分析成本，如根据不同的分类标准、不同的地区或不同的材料代码分析采购成本。现如今，企业需要抓住机会建立新的成本组合，然后在不同的情况下进行测试，而大数据分析的应用可以使企业更快地解决问题，这种能力正逐渐成为衡量企业的标准之一。

大数据分析可以使企业从总成本的角度解决复杂的采购问题。通过电子采购流程优化采购决策是许多企业的共同期望。通过大数据分析，企业可以解决采购碎片化或集成化等问题，优化大规模采购网络。在许多领先的采购公司中，预测罕见事件发生所带来的可能后果的能力已经成为一种标准能力，及时解决采购问题正成为企业的一种竞争优势。

5. 节省成本

企业应用大数据分析法可以做出更好的采购决策。通过数据分析法，企业不仅可以控制总成本，而且可以在实际采购活动前对采购决策的各个方面进行优化。比如，通过大数据分析，供应商、工程师等设计者与采购商可以加强协作，了解采购各个环节的具体变化，从而节约成本。

电子产品零售商百思买与其所有供应商合作，通过应用预测和补给系统与主要供应商交换报告和分析，提高了预测的准确性，以帮助消费者更好地使用他们的产品。百思买在几周内分享了诸如基准与促销预测、可用库存与需求库存、预测精确性报告等信息，以使预测与补给系统能够做出联合预测与分配决策。

6. 获得预测优势

应用大数据分析法使企业在采购环节能够分析不同场景，建立预测模型以获得精确预测能力。应用数据分析法，特别是预测性分析法可以解释许多当前无法解释的问题。比如这些问题可能是以前效益一直很好的供应商突然出现产品质量或者服务水平下降的现象，可能是商品供应价格的上涨与下降，也可能是以前一直供应充足的材料突然供不应求等。企业如果想拥有预测市场和供应商的优势，就必须全面地了解不同环节的关系以及对此关系的全部影响因素。

2.2 供应管理—供应定位模型

企业日常需要采购种类繁多的产品和服务。不同产品的采购费用,对企业的影响、市场上该产品的供应情况都是不一样的。同样出于企业的资源是有限的、提高企业运营效率等原则,对于不同的采购项目,企业应当去开发不同的供应战略。在这里我们先来学习一种划分采购项目类型的工具——供应定位模型。

由 80/20 法则可知,约 20% 的采购项目可能占用采购总支出的 80%,而剩余 80% 的采购项目可能仅占总支出的 20%。根据 80/20 法则,采购项目可以划分为两大类,即 20% 的重要物品和 80% 的次要物品。

2.2.1 IOR 水平

IOR 是指采购项目对企业的影响(Influence)、机会(Opportunity)与风险(Risk),这个指标综合衡量了采购项目对企业的重要性。影响 IOR 程度的高低取决于企业总目标,风险与机会程度来自于对供应市场的分析。从另一角度来看,项目的 IOR 水平也反映了企业为应对该项目的供应市场状况而需要做出努力的程度。每个采购项目的 IOR 水平可以划分为如图 2-1 所示的四个等级。

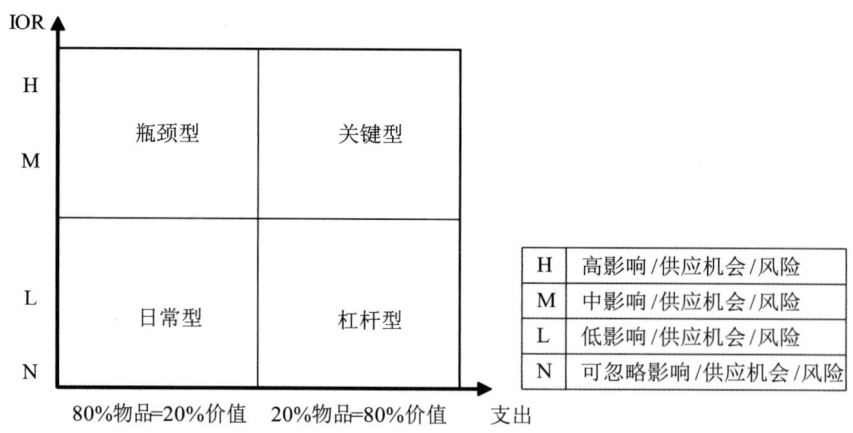

图 2-1 供应定位模型的四个象限

如图 2-1 所示,横轴表示项目年支出额,从左到右,支出额逐渐增加。根据 80/20 法则,占有 80% 支出的 20% 的项目被放在右边,其余占有 20% 的 80% 的项目被放在左边。纵轴表示项目的 IOR 水平,IOR 水平为 H 和 M 级别的项目被放在上方,IOR 水平为 L 和 N 级别的项目被放在下方。供应定位模型将所有的采购项目划入四个象限：日常型、杠杆型、瓶颈型、关键型采购项目。下面，我们先研究四种采购项目的特征，再针对四种采购项目制订供应战略。

(1) 日常型项目的特征。日常型项目的影响、机会、风险级别和支出水平都很低。日常型项目一般都是标准件，可从许多供货源得到，因此其 IOR 水平等级较低。同时，采购该项目的支出花费较少。因此，在日常采购此类项目时，无须付出太多精力。一般情况下，公司的大部分标准件属于日常型项目，如办公文具、标准耗材和保洁服务等。

(2) 杠杆型项目的特征。杠杆型项目的影响、机会、风险级别低，但支出水平高。杠杆型项目一般也是标准件，且可从许多供货源得到，因此其 IOR 水平等级较低。但与日常型项目不同的是，此类项目的支出金额较高，这意味着企业的采购对供应商有较大吸引力。因此，企业拥有"谈判优势"，在与供应商谈判时处于更有利的地位。

(3) 瓶颈型项目的特征。瓶颈型项目的影响、机会、风险级别高，但年支出水平低。瓶颈型项目一般是非标准件，对专业性要求较高，且只能从少数的供应源获得。比如，当产品的设计是基于新技术时，采用该技术的配件供应商却只有少数几家。再如，企业的产品依赖于某些紧缺的零部件，而这些零部件供不应求，且这些零部件的缺货会对公司造成重大影响，此类项目就属于瓶颈型项目。瓶颈型项目的风险较高，企业的购买金额太低，以至于对供应商来说没有特别的吸引力，从而导致 IOR 级别较高。因此，企业应着重考虑瓶颈型采购项目。

(4) 关键型项目的特征。关键型项目的影响、机会、风险级别高，而且支出水平较高。关键象限中的采购项目与瓶颈象限中的项目类似，都给企业带来了高风险。两类项目不同的是，关键项目的年度支出水平较高。这样，企业有更大的力量去影响这些项目的供应。出于和瓶颈型项目相同的原因，关键型项目的供应商也限于少数厂商。

供应项目的定位是相对的，同一个采购项目对于不同公司来讲，可能属于不同的采购项目类型。比如，内燃汽车所用的燃油对一个普通的企业来说可能属于日常型项目，而对于一家物流公司则可能属于杠杆型采购项目。供应定位模型典型象限的特征见表 2-1。

表 2-1 供应定位模型典型象限的特征

	日常型	杠杆型	瓶颈型	关键型
对企业的影响/供应机会/风险	低	低	高	高
项目为标准或非标准件	标准	标准	非标准/标准	非标准/标准
供应商的数量	很多	很多	很少	很少

续表

	日常型	杠杆型	瓶颈型	关键型
年度支出总额	低	高	低	高
企业采购金额占供应商的业务额的比重	低	高	低	高

2.2.2 供应项目定位的改善

从上面对采购项目的各个象限特征的描述上来看,显然杠杆项目是对企业最有利的项目,而瓶颈型项目则会使企业处于很不利的地位。为了保证企业的采购安全、高效,企业应该增大杠杆型项目的比例,减少瓶颈型项目的采购,同时对于关键型和日常型项目,应该使其向杠杆型项目转变。企业可以采用两个具体途径来改善供应项目的定位——降低风险和增加支出,如图 2-2 所示。

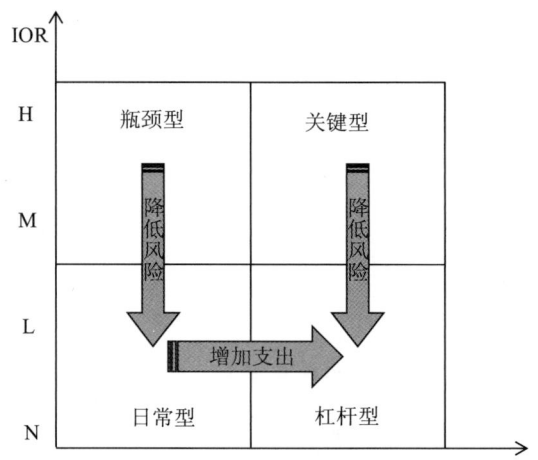

图 2-2 改善供应项目的定位

1. 增加支出

对于风险较低而支出较少的日常型项目来说,企业可以增加其采购支出。这里的增加支出,指增加某一项目的总采购量,并不是指增加企业的总采购成本。企业增加支出的方法包括以下几点:

(1)内部标准化。通过内部标准化来减少采购项目的规格,增加特定采购项目的支出额。

(2)将项目组合。将原来由不同供应商提供的采购项目合并,从同一供应商处采购,从而增加支出额。

(3)多个地点和用户的需求合并。为企业不同用户部门或不同需求地点的采购项目合并采购,可以增加该项目的支出额。

（4）与其他公司联盟。企业可以与其他公司形成采购联盟,大家对同一项目的需求总额较大,这样可以对供应商施加更大的影响。

2. 降低风险

对于风险较高的瓶颈型或关键型项目来说,企业可以降低其供应的风险。企业降低风险的方法主要有以下几点：

（1）企业的工程师（最好和供应商一起）从产品设计方面来努力降低其零部件供应的技术风险。例如,产品设计中采用更多的标准件、较易获得的替代件等,可以消除或降低技术风险。

（2）实行采购品的内部标准化来降低采购多样化和分散化带来的风险。

（3）开发更多的供应源来降低供应短缺的风险。

（4）提升供应商的供应能力来降低可获得性风险。

2.3 供应商选择—层次分析法(AHP)

2.3.1 层次分析法(AHP)简介和适用范围

层次分析法,又称 AHP 法,是指将与决策相关的因素划分为目标、准则和方案等层次,在此基础上再采用定性和定量的分析方法进行决策。该方法最早由美国运筹学家匹茨堡大学教授萨蒂于 20 世纪 70 年代初提出,他在为美国国防部研究"根据各个工业部门对国家福利的贡献大小而进行电力分配"的课题时,应用网络系统理论和多目标综合评价的方法,提出了层次权重决策分析的方法。

层次分析法在 1982 年被引入我国,随后凭借其应用定性分析和定量分析结合的方式处理各种决策因素的特点,以及其系统灵活简洁的优点,在我国迅速传播并被各个领域广泛应用。

人们在对经济、管理以及社会领域的问题进行系统分析时,面临的经常是由相互关联、相互制约的众多因素构成的复杂系统。层次分析法则为研究此类复杂的系统问题,提供了一种简洁而实用的决策方法。层次分析法普遍适用于解决多准则、多目标和无结构特性的复杂决策问题,为难于定量分析的复杂系统提供了决策方案。

层次分析法在城市规划、能源系统分析、科研评价、经济管理等领域得到了广泛的应用。例如,在环境保护研究中的应用方面主要有生态环境质量评价指标体系研究、水安全评价、水生野生动物保护区污染源确定以及水质指标和环境保护措施研究等;在安全生产科学技术方面主要有油库安全评价、煤矿安全研究、城市灾害应急能力研究、危险化学品评价以及交通安全评价等。除此之外,层次分析法更多可以用于指导和解决个人生活中遇到的问题,比如说专业的选择、工作的选择以及买房的选择等,可以通过建立层次结构以及衡量指标,来厘清工作思路和思考问题的层面。

这里用层次分析法解决供应商选择的问题。

2.3.2 层次分析法的实施步骤

1. 建立层次结构模型

按照决策的相关因素(决策准则)和决策对象之间的相互关系,决策的目标分为最高层、中间层和最低层,并制作出层次结构图。

在深入分析并充分了解实际问题后,将有关因素按照不同属性自上而下分解为若干层次,同一层的因素既从属于上一层因素或对上一层因素有影响,又支配下一层的因素或受到下一层因素的作用。最上层为目标层,一般只有一个目标因素,最下层一般为方案层或对象层,中间则可以有一个或多个层次,一般为准则层或指标层,当准则过多时(一般指多于九个准则)应进一步分解为子准则层。

例如,某一个游客选择旅游目的地时,对三个备选方案考虑了五项准则作为评估时的准则依据,建立层次结构模型如图 2-3 所示。

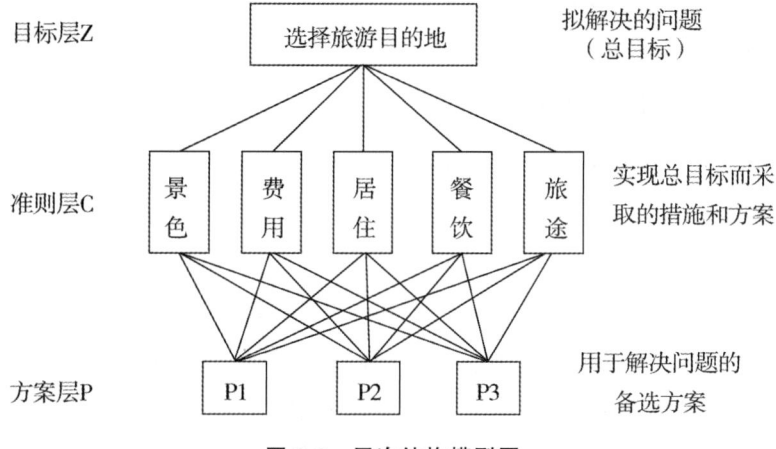

图 2-3 层次结构模型图

需要注意的是,处于最上面的层次通常只有一个元素,一般是分析问题的预定目标或理想结果。中间层次一般是准则、子准则。最低一层包括决策的方案。层次之间元素的支配关系不一定是一一对应的,即可以存在这样的元素,它并不支配下一层次的所有元素。

除此之外,决策层次数与所研究问题的复杂程度以及分析问题的详尽程度有关。每层中的元素不超过 9 个,若一层中的元素过多,会给两两比较判断带来困难。

一个逻辑清晰的层次结构对于解决问题是极其重要的,层次结构必须是建立在研究者充分并深入了解待解决问题的基础之上。如果研究人员在层次划分和确定层次间的支配关系上举棋不定,应再次审视问题,厘清问题的组成和逻辑关系,以确保所搭建的层次结构的合理性与科学性。

2. 构造成对比较矩阵(判断矩阵)

在确定各层次各因素间的权重时,若只采用定性的结果,很难令人信服。因此,美国运筹学家塞蒂(Saaty)等人提出了"一致矩阵法",即把所有因素进行两两相互比较,并采用相对尺度,尽可能减少性质不同因素相互比较的困难,提高准确度。

从层次结构模型的第二层开始,对于从属于(或影响)上一层因素的同层所有因素,用成对比较法和1～9比较尺度构造成对比较阵，直到最底层。

比较第i个元素与第j个元素相对上一层某个因素的重要性时，使用数量化的相对权重a_{ij}来描述。设共有n个元素参与比较，则$A=(a_{ij})_{n\times n}$称为成对比较矩阵。

这里，成对比较矩阵中a_{ij}的取值参考了塞蒂的提议，按下述标度进行赋值。a_{ij}在1～9及其倒数中间取值。

$a_{ij}=1$，元素i与元素j对上一层次因素的重要性相同；

$a_{ij}=3$，元素i比元素j略重要；

$a_{ij}=5$，元素i比元素j重要；

$a_{ij}=7$，元素i比元素j重要得多；

$a_{ij}=9$，元素i比元素j极其重要；

$a_{ij}=2n$，$n=1,2,3,4$，元素i与j的重要性介于$a_{ij}=2n-1$与$a_{ij}=2n+1$之间；

$a_{ij}=1/n$，$n=1,2,\cdots,9$，当且仅当$a_{ij}=n$。

成对比较矩阵的特点：$a_{ij}>0$，$a_{ij}=1$，$a_{ij}=1/a_{ij}$。（注：当$i=j$时，$a_{ij}=1$）。

心理学的实验表明，大多数人对不同事物在相同属性上差别的分辨能力在5～9级之间，采用1～9的标度反映了大多数人的判断能力；大量的社会调查表明，1～9的比例标度早已为人们所熟悉和采用；科学考察和实践表明，1～9的比例标度已完全能区分引起人们感觉差别的事物的各种属性。

按照上述要求，如果选择旅游目的地有5个条件——景色C_1、费用C_2、居住C_3、饮食C_4、旅途C_5，决策人用成对比较法，得到成对比较矩阵如图2-4所示。

选择旅游目的地

$$
\begin{array}{cc}
 & \begin{array}{ccccc} \text{景色} & \text{费用} & \text{居住} & \text{饮食} & \text{旅途} \\ C_1 & C_2 & C_3 & C_4 & C_5 \end{array} \\
A=\begin{array}{c} C_1 \\ C_2 \\ C_3 \\ C_4 \\ C_5 \end{array} & \begin{bmatrix} 1 & 1/2 & 4 & 3 & 3 \\ 2 & 1 & 7 & 5 & 5 \\ 1/4 & 1/7 & 1 & 1/2 & 1/3 \\ 1/3 & 1/5 & 2 & 1 & 1 \\ 1/3 & 1/5 & 3 & 1 & 1 \end{bmatrix}
\end{array}
$$

图2-4 成对比较矩阵

$C_{24}=5$表示费用与饮食重要性之比为5，即决策人认为费用比饮食重要。

注意，在构造对比矩阵时，应做到以下几点：合理选择咨询对象；创造适合于咨询工作的良好环境；使用正确的咨询方法；及时分析专家咨询信息，必要时要进行反馈及多轮次咨询；专家数量根据实际情况确定，一般为20～50位。

3. 计算单排序权向量并做一致性检验

层次单排序是指根据判断矩阵计算对于上一层某一因素来说本层与其有联系因素的重要性次序的权值。一般是求解矩阵的最大特征值和对应的特征向量。

A 为 n 阶矩阵,若数 λ 和 n 维非 0 列向量 x 满足 $Ax=\lambda x$,那么数 λ 称为 A 的特征值,x 称为 A 的对应于特征值 λ 的特征向量。具体计算过程略。

所谓一致性是指判断思维的逻辑一致性。比如甲比丙是强烈重要,而乙比丙是稍微重要时,显然甲一定比乙重要。这就是判断思维的逻辑一致性,否则判断就会有矛盾。对于每个成对比较矩阵计算出的最大特征根和对应的特征向量,都要利用一致性指标、随机一致性指标和一致性比率做一致性检验。若检验通过,特征向量(归一化后)即为权向量;若不通过,则需重新构造成对比较矩阵。

从理论上分析得到:如果 A 是完全一致的成对比较矩阵,应该有 $a_{ij} \times a_{jk} = a_{ik}$, $1 \leqslant i,j,k \leqslant n$。但是在实际应用中,在构造成对比较矩阵时想要满足以上的诸多要求是很困难的,因此可以允许成对比较矩阵存在一定程度的不一致性。对完全一致的成对比较矩阵,其绝对值最大的特征值等于该矩阵的维数。而对于不具有完全一致性的成对比较矩阵,则要求转化后矩阵的绝对值最大的特征值和该矩阵的维数相差不大。

检验成对比较矩阵 A 一致性的步骤如下:

(1)计算衡量一个成对比较矩阵 $A(n>1$ 阶方阵$)$不一致程度的指标 CI:

$$CI = \frac{\lambda_{max}(A) - n}{n-1}$$

(2)查表得到一致性标准 RI,RI 称为平均随机一致性指标,它只与矩阵阶数 n 有关,见表 2-2。

表 2-2　一致性标准 RI 统计表

n	1	2	3	4	5	6	7	8	9
RI	0	0	0.58	0.90	1.12	1.24	1.32	1.41	1.45

(3)按下面公式计算成对比较矩阵 A 的随机一致性比率 CR:

$$CR = \frac{CI}{RI}$$

当 $CR<0.1$ 时,判定成对比较矩阵 A 具有满意的一致性,或其不一致程度是可以接受的;否则就调整成对比较矩阵 A,直到达到满意的一致性为止。

例如:对以下矩阵来说

$$\begin{bmatrix} 1 & 2 & 7 & 5 & 5 \\ 1/2 & 1 & 4 & 3 & 3 \\ 1/7 & 1/4 & 1 & 1/2 & 1/3 \\ 1/5 & 1/3 & 2 & 1 & 1 \\ 1/5 & 1/3 & 3 & 1 & 1 \end{bmatrix}$$

计算得到

$$\lambda_{max}(A) = 5.073, CI = \frac{\lambda_{max}(A) - 5}{5 - 1} = 0.018$$

查得 $RI = 1.12$

$$CR = \frac{CI}{RI} = \frac{0.018}{1.12} = 0.016 < 0.1$$

这说明矩阵 A 不是一致性矩阵,但 A 具有满意的一致性,A 的不一致程度是可接受的。

4. 计算组合权向量并做组合一致性检验

确定某层所有因素对于总目标相对重要性的排序权值过程,称为层次总排序。

这一过程是从最高层到最底层依次进行的。对于最高层而言,其层次单排序的结果也就是总排序的结果。

利用总排序一致性比率:

$$CR = \frac{a_1 CI_1 + a_2 CI_2 + \cdots + a_n CI_n}{a_1 RI_1 + a_2 RI_2 + \cdots + a_n RI_n}$$

如果 $CR < 0.1$,则通过一致性检验,可按照排序结果进行决策,否则重新构造成对比较矩阵。

2.3.3 层次分析法选择供应商案例

某公司为了提高公司办公水平,提高订单处理效率,实现各部门信息的整合,准备引进一套订单处理软件。经初步筛选,有三家软件公司的产品基本符合条件,现在用 AHP 层次分析法再进一步确定软件供应商。

公司从以下六个方面来考察三家候选软件供应商,分别是:产品架构、系统集成性、可持续发展、行业经验、研发能力、价格因素。假设相应的评价标准为 B1、B2、B3、B4、B5、B6,三家公司分别为 C1、C2、C3。由这些条件运用层次分析法分析,如图 2-5 所示。

1. 建立层次结构模型

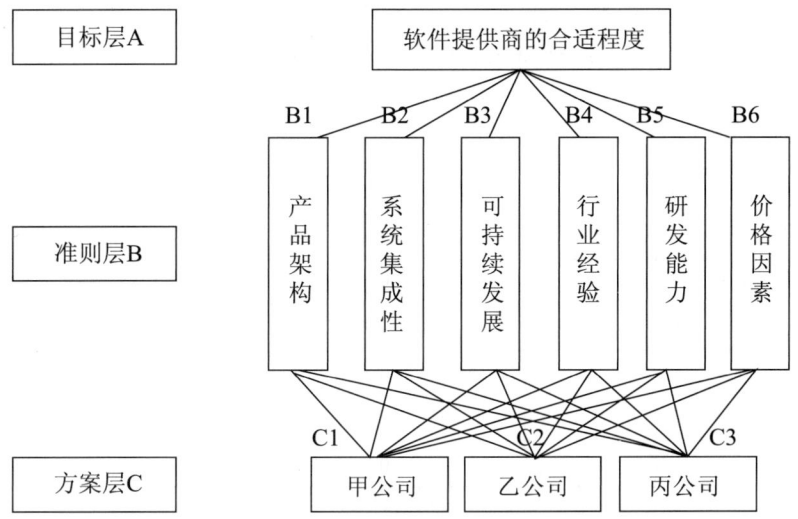

图 2-5 软件公司的层次分析法分层

2. 构造成对比较矩阵

$$成对比较矩阵 A = \begin{bmatrix} 1 & 2 & 1 & 3 & 1 & 1/2 \\ 1/2 & 1 & 2 & 4 & 1 & 1 \\ 1 & 1/2 & 1 & 5 & 3 & 1/2 \\ 1/3 & 1/4 & 1/5 & 1 & 1/3 & 1/3 \\ 1 & 1 & 1/3 & 3 & 1 & 1 \\ 2 & 1 & 2 & 3 & 1 & 1 \end{bmatrix}$$

$$B_1 = \begin{bmatrix} 1 & 1/3 & 1/2 \\ 3 & 1 & 4 \\ 2 & 1/4 & 1 \end{bmatrix} \quad B_2 = \begin{bmatrix} 1 & 1/4 & 1/3 \\ 4 & 1 & 4 \\ 3 & 1/4 & 1 \end{bmatrix} \quad B_3 = \begin{bmatrix} 1 & 3 & 1/3 \\ 1/3 & 1 & 6 \\ 3 & 1/6 & 1 \end{bmatrix}$$

$$B_4 = \begin{bmatrix} 1 & 1/3 & 4 \\ 3 & 1 & 7 \\ 1/4 & 1/7 & 1 \end{bmatrix} \quad B_5 = \begin{bmatrix} 1 & 1 & 6 \\ 1 & 1 & 6 \\ 1/6 & 1/6 & 1 \end{bmatrix} \quad B_6 = \begin{bmatrix} 1 & 1/5 & 1/7 \\ 5 & 1 & 1 \\ 7 & 1 & 1 \end{bmatrix}$$

3. 计算单排序权向量并做一致性检验

没有达到一致性要求的矩阵需要重新调整。该过程略。

4. 计算组合权向量并做组合一致性检验

见表 2-3,阴影部分代表总排序与总的一致性检验,可以得出一致性检验通过,应选择得分最高的乙公司(0.407443987)为供应商。

表 2-3 组合权向量及组合一致性检验表

准则	层次总排序计算						
	产品架构	系统集成性	可持续发展性	行业经验	研发能力	价格因素	总排序
六准则权重 ai	0.183	0.192	0.190	0.053	0.152	0.230	
三方案权重 bi							
公司甲	0.16666667	0.125	0.230769231	0.262753171	0.4615385	0.077816352	0.200377646
公司乙	0.5	0.5	0.076923077	0.658629966	0.4615385	0.435261463	0.407443987
公司丙	0.33333333	0.375	0.692307692	0.078616863	0.0769231	0.486922185	0.392178367
层次总排序一致性检验							
CIi	0	0	0	0.016183309	0	0.006296239	0.002312934
RIi	0.52	0.52	0.52	0.52	0.52	0.52	0.52
CRi	0	0	0	0.031121747	0	0.012108151	0.00444795

2.3.4　层次分析法的优缺点

层次分析法优点很多,具体总结如下。

1. 系统性

层次分析法将研究对象作为一个系统,按照分解、比较,判断、综合的思维方式进行决策,它已经成为继机理分析和统计分析之后发展起来的系统分析的重要工具。系统的思想是不割裂每个因素对结果的影响,但每一层的权重设置都会直接或间接影响到最后的结果,而且在每个层次中的每个因素对结果的影响程度都是量化的。该方法特别适用于非结构化特征和多目标、多准则、多周期的系统评价。

2. 简洁实用性

层次分析法不是单纯地追求高深的数学原理,也不是片面地注重行为、逻辑和推理,而是把定量方法与定性方法有机地结合起来,使复杂的系统分解。这种方法可将人的思维过程系统化、数学化,且可将多目标、多准则、多周期又难以全部量化处理的决策问题转化为多层次单目标问题,方法易于理解,计算也十分简便,并且所得结果简单明确,容易为决策者了解掌握。

3. 所需定量数据信息较少

层次分析法主要从评价者对评价问题的本质和要素的理解出发,强调定性的分析和判断,而不是一般的定量方法。由于层次分析法是一种模拟人在决策过程中的思维方式的方法,其将判断每个元素的相对重要性的步骤留给了大脑,只保留了大脑对该元素的印象,将其作为一个简单的权重进行计算。这种思想可以解决许多传统优化技术无法解决的实际问题。

但是,AHP法仍旧存在一些缺点,具体总结如下:

1. 不能为决策提供新方案

层次分析法的作用是从备选方案中选择最优方案。这种效果恰好说明了层次分析法只能从原方案中进行选择,而不能为决策者提供解决问题的新方案。当我们运用层次分析法时,可能会遇到这种情况:我们自己的创新能力不够,导致我们尽管在提出的诸多方案里选择出一个最优方案,但所得效果仍然不如别人做出的结果。对于大多数决策者来说,如果一个分析工具能够帮助我们找出自己所知道的最好的解决方案,然后指出我们所知道的解决方案的弱点,甚至提出改进建议,那么它就是完美的。但很明显,层次分析法无法做到这一点。

2. 定量数据较少,定性成分多,不易令人信服

现如今,在对科学方法的评价中,人们普遍认为一门科学需要一个相对严谨的数学论证和一个健全的定量方法。但现实世界的问题以及人类大脑思考问题的方式往往并不都是简单的数字。层次分析法是一种模拟人脑决策的方法,因此它具有更多的定性色彩。所以,当一个人使用层次分析法做决定时,另一个人会说:为什么会这样?你能用数学解释吗?如果不能用数学解释,是什么让你认为你的结果是正确的?你说你对这个问题有深刻的理解,我也认为我对这个问题有深刻的理解,但是我的观点和你的不一样,基于我观点得出的结果也和你的不一样。我们应该如何解决这个问题?

3. 指标过多时数据统计量大,且权重难以确定

在我们寻求解决问题的普遍性,我们所选指标的数量可能会增加。就像在系统结构理论中,如果我们分析一般系统的结构,要搞清楚关系环,就要分析到基层次。当我们想要分析基层的相互关系时,我们需要确定更多的关系。指标的增加意味着我们需要构建层次更深、数量更多、规模更大的判断矩阵。然后我们需要对许多指标进行两两比较。通常我们对层次分析法的两两比较是用 $1 \sim 9$ 来说明其相对重要性,如果有越来越多的指标,我们对每两个指标之间的重要程度的判断可能就出现困难,甚至会对层次单排序和总排序的一致性产生影响,使一致性检验不能通过。也就是说,由于客观事物的复杂性或对事物认识的片面性,通过所构造的判断矩阵求出的特征向量(权值)不一定是合理的。无法通过,就需要调整。当指标数量多时,是一个很艰难的过程。因为根据人们的思维,你认为什么指标应该比那更重要,是很难调整的,同时也不容易找到有问题的指标相对重要性的取值,这可能需要花费大量时间,但仍然不能通过一致性检查。更糟糕的

是,根本不知道哪里出了问题,换句话说,即在层次分析法中,没有办法找出我们的判断矩阵中哪个元素是有问题的。

4. 特征值和特征向量的精确求法比较复杂

在求解判断矩阵的特征值和特征向量时,采用的方法与多元统计中采用的方法相同。在二阶、三阶的情况下,求解的过程还比较容易处理,但随着指标的增加,阶数也随之增加,计算过程会愈发困难。幸运的是,这个缺点有了较好的解决方案,可采用三种比较常用的近似计算方法,分别是和法、幂法还有根法。

2.4 自制与外购决策

企业生产新产品,在进行生产之前,需要对生产该商品所用的零部件、原材料等来源方式作出决策。零部件、原材料是自制还是外购,这是每一个企业不可避免的问题。企业最后采取何种方法,不仅影响工艺过程的选择、生产制造系统和管理系统的设计,而且关系到企业生产的经济效益。

在作出自制与外购决策时,需要重点考虑以下因素:

(1) 经济利益。在采用自制或是外购时,首先要考虑的因素是成本。如果一个部件外购比自制更便宜,就采取外购的方式。然后根据增量成本(边际成本)分析原则,即只考虑随自制与外购决策而变动的成本,对该部件进行成本分析。

(2) 质量保证。选择自制部件可以保证最终产品的质量。而采取外购策略时,对部件质量的把控有一定的困难。如果对最终产品的质量影响较大,则宁可放弃其经济利益。

(3) 供应的可靠性。如果外购来源不可靠,则应采取自制策略。在供应有可靠保证的情况下,采用外包策略是有利的。但需要注意的是,应制定合适的采购策略,仔细选择供应商,使企业处于主动地位。

(4) 技能与材料。由于某些部件的制造技能对专业化要求较高,或者所需材料非常稀缺,或者出于环境保护及政府政策的限制等情况,这些部件不易在本厂自制或某道工序不易在本厂加工,这样就只能采取外购策略。

(5) 灵活性。自制部件往往限制了产品设计的灵活性,并且降低了生产系统的适应性。如果一家公司在自制部件设备上投入过多资金,它就会限制该公司转向研究完全不同的新产品的灵活性。而使用外购件、外协件较多的企业,则不用担心设备过时的问题。环境的变化往往对企业生产系统的适应性提出更高的要求。当需求增加时,会推动增加生产能力的需求;当产品品种组合变化较大时,需要调整生产工艺。当供应来源发生重大变化时,生产部门也要进行调整。因此,使用较多外购件或外协件的企业在生产系统的适应性上处于有利地位。

在实际操作中,一般在(2)(3)(4)(5)满足的基础上,需要对(1)经济性进行计算、比较和决策。在进行(1)的决策操作时,涉及以下两个基本的数据模型。

① 经济订货批量(Economic Order Quantity)。经济订货批量是固定订货批量模型

的一种,通过平衡订货时的进货成本与货物的库存成本,来确定企业一次订货(外购或自制)的数量。当企业按照经济订货批量来订货时,可实现订货成本和储存成本之和最小化,从而最终回答企业"应该订购多少货物"的问题。

不妨从简单之处着手,进行一些假设:

- 假定市场对产品的需求已知并具有延续性,而且在一段时间内不会发生变化。
- 假定成本已知,并且不会变化。
- 假定不会出现缺货的情况。
- 假定订货至交货周期为零,即在订单下达之际,立刻到货。

采购的总成本主要包括:

- 产品采购成本,对于实施采购的企业来说,采购成本指的是采购所需产品所要支付的全部成本。采购成本=单位产品价格 $P \times$ 总需求量 D。
- 再订货成本,即发布订单的成本,包括通信费用、制作订单的费用、电话费用、使用设备、接货、送货、品质检验、加急送货等相关费用。如果部件是企业内部自制的,那再订货成本就等于生产线的建立成本。再订货成本=单次订货成本 $RC \times$ 订货次数 D/Q,Q 为订单批量。
- 持有成本,指的是在一段时间内在存货中持有某种产品所产生的成本,由库存的平均水平 $Q/2$ 得出。持有成本=单位产品持有成本 $HC \times Q/2$。

综合上面的各项成本,可以得出总成本:

$$TC = P \times D + RC \times \frac{D}{Q} + \frac{HC \times Q}{2}$$

要确定使总成本最小的订单批量 Q,可以将总成本进行对订单批量 Q 的求导,即使得导数为 0 的 Q,也就是使得总成本最小的经济订单批量 EOQ。

总成本对 Q 求导得到:

$$\frac{dTC}{dQ} = -\frac{RC \times D}{Q^2} + \frac{HC}{2}$$

令上面的导数为 0,即可得到经济订单批量:

$$EOQ = \sqrt{\frac{2 \times RC \times D}{HC}}$$

最佳存货周期:

$$T^* = \frac{EOQ}{D} = \sqrt{\frac{2 \times RC}{HC \times D}}$$

②经济生产批量(Economic Production Quantity,EPQ)。经济生产批量(EPQ),可以视为经济订货批量的变化,在经济订货批量中,假定商品的补充速率是无限的,所订的

商品可以在一瞬间全部到位。但在实际生活中,库存往往是边消耗边补充的。当企业生产率大于其销售率的时候,产品就会产生积压,因而存在一个每次生产的规模问题,而使得年度总成本最低的生产规模就是经济生产批量(EPQ)。

在经济订货批量模型中,相关成本最终确定为两项,即变动订货成本和变动储存成本,在确定经济生产批量时,以生产准备成本替代订货成本,而储存成本内容不变。

经济生产批量公式(EPQ)的推导:

用 D、k 与 HC 分别表示商品的全年需求量、每次订货的(固定)订货成本以及一件商品保存一年的储存成本,再用 p 表示到货速率或生产速率,即在补充商品时单位时间内到达的商品件数,用 Q 表示订货量,用 T 与 t 分别表示订货周期的长度与订货量 Q 全部到达所需的时间(以年为时间单位),再用 I_{max} 代表每个订货周期中的最大库存水平,P 代表单位产品价格。很明显:

$$I_{max} = Q\left(1 - \frac{t}{T}\right)$$

考虑到 $T = Q/D$ 与 $t = Q/p$,便有:

$$I_{max} = Q\left(1 - \frac{D}{p}\right)$$

因此,此时平均库存量等于:

$$\frac{I_{max}}{2} = \frac{Q}{2}\left(1 - \frac{D}{p}\right)$$

在此基础上可将全年总成本表示为:

$$C = D \times P + \frac{kD}{Q} + \frac{HC \times Q}{2}\left(1 - \frac{D}{p}\right)$$

代替通常的经济订货量公式,在这个全年成本表达式的基础上,利用使 C 相对于 Q 的导数等于零的方法,求得的最优订货量 EPQ 的公式为:

$$Q_0 = \sqrt{\frac{2kD}{HC}\frac{p}{p-D}} = Q_0^* \sqrt{\frac{p}{p-D}}$$

其中 Q_0^* 是通常的经济订货批量 EOQ,即:

$$Q_0^* = EOQ = \sqrt{\frac{2kD}{HC}}$$

在最优订货量下达到的全年订货成本与全年储存成本的共同值等于:

$$\frac{kD}{Q_0} = \frac{HC \times Q_0}{2}\left(1 - \frac{D}{p}\right) = \sqrt{\frac{k \times HC \times D}{2}}\sqrt{\frac{p-D}{p}}$$

以下举两个实例具体计算一下。

【例 2.1】 某商品的年需求量为 7500(件),一次订货的订货成本为 30 元,一件商品在仓库中保存一年的储存成本为 3.8 元,商品的补充速率(生产速率)为 10000(件/年)。试确定该商品的最优订货量。

(1)建立 Excel 模型并求解。在一个 Excel 工作表中建立如表 2-4 所示的模型,其中在单元格范围 F3:F6 中输入各个系统参数,在 F8 中输入一个任意的订货量,然后在范围 F9:F13 的各个单元格中分别键入计算全年订货成本、补充速率(生产速率)无限与有限两种情况下的全年储存成本与总成本的公式(补充速率无限情况下的各项成本是为了进行比较而键入的);并在单元格 F19 中键入体现在有限补充速率下的最优订货量的 Excel 公式,并在 F20:F22 中计算出在此订货量下的三项全年成本。此外,为了进行对比还要在单元格 F15 中键入计算补充速率无限时最优订货量(经济订货批量)的 Excel 公式,并在 F16:F18 中计算出在此订货量下的三项全年成本。

表 2-4 输入变量及公式

	A	B	C	D	E	F	G
1							
2							公式
3			需求速率(年需求量)(D)			7500	输入变量
4			一次订货的订货成本(k)			$30	输入变量
5			一件商品保存一年的储存成本(h)			$3.8	输入变量
6			生产速率(P)			10000	输入变量
7			(1-D/P)			0.25	=1-F3/F6
8			订货量(Q)			300	输入变量
9			年订货成本(kD/Q)			$750	=F4*F3/F8
10			P无限时的年储存成本 (hQ/2)			$570	=F5*F8/2
11			P有限时的年储存成本 (hQ/2)(1-D/P)			$143	=F10*F7
12			P无限时的总成本 (kD/Q+hQ/2)			$1,320	=F9+F10
13			P有限时的总成本 (kD/Q+(hQ/2)(1-D/P))			$893	=F9+F11
14							
15			经济订货批量(EOQ)			344	=SQRT(2*F4*F3/F5)
16			EOQ下的年订货成本			$654	=F4*F3/F15
17			EOQ下的年储存成本			$654	=F5*F15/2
18			EOQ下的年总成本			$1,308	=F16+F17
19			经济生产批量(EPQ)			688	=SQRT(2*F3*F4/(F7*F5))
20			EPQ下的年订货成本			$327	=F4*F3/F19
21			EPQ下的年储存成本			$327	=F5*F19/2*F7
22			EPQ下的年总成本			$654	=F20+F21

计算结果表明:当补充速率为 P=10000(件/年)时最优订货量为 688(件),在此订货量下的全年订货成本和储存成本均为 327 元,全年总成本为 654 元;当补充速率无限时的最优订货量则为 344(件),此时的全年订货成本和储存成本均为 654 元,全年总成本则为 1308 元。

(2)灵敏度分析。为了更加透彻地了解全年各项成本随订货量变化的全面情况,可以对单元格 F9、F10、F12 以及 F11、F13 中的各项全年成本相对 F8 中的订货量做一个灵敏度分析(见表 2-5),在所得数据的基础上可以绘制出如图 2-6 所示图形中的两组曲线:一组是在补充速率 P 有限时的三项全年成本随订货量变化的曲线,另一组是在其他参数相同但补充速率无限时的三项全年成本随订货量变化的曲线(两组中的订货成本曲线是同一曲线)。

可以看出:第一,在同一订货量之下,补充速率有限时的全年储存成本比补充速率无限大时小,这是因为年平均库存量降低的缘故,因此,全年总成本也比补充速率无限大时小。第二,补充速率有限时的最优订货量比补充速率无限大时的最优订货量大。第三,在补充速率有限时的最优订货量(经济生产量)下的全年订货成本、全年储存成本和总成本分别小于补充速率无穷大时的最优订货量(经济订货量)下的对应成本。

表 2-5 灵敏度分析所用数据

	年订货成本	P无限大时的年储存成本	P无限大时的年总成本	P有限大时的年储存成本	P有限大时的年总成本
5	$750	$570	$1,320	$143	$893
6	$1,125	$380	$1,505	$95	$1,220
7	$900	$475	$1,375	$119	$1,019
8	$750	$570	$1,320	$143	$893
24	$205	$2,090	$2,295	$523	$727
25	$196	$2,185	$2,381	$546	$742
26	$188	$2,280	$2,468	$570	$758

另外,为了能够更加生动地说明经济生产量与经济订货量之间的关系,可以在 Excel 中将补充速率(生产速率)设为变量(可以使用 Excel 中的可调图形),通过不断调整生产速率,来观察经济生产量与订货量的变化情况,变化情况如图 2-6 所示。

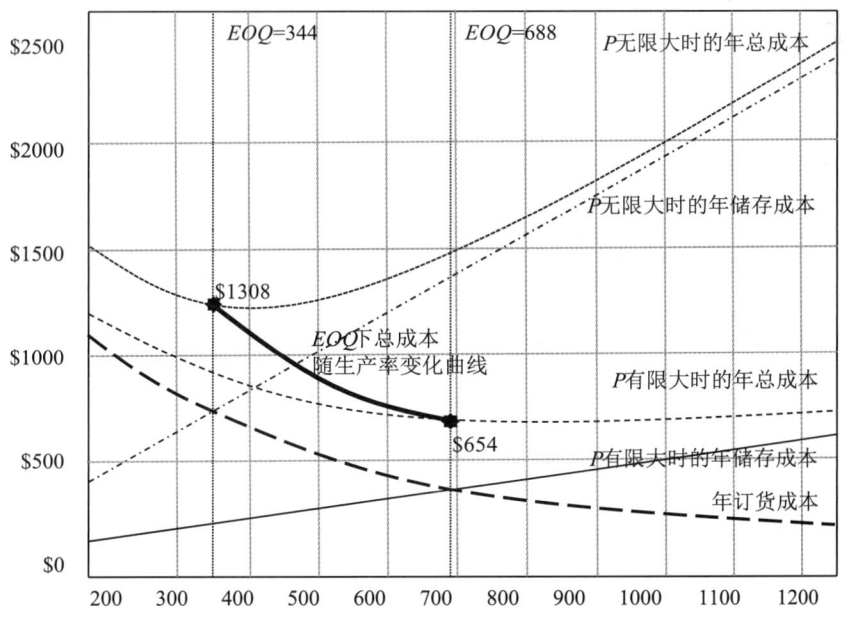

图 2-6 经济生产量与经济订货量的关系图

TIP:Excel 2007 微调器的设置

选择菜单命令"开发工具"—"插入"—"表单控件"—"数值调节钮",此时光标形状改变为"+",将光标拖到所需单元格(比如 F6)并单击左键,微调器就生成在 F6 单元格左上角了。然后将光标移到微调器上单击右键,在出现的下拉菜单中,选中"设置控件格式",在出现的对话框中选择"控制"标签,最小值输入 10000,最大值输入 30000,步长输入 1000,单元格链接输入 F6,设置完后点击"确定",这样生产速率微调器的设置就完成了。

【例 2.2】 某商品可以以每单位 25 元购入,或者由其分厂在生产率为一年 10000 单位时以每单位 23 元制出。自制的生产准备成本为 50 元,外购的订货成本为 5 元。该商品的年需求量为 2500 单位,单位储存成本率为 10%,问该商品应外购还是自制?

(1)外购商品

经济订货批量:$EOQ = \sqrt{\dfrac{2 \times RC \times D}{HC}} = \sqrt{\dfrac{2 \times 5 \times 2500}{25 \times 10\%}} = 100(单位)$

总成本:$TC = 2500 \times 25 + \dfrac{5 \times 2500}{100} + \dfrac{100 \times 25 \times 10\%}{2} = 62750(元)$

(2)自制商品

经济生产批量:$EPQ = \sqrt{\dfrac{2kD}{HC} \dfrac{p}{p-D}} = \sqrt{\dfrac{2 \times 2500 \times 50 \times 10000}{0.10 \times 23 \times (10000-2500)}} = 381(单位)$

存货周期的总成本:

$TC = 2500 \times 23 + \dfrac{2500 \times 50}{381} + \dfrac{(10000-2500) \times 381 \times 23 \times 10\%}{2 \times 10000} = 58156(元)$

因为 58156 元<62750 元,所以该商品应该自制。

2.5 物料需求计划

物料需求计划(Material Requirement Planning,MRP)是指企业根据产品结构各层次物品的从属和数量关系,以每个物品为计划对象,以完工时期为时间基准倒排计划,按提前期长短区别各个物品下达计划时间的先后顺序的一种工业制造企业内物资计划管理模式。简单地说,物料需求计划就是通过主进度计划设计出具体的订货时间表。主进度计划中包括某件物品的生产数量,通常情况下以周为单位。物料需求计划在这个基础上,结合每件产品所需要的物料清单,制定出一份物料供应的时间表。物料需求计划的主要输出内容如下:

- 物料需求的时间表
- 采购物料订单发送的时间表
- 内部制造的物料生产的时间表

物料需求计划对主进度计划进行"扩展",从而制订出原料供应计划,它提供了物料的生产与订购的时间表,以确保有充足的原料供应。该方法将物料供应与已知的需求直接对应起来,因此能够保证存货的数量刚好能够满足生产需求。

与此相反,另一种独立需求法则采取持有足够高的存货的办法,以应付任何可能出现的需求。举例来说,一位厨师在计划制作一周的食物所需的原料时,如果采用物料需求计划的方法,就需要根据每天的菜单来确定需要的原料,然后再下订单以保证这些原料能够及时送到以供使用;而独立需求法则根据过去几周原料的使用数量为依据来订货,以保证购买的原料足够未来一周的需求。

重要的一点是上述的两种方法会产生完全不同的存货模式。采取物料需求计划时,存货通常情况下处于低水平,但是在送货以后,生产开始以前,存货水平会突然升高。此后,随着生产的进行,存货逐渐消耗,直到降至正常的较低的存货水平,如图 2-7a 所示。而在采取独立需求法时,存货水平与生产计划无关,因此需要保持较高水平的存货以应付可能出现的需求。随着生产对存货的消耗,存货水平逐渐降低,但是随时都会进行补充,这样就产生了如图 2-7b 所示的模式。物料需求计划的一个显而易见的好处就是其较低水平的平均存货水平。

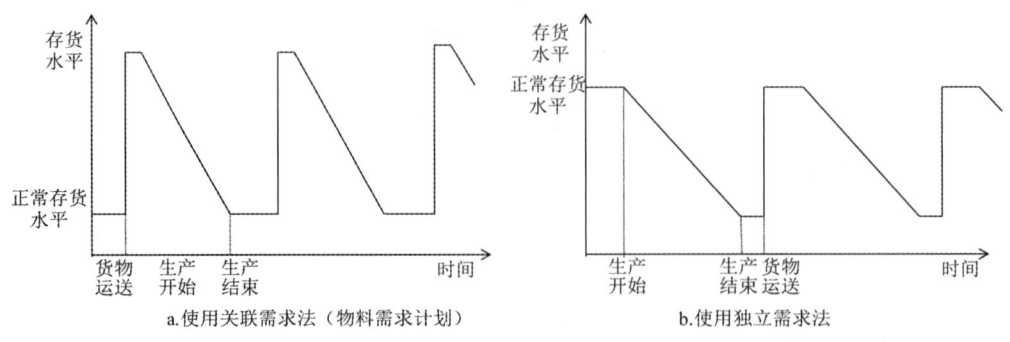

图 2-7 存货水平的比较

下面介绍一下物料需求计划程序的有关知识。

物料需求计划中包含了大量的信息,主要包括主进度计划、物料单和库存记录。主进度计划包括企业在每一阶段需要制造出的产品的数量。物料单则记录了生产这些产品企业需要的物料情况,但是这些物料,企业很难同时都拥有,因此企业需要清查自身的库存情况,对不足的物料进行外部采购或自己生产。

【例 2.3】 假设一家公司组装一个桌子需要用一个桌面和四个桌腿。所使用的物料单的格式通常如图 2-8 所示。观察可以发现,每种物品都属于程序当中的某一"层次"。括号当中的数字表示制造一件成品所需的物料数量。成品的层次为 0,层次为 1 的物料是直接用来构成层次 0 的成品的。

就桌子来说,可以将其简化为:

第 0 层次:桌子。

第 1 层次:桌面(1)、桌腿(4)。

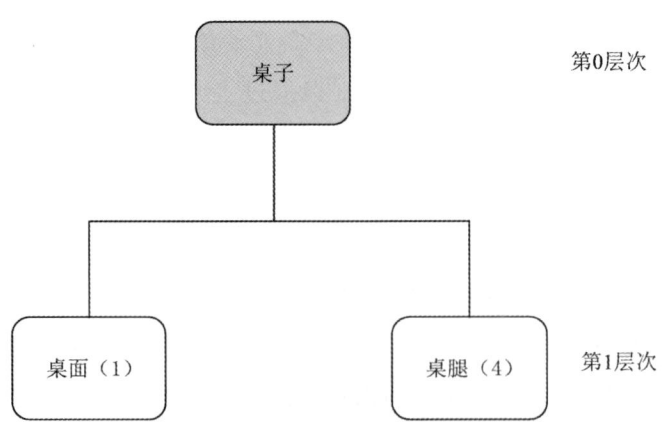

图 2-8 一张桌子的物料单简图

假设根据主进度计划,从 6 月 21 日开始的一周内需要制造 6 张桌子。物料需求计划可以通过物料单的形式来对主进度计划进行扩展,从而得出所需物料的详细清单。6 张桌子需要 6 个桌面和 24 个桌腿,这些物料都需要在 6 月 21 日开始生产之前准备好。上面谈到的只是毛需求量。实际上可能不需要订这么多物料,因为通过查看库存记录,可能会发现所需的部分物料还有库存,或者是已经订货但尚未送达。如果从毛需求量当中减去上述的这些数量,就得到了所需物料的净需求量,也就是实际需要订货的数量。在 6 月 21 日之前需要 24 个桌腿,但是如果在存货中已经有 4 个,另外还有 12 个已经订货,马上就会到货,那么净需求量就是 24-4-12=8。

对每种物料来说:

毛需求量=需要制造的产品数量×用于制造一件产品所需的物料数量

净需求量=毛需求量-当前存货数量-已订货的数量

在确定需要订货的数量及订货的送达时间后,企业需要确定何时发布这些订单。何时发布订单需要以订货至交货周期为依据,如果提供桌腿的供应商的订货至交货周期为 3 周,就需要在 6 月初就发布订单。这叫作"时间平移"。如果在存货当中没有桌面,而供应商的订货至交货周期为 2 周,就需要在 6 月 7 日发布 6 张桌面的订单。具体的时间表如下:

6 月 1 日:发布 8 个桌腿的订单

6 月 7 日:发布 6 张桌面的订单

6 月 21 日:开始组装桌子

在确定这些订单之前,需要考虑所有相关的信息,例如最低订货数量、折扣、最低存货水平、订货至交货周期的不确定性等。在考虑了所有这些因素之后,可以得出发布订单的具体时间表。具体步骤如图 2-9 所示。

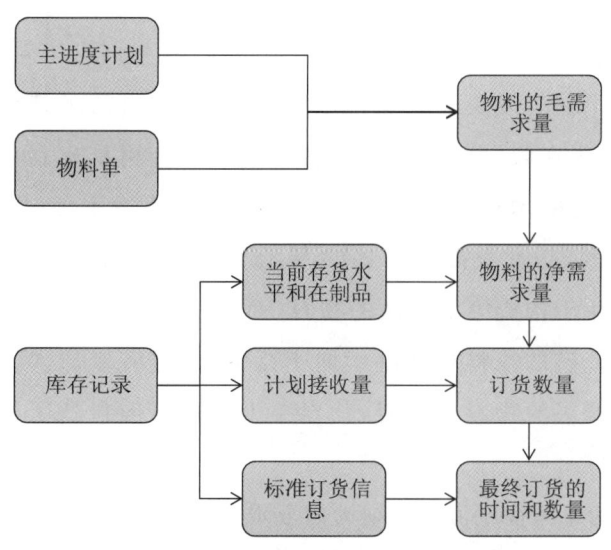

图 2-9 物料需求计划计算方法简图

表 2-6 展示了桌子物料需求计划,其中第 4 行到第 9 行是第 0 层次物品的计划,也就是成品桌子。第 5 行当中的毛需求量(6 月 21 日需要 6 件)来自主进度计划,由此进一步转化为第 8 行的净需求量和第 9 行的装配计划。第 11 行到第 16 行是桌面的进度计划,

第 18 行到第 23 行是桌腿的进度计划。上述第 1 层次的桌面的毛需求量是由第 0 层次的物品的净需求量所决定的,然后减去期初存货以及计划接收量,从而得出净需求量。从生产开始之日向前推相当于订货至交货周期就得出了发布订单的时间,这又可以推导出计划接收量。

表 2-6　电子表格中的物料需求计划计算

	A	B	C	D	E	F
1	物料需求计划					
2						
3	时间	5月24日	6月1日	6月7日	6月14日	6月21日
4	第0层次桌子					
5	毛需求量					6
6	起初存货					
7	计划接收量					
8	净需求量					
9	开始组装					
10						
11	第1层次桌面					
12	毛需求量					6
13	起初存货					
14	计划接收量					6
15	净需求量					6
16	发布订单				6	
17						
18	第2层桌腿					
19	毛需求量					24
20	起初存货	4	4	16	16	16
21	计划接收量			12		8
22	净需求量					8
23	发布订单		8			

前面的示例相对简单,只有两个层面,通过该示例,我们可以对物料需求计划的基本流程有个简单的了解。但是在现实生产中,产品的物料需求计划往往更加复杂,同样以生产桌子为例,现在假设可以使用一套木材和五金用具来制成桌面,其中的木材包括 4 块橡木板、2 块松木楔子以及 4 片贴面。而一块橡木板又可能包括两块 3 厘米×30 厘米刨光板材,以此类推。图 2-10 展示了更加具体的物料单当中的一部分,其中第 2 层次的物料用于构成第 1 层次的物料,而第 3 层次的物料又构成第 2 层次的物料,以此类推,一套完整的物料单会继续向下延伸,经过各级层次,最终到达商业组织通常从供应商那里购买的物料。此时,物料单上可能已经包括了几百,甚至几千种不同的物料。

物料需求计划的总体程序可以总结为如下步骤:

(1)通过主进度计划找出第 0 层次的物品的毛需求量。

(2)减去目前的存货以及计划交付的数量,从而得到第 0 层次的物品的净需求量。然后安排生产,以确保开始生产时对物料的净需求能够得到满足。

(3)如果还有更多层次的物料,就使用物料单把上一层次的装配单或订货单转换成当前层次的毛需求量。假如没有更多的层次,就可以直接跳到第5步。

(4)按次序对每种物料减去当前的存货数量以及计划交付的数量以求得净需求量,也就是订货数量。根据订货至交货周期及其他任何相关的信息来推算出这些订单应该发布的时间。然后回到第3步。

(5)加上任何必要的调整之后,最后确定订单和生产的时间表。

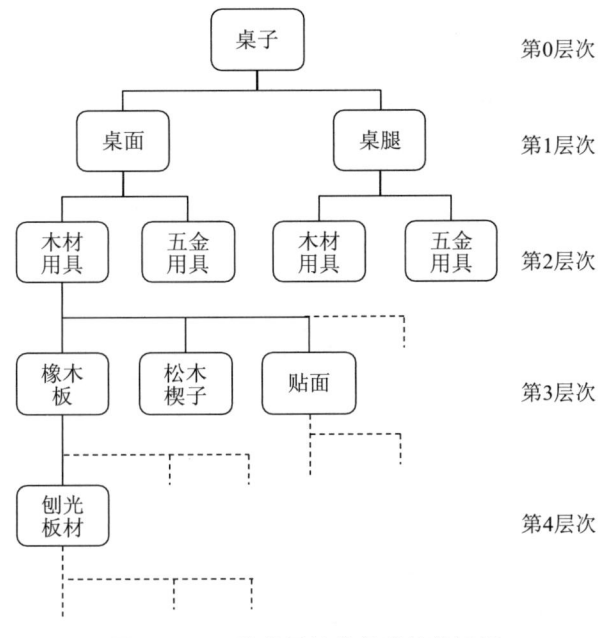

图 2-10　一张桌子的物料单的扩展图

【例2.4】　某公司接到制造一批超市手推车的订单,手推车包括1个车身和4个轮子,车身包括1个车身组件和2个扶手组件。组装手推车费时1周,轮子的订货至交货周期为3周;组装车身费时1周,车身组件的订货至交货周期为3周,扶手组件的订货至交货周期为1周。该公司接到了一份订单要求在8周内交付100辆手推车,在第10周交付200辆。目前的存货为20辆完工的手推车,110件车身以及200个轮子,但是没有车身组件(必须每200个一批为单位来订购)和扶手(必须每400个一批为单位来订购)了。请为手推车的生产设计一个时间表。

该题的物料单如图2-11所示。计算过程见表2-7,同时你可以参照上面描述的标准程序。

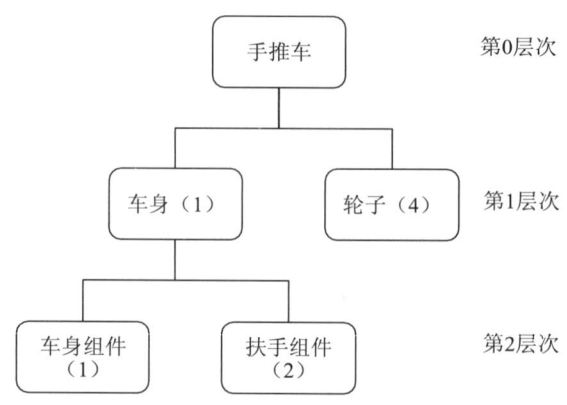

图 2-11 手推车的物料单

表 2-7 手推车的物流需求计划表

	A	B	C	D	E	F	G	H
1	物料需求计划							
2								
3	周	4	5	6	7	8	9	10
4	第0层次 手推车（组装时间为1周）							
5	毛需求量					100		200
6	期初存货	20	20	20	20	20		
7	计划接收量					80		200
8	净需求量					80		200
9	开始组装				80		200	
10								
11	第1层次 车身（每车1件，组装时间为1周）							
12	毛需求量				80		200	
13	期初存货	110	110	110	110	30	30	
14	计划接收量						170	
15	净需求量						170	
16	开始组装					170		
17								
18	第1层次 轮子（每车4件，订货至交货周期为3周）							
19	毛需求量				320		800	
20	期初存货	200	200	200	200			
21	计划接收量				120		800	
22	净需求量				120		800	
23	发布订单	120		800				
24								
25	第2层次 车身组件（每车身1套，订货至交货周期为3周，订单批量为200套）							
26	毛需求量					170		
27	期初存货							
28	计划接收量					200	30	30
29	净需求量					170		
30	发布订单		200					
31								
32	第2层次 扶手组件（每车身2套，订货至交货周期为1周，订单批量为400套）							
33	毛需求量					340		
34	期初存货						60	60
35	计划接收量					400		
36	净需求量					340		
37	发布订单				400			

（1）第0层次的物品是成品，因此我们从第4行到第9行的手推车需求量入手，毛需求量在第5行。从图2-11中可以看到，由于库存为20辆，所以手推车的净需求量为80辆。

（2）从毛需求量当中减去手推车成品的存货数量，就得到第8行中的净需求量。组装需要1周的时间,这样我们就推算出了第9行中的开工时间,通过这些数据又推导出第7行中的计划接受数量。

(3)现在通过第0层次的物品(手推车)的组装计划来求得第1层次物品(车身和轮子)的毛需求量。从第7周开始,公司开始80辆手推车的组装工作,物料单把这项工作转化为80个车身和320个轮子的毛需求量。同理,从第9周开始,公司开始200辆手推车的组装工作,这项工作也可以转化为200个车身和800个轮子的毛需求量。

(4)从这些毛需求量当中减去目前的存货数量就得到净需求量。为了保证零部件能够按时到达,必须按照订货至交货周期提前下订单(例如,提前1周发出车身的订单,提前3周发出轮子的订单)。车身的计算过程在第11行到第16行,轮子的计算过程在第18行到第23行。

(5)现在针对第2层次的物品再重复这一过程,其中车身组件和扶手组件的毛需求量来自车身的组装计划。车身组件的计算步骤包括在第25行到第30行,扶手组件的在第32行到第37行。这里唯一的区别就是固定的订单批量,所有暂时不用的物料都成为存货。

(6)到此为止,没有更低一层次的物料了,也没有其他更多的特别限制条件,因此可以对各项事件的时间表做如下总结:

- 第4周:发布120个轮子的订单。
- 第5周:发布200套车身组件的订单。
- 第6周:发布800个轮子的订单。
- 第7周:开始80辆手推车的组装工作,收到120个轮子的订货,发布400套扶手组件的订单。
- 第8周:完成80辆手推车的生产工作,开始170个车身的组装工作,收到200套车身组件的订货,收到400套扶手组件的订货。
- 第9周:开始200辆手推车的组装工作,收到170个车身,收到800个轮子。
- 第10周:完成200个手推车的组装工作。

2.6 采购优化常用分析工具及模型

2.6.1 学习曲线

企业员工在生产产品的过程中,随着产量的提升,员工技术熟练程度也不断提高,其制造单位产品的时间也会越来越短,而由单位产品制造时间与产量构成的曲线,就是学习曲线。通过学习曲线,人们可以看出学习的进程以及进步的快慢等信息。学习曲线通常有狭义和广义两种解释:

(1)狭义的学习曲线指操作人员个人的学习曲线,反映个人技术熟练程度的高低。

(2)广义的学习曲线指一个集体生产较多数量的某产品时的学习曲线,它除了反映操作者个人技术的熟练程度以外,还包含生产方式、设备、管理的改善、技术的革新以及群体共同努力的结果。因此,学习曲线又称为制造进步函数、经验曲线、效率曲线、成本曲线、改进曲线等。

学习是人在工作中由于反复的实践而改变行为的过程。操作人员在制造过程中通过不断的学习、反复的实践,生产产品的操作熟练程度会不断提高,生产单位产品所需的工时也会相应减少。

学习曲线是将学习的效果定量地展示在坐标图上,横轴表示学习次数,纵轴表示学习效果。在一般情况下,用累计产品产量表示学习次数,用累计平均工时表示学习效果,而学习曲线表示了产品制造工时与累计产量之间的变化规律,如图2-12所示。

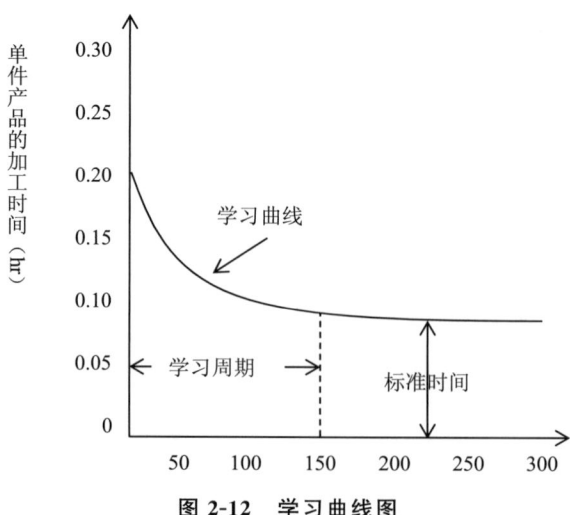

图 2-12　学习曲线图

2.6.1.1 影响学习曲线的因素

影响学习曲线的因素有很多,如图2-13所示,大致有以下几个方面。

其一,操作员技术的熟练程度是影响学习曲线最基本的因素。

其二,分工专业化使每个操作者专门做某一部分简单的制造工作,有利于减少操作者的学习遗忘和工作难度。

其三,改善操作工具便于工人操作,大大降低操作时间。

其四,改进落后的工艺、更换陈旧设备,有助于工作效率的提高。

其五,优良的管理、科学的指导、奖励制度的应用和学习效果的及时反馈都有助于降低成本,提高生产力。

其六,改进产品设计。新产品开始生产后,由于各种疏忽和考虑问题的不周全,需要做设计修改。必要的设计修改有助于降低工时,但过多的修改则有碍生产,对学习反而有害。

其七,高质量的原材料和充足的货源可避免停工待料的时间,从而有助于单位工时的降低,减少学习中断现象。

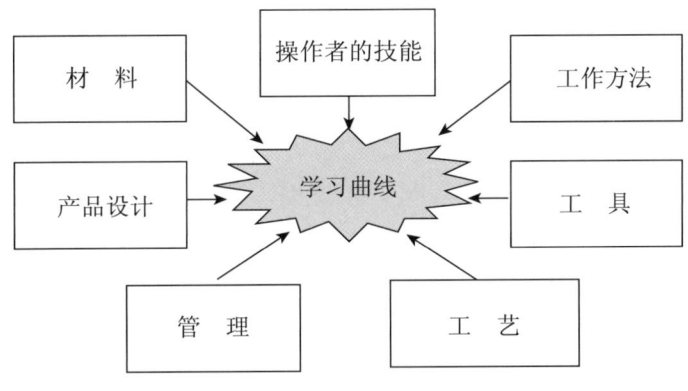

图 2-13 影响学习曲线的因素

2.6.1.2 对数线性学习曲线

【例2.5】 在第二次世界大战期间,为了满足前方战场的需要,美国国内航空企业在大量生产飞机的过程中,发现随着制造飞机数量的增加,单架飞机的制造工时逐渐减少。以此类推,可得出当某一种产品产量增加一倍时,所需累计单件制造工时降低到原来的一定的百分数,这个百分数就是学习效率,它说明了操作者在学习中取得的成果,如图2-14所示。下面对学习曲线的相关公式进行推导。

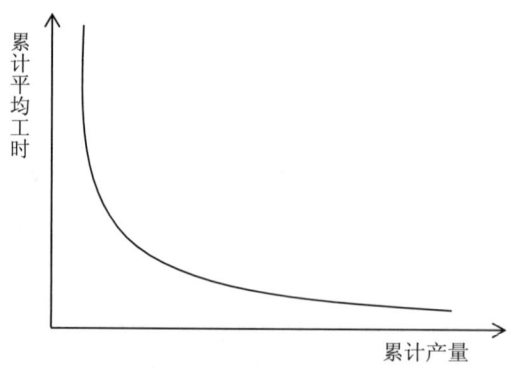

图 2-14　累计平均工时与累计产量的关系图

设：y：生产第 x 架飞机所需工时

k：生产第一架飞机所需工时

s：工时递减率或学习速率

x：累计生产的飞机架数

n：累计产量翻番指数

根据上述规律，得出：

$$y = ks^n$$
$$x = 2^n$$

上两式两边取对数，可得：

$$\log y = \log k + n\log s$$
$$\log x = n\log 2$$

设 $\alpha = -\log s/\log 2$，可得：

$$\log y = \log k - \alpha n\log 2 = \log k - \alpha\log x = \log kx^{-\alpha}$$

上式称为莱特公式，它表示了学习效果即累计平均工时 y 随累计产量即学习次数 x 变化而变化的情况（如图 2-15 所示）。

将莱特公式 $\log y = \log k - \alpha\log x$ 加以变形，令 $Y = \log y$，$X = \log x$，$K = \log k$，则莱特公式变形为：

$$Y = K - \alpha X$$

因此如果把莱特公式中的累计平均工时 y 和累计产量 x 绘制在双对数坐标纸上，学习曲线则变成斜率为 $-\alpha$，纵截距为 k 的一条直线。

从图 2-15 中可以看出，随着累计产量的增加，累计平均工时将逐渐减少，累计产量每增加一倍，累计平均工时便降低一个固定的百分数，这个固定的百分数就是前面说的学习速率 s 或叫学习递减率。

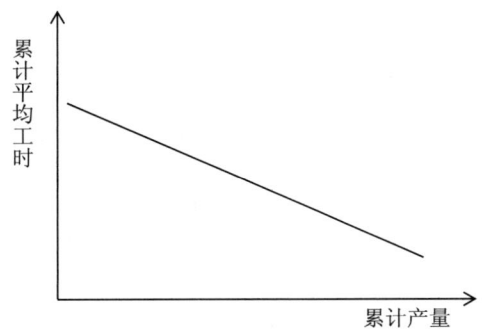

图 2-15 变形后的学习曲线图

如果在生产某种产品的过程中,出现了中断现象,那么由于工作的中断,势必造成员工的熟练度下降,从而导致其第二次学习开始时,生产第一件产品的用时会大于未中断时的生产该产品的用时。研究学习中断现象的目的是求由于学习中断后再次学习时生产第一件产品的工时。一种近似的计算方法是:在第一次学习生产第一件产品所需的时间与生产这种产品的标准时间之间连一条直线,并用下式来描述这条直线方程:

$$t = k - \frac{k-f}{m}x_1$$

式中:t 是指中断后恢复学习时,生产第一件产品所需时间;

k 是指原生产第一件产品的标准时间;

f 是指生产这种产品的标准时间;

m 是指学习不中断条件下,达到标准时间所需生产此产品的累计数目;

x_1 是指中断学习后再次恢复学习时,生产第一件产品占有的总累计数。

【例 2.6】 对一条学习速率为 95% 的曲线,如果生产第一件产品需 10 个工时,生产第二件产品平均只需要 9.5 个工时,生产第 4 件产品则平均只需要 9 个工时,以此类推。

(1) 求生产第 51 件产品的工时。

(2) 设产品的标准时间为 7 小时,要生产多少件产品才能达到标准时间?

解答:

(1) 由 $\alpha = -\log s/\log 2, s = 95\%$ 计算出 $\alpha = 0.074$

则第 51 件的工时 $y = kx^{-\alpha} = 10 \times 51^{-0.074} = 7.48$(小时)

(2) 若产品的标准时间为 7 小时,则将 $y = 7, k = 10, \alpha = 0.074$ 代入莱特公式得 $x = 124$(件)

2.6.1.3 学习速率测定方法

测定学习速率的方法较多,常用的有以下五种。

1. 历史资料法

如果企业已经生产了一段时间,那么企业可以根据积累的历史数据,获得各种作业的标准学习率。在预测新作业的学习速率时,可以从这些数据中选择类似作业的学习速率,并对类似作业的学习速率稍做修正后确定新作业的学习速率。此方法依靠积累的数据,使用起来很方便,比较可靠,但也存在一定缺陷。因此,这种方法确定的学习速率难免会有误差。

2. 经验估计法

若企业刚开始新的生产,可参照其他企业的历史资料,再结合自身的具体情况,制定新产品的学习速率。

3. 直接测定法

通过观测生产情况,取足够(通常为 30 个)的样本值,再根据一组 x 和 y 的观测值使用最小二乘法求得参数 α 的估计值,由 $\alpha = -\log s/\log 2$ 可以求得学习速率 s。这种方法的精确度取决于采样及参数估计的精度。

4. 合成法

当一个作业可以拆分为两个子作业时,可分别测定两个子作业的学习速率,然后再利用加权平均法合成该作业的学习速率。设该作业中两个子作业的时间分别为 t_1 和 t_2,则子作业在总作业时间中的比例分别为:$x_1 = \dfrac{t_1}{t_1 + t_2}$;$x_2 = 100\% - x_1$。然后以时间比为权数合成子作业的学习速率。假设某作业由两个子作业组成,子作业的具体情况见表 2-8。

表 2-8 某作业下属子作业情况

子作业	时间比(权数)	学习速率(假设值)	加权值
1	$x_1 = t_1/(t_1 + t_2)$	80%	$0.8x_1$
2	$x_2 = 1 - x_1$	90%	$0.9 - 0.9x_1$
合计	100%		$0.9 - 0.1x_1$

如果 $t_1 = 55$ 秒,$t_2 = 45$ 秒,则 $x_1 = 55\%$,合成学习率 $= 90\% - 0.1 \times 55\% = 84.5\%$。

5. MTM 法

MTM 法(方法时间测定)是将合成法推广到多个子作业组成的作业系统。其原理是将作业系统分解成若干个动作单元,对每个动作单元都用直接测定法求其相应的学习速率,然后将它们综合成整个作业的学习速率。这种方法通过分解再合成的方式,提高了测定结果的科学性与客观性。

2.6.1.4 学习曲线的应用

1. 学习曲线的应用条件

首先,学习曲线的应用应该满足两个基本假设:
(1)学习速率具有可预测性,即学习现象是规则的。
(2)生产过程中存在"学习曲线"现象。

其次,学习曲线是否适用,要考虑以下因素:
(1)学习曲线只适用于大批量生产企业的长期战略决策。
(2)劳动力需保持稳定,并不断革新生产技术和设备。
(3)学习曲线与产品更新的关系是辩证统一的。
(4)更新产品与降低成本需保持平衡。
(5)学习曲线仅适用于企业的规模经济阶段。当企业规模过大,出现规模不经济的情况时,学习曲线的规律不再存在。

2. 学习曲线的应用范围

(1)在生产制造方面,学习曲线可以应用于估计产品设计时间和生产时间,同时可以应用于估计成本。

学习曲线提出了随累计产量的增加,单件产品制造工时逐渐减少的规律,因此学习曲线一旦被设定,便可用来预测作业时间。

【例 2.7】 某企业生产某产品 1000 件,累计平均工时为每件 50 小时,学习速率为 80%。现准备再生产 2500 件,求需要多少工时才能完成?

解:根据学习速率为 80%,求出 $\alpha = -\log s/\log 2 = -\log 0.8/\log 2 = 0.322$,已知生产 1000 件时,需要的累计平均工时为 50 小时,根据莱特公式 $y = kx^{-\alpha}$,可以计算出 k。

$$y = kx^{-\alpha} \Rightarrow 50 = k \times 1000^{-0.322} \Rightarrow k = 462$$

生产 3500 件时的累计平均工时为:$462 \times 3500^{-0.322} = 33.4$(小时)
生产 3500 件所需时间为:$3500 \times 33.4 = 116900$(小时)
生产 1000 件所需时间为:$1000 \times 50 = 50000$(小时)
生产 2500 件所需要时间为:$116900 - 50000 = 66900$(小时)

(2)利用学习曲线估计销售价格。由于单个产品的制造时间随着累计产品数量的增加而减少,单个产品的制造成本也会随着产品数量的增加而降低。如果不考虑原材料价格的变化,追加订购的产品价格将始终低于原始订单的价格。在更复杂的情况下,学习曲线可以用来预测销售价格或作为决定销售价格的参考。

【例 2.8】 设甲方向乙方订购以焊接为主的装配件 1000 台,每台销售价格 20000 元。现需再增加订货 1500 台,问增加的这 1500 台价格应为多少? 需满足的条件为:

(a)乙方准备了 1000000 元的设备费用,在最初的 1000 台订货时已全部折旧。

(b)材料在第一次订购时,每台为 6000 元。但现在已涨价为 7000 元。

(c)电镀费用每台 400 元,此项费用不随产量的增加而降低,是一个不变的量。

(d)乙方在第一次销售时未获取利益,决定在这次追加订货时希望获得 15% 的利润。

(e)学习速率为 90%。

分析:

首先,要想确定追加订货的价格,必须分析第一次订货时产品的单价,为此,要把第一次销售产品的单价分为影响学习曲线的项目和不影响学习曲线的项目。

(a)第一次销售的 1000 台的平均单价为 20000 元。

(b)其中不能成为影响学习曲线的项目有:设备费用(每台为 1000000÷1000)1000 元;材料费用 6000 元;电镀费用 400 元。

从销售单价 20000 元减去不影响学习曲线的项目费用(总计 7400 元),剩下的 12600 元即是影响学习曲线的金额(如图 2-16 所示)。此金额为第一次订购的 1000 台除去不能成为影响学习曲线的项目后的累计平均价格。

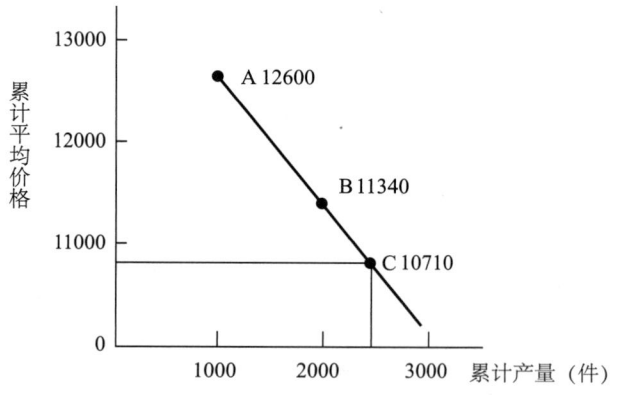

图 2-16 焊接配件订货数量的学习曲线图

根据学习效率的定义,生产下一个 1000 台时,产品的累计平均价格将下降一定的比率,由题意可知,学习效率为 90%,则下一个 1000 台时的累计平均价格为 12600×0.9= 11340 元,在计算 2500 台时的累计平均价格时,这里为了简化运算,假设学习曲线为直线,求得 2500 台时的累计平均价格为 10710 元,订购总金额为 10710×2500= 26775000 元。

减去第一次订购 1000 台的总金额 12600×1000=12600000 元,剩下的 14175000 元,即

为追加订购1500台除去不影响学习曲线因素后的总金额。然后,计算追加订购的1500台的销售价格:

设备折旧费已在第一次订购的1000台中全部转换完,这次追加订购1500台设备折旧费为0。追加订购时,原材料费涨价,新的材料费为7000元。由题目已知每台装配件的电镀费不变,仍为400元。

除去不能影响学习曲线项目后,追加订购的1500台的累计平均价格为14175000元÷1500台=9450元/台,追加订购的1500台的销售价格为9450+7400=16850元。还需考虑追加订购时希望有15%的利润,得出最后的销售单价为16850×(1+15%)=19377.5元。

2.6.2 ABC 分析法

1. ABC 分析法的基本原理

库存 ABC 分类法的思想与 80/20 原理类似。80/20 原理最早是由意大利统计学家帕累托(Pareto)在解释经济学中的"20%的人口控制着80%的财富"的现象时提出的。这种现象被概括为"重要的少数和次要的多数",即帕累托原理。帕累托原理也适用于企业的库存管理决策,即大多数决策不是很重要,而少数决策影响很大。库存的 ABC 分类原则如下:

(1) 将存货单元累计 20%,但成本却占总成本的 80%的物料划分为 A 类库存;
(2) 将存货单元累计 20%~50%,而成本占总成本 15%的物料划分为 B 类库存;
(3) 将存货单元累计 50%~100%,而成本占总成本 5%的物料划分为 C 类库存。

字母 A、B 和 C 仅代表不同的类别且重要性依次递减,字母本身无特别意义,且将物料分为三个级别也并非是绝对的。换句话说,这种分类不是影响物料重要性的唯一标准,还有其他的划分标准:物料的单位成本,物料的资源是否容易获得,提前期、物料的缺货成本等。

ABC 分类法的基本思想为:根据"重要的少数和次要的多数"原则,通过定性和定量的分析,管理对象的库存物料按照分类指标划分为 A、B、C 三类,然后采取相应的控制策略。

2. 实施策略

一般情况下,采用产品品种数量和对应的金额作为划分标准,这只是一般的 ABC 分类法,并不是唯一的物料分类准则。ABC 分类法实施的一般程序为:

(1) 确认库存中每一种物料的年度使用量;
(2) 将每一种物料的年度使用量和物料的成本相乘,计算每一种物料的年度使用金额;
(3) 将所有物料的年度使用金额求和,得到全年度库存总金额;

(4)将每一种物料的年度使用金额分别除以全年度库存总金额,计算出每一种物料的总计年度使用百分比;

(5)将物料根据年度使用百分比由大至小排序;

(6)检查年度使用量分布,并根据年度使用量百分比将物料加以分类。

3.控制策略

库存分类的目的是根据存货的利用价值对其进行不同的处理,并采用不同的库存控制策略对其进行控制。一般情况下,对于价值较高的A类物料应重点控制,减少库存;相反,对于低价值的物料,如C类物料,通常保持大量库存,避免资源短缺。

可从以下几个方面实施物料的控制策略:

(1)A类物料。应对此类物料进行严格跟踪,精确地计算订货点和订货量,并且经常进行维护。

(2)B类物料。实施正常控制,只有特殊情况下才赋予较高的有限权控制,可按经济批量订货。

(3)C类物料。尽可能简单的控制,可通过半年或一年一次的盘点来补充大量的库存,给予最低的作业有限权控制。

ABC分类法的优点是便于对关键材料进行分析和控制,但其缺点也很明显。首先,分类的判断标准不全面,只根据品种的不同和金额的多少还难以进行科学分类。比如有些比较重要的部件或物料,尽管占用金额不高,但对生产影响较大,且采购周期较长,这类物料也应归入A类物料。然而,按照一般的ABC分类,这些物料还可能被分为B类或C类。因此,A、B、C的划分不仅要看品种和金额的大小,还要考虑物料的重要性和采购周期的长短等。只有综合考虑这些因素,才能进行合理的分类。另外,一般的分类只是粗略的区分,因为物料的品种繁多,一次划分难以合理,也不易控制。因此,需要一种更具体、更有针对性的划分方法。

此外,需要注意的是,对于不同的产品,如外购件、自制件、独立需求产品和相关需求产品等要进行不同的ABC分类分析。在分析过程中,不能忽视需求和未来的发展趋势,库存的数量和库存管理的重点应该根据市场需求的变化进行动态调整。另外,仓库管理部门和销售部、工程部等其他部门要实现信息共享,如果在一定时期内,销售部门计划放弃某一产品,应及时反馈给仓库管理部门。仓库管理部门也应与供应商保持联系,因为市场可能会发生变化。例如,如果一种产品停止生产,仓库管理部门必须及时获得信息并告知供应商,以决定适当的库存管理策略。

【例2.9】 某仓库有10种物料,每年使用量、年利用价值见表2-9。试进行库存的ABC分析。

将这 10 种物料按照年使用金额比例进行排序,并进行归类,即将这 10 种物料按年使用金额分成 A、B、C 三种物料,见表 2-9。

表 2-9(a)　10 种物料的使用量及价值

物料编号	年耗用金额(元)	占全部金额的比重(%)	累计比重(%)
001	69000	43.5	43.5
002	47000	29.6	73.1
003	15000	9.4	82.5
004	11000	6.9	89.4
005	9000	5.7	95.1
006	7500	4.7	99.8
007	100	0.1	99.9
008	80	0.1	99.9
009	50	0.0	100.0
010	45	0.0	100.0
总计	158775	100.0	100.0

对表 2-9(a)进行整理和合并可得最后的结果,见表 2-9(b)。

ABC 分类法将物料按年耗金额分成三类,观察表可知:A 类物资的品种数为 20%,B 类品种数为 40%,C 类品种数为 40%。物料 001、002 的总价值占到了所有物料总价值的 73.1%,可以说明这两种物料的重要性。因此,企业需要对这两种物料加强控制管理。而物料 007、008、009、010 的总价值,只占到了 0.2%,这些物料对于企业来说,重要性很低,在其管理上可以相对简单些,以将节省出来的资源用到企业生产中的其他方面。

表 2-9(b)　10 种物料按照 ABC 法的分类结果

级别	物料编号	每级总价值(元)	总价值百分比(%)
A	001、002	116000	73.1
B	003、004、005、006	42500	26.7
C	007、008、009、010	275	0.2

4. 应用情况

(1) ABC 分析法在连锁店采购模式中的应用

这种现象在实际的销售过程中经常可以看到。在畅销品上市后,它们很快就被抢购一空,并成为缺货品。想象中似乎是自然的,实际上恰恰相反。商品构成比重最大的部分往往是最具代表性的、决定着企业形象、影响企业竞争实力的关键品种或项目,这部分品种必须保证源源不断地供应。企业的商品管理结构实际上是存在的,商品供应能否迅速补充是衡量采购业务水平的一个重要指标。在现实生活中,最畅销的产品会变成缺货,就是因为企业没有能力快速补货。

采购实现迅速补货的关键是选择正确的采购方式。目前,许多连锁企业基本上对所有商品都采用经济批量订购的方法,即在一定时期内能够准确预测商品需求的情况下,选择最经济的批量采购。然而,这种订货方法并不是最佳的。首先,在买方主动的经济条件下,同类商品的替代品越来越多,上次购买的商品很有可能被下次购买的同类替代品所替代。其次,无法非常准确地预测下一时期的商品需求,而这正是采用经济批量订货方式的前提条件。最后,对于重要性、数量和出货速度不同的商品,采用相同的订货方式显然是不合理的,这不仅增加了仓储成本,而且占用了不必要的资金。

应用 ABC 分析法确定不同商品的重要程度,根据不同的销售额及销售量确定不同的订货方式,不仅能够有效地降低库存成本,而且能最大限度地防止各类产品的断档、脱销。

(2) ABC 分析法在供应商选择中的应用

一般认为,价格高的商品对毛利率的贡献也很大。但是,如果运用 ABC 分析法的原理来分析各种被调查商品的毛利润贡献度,可以看出,价格较低的商品实际上对利润贡献更大。这是因为高价格商品的购买频率低,周转速度慢,虽然毛利率高,但是因为周转速度的原因,实际带来的毛利额在同等额度资金前提下反而低于低售价商品。

根据上述原则,按价格、品种、供应商逐一对销售额、销售量、品种数、毛利额等相关项目进行相应分析,比较哪些供应商对企业的商品采购贡献更大,从而决定供应商的选择,然后对不同的供应商制定不同的管理方案。

ABC 分析法是一种非常简单有效的管理技术,其关键管理原则不仅适用于库存管理和采购管理,还应用于人事管理、品质管理、项目管理、成本管理等管理领域。

2.6.3 通过 VA/VE 价值工程分析采购成本

2.6.3.1 最有效的采购成本控制方法

人类在进行生产活动的过程中,必须耗费一定的资源(人力、物力或财力),这些耗费的资源的货币表现就形成了产品的成本。而产品的成本直接影响着企业的利润,为了获得更多的经济利益,企业往往会采用各种方法来降低其成本。根据统计,全美财富 200 强公司所使用的成本降低方法中,最有效果的方法包括以下几种方法。

1. 价值分析法与价值工程法

价值分析法与价值工程法(Value Analysis, Value Engineering)即通常所说的 VA 与

VE法,其是对产品或服务的功能进行分析,以最低的生命周期成本为目的,通过剔除、变更、简化和替代等方法来降低成本。

一般情况下,价值分析应用于新产品工程设计阶段,而价值工程则是针对现有产品的功能、成本做系统化的研究与分析。现如今,价值分析与价值工程已被视为同一概念使用。

2.谈判

谈判是买卖双方为了达成各自的目标而进行协商的过程,这也是采购人员应该具备的最基本的能力。谈判并不局限于价格,也可以用于一些特定的需求,通常谈判预期价格降低的幅度为3% ～ 5%左右,而价格/成本分析、价值分析和价值工程(VA/VE)等技术是实现价格更大降幅的关键。

3.目标成本法

管理学大师彼得·德鲁克(Peter F.Drucker)在企业的"五大致命过失"(Five Deadly Business Sins)一文中提到,企业的第三个致命过失是定价受成本的驱动(Cost－Driven Pricing)。大多数企业都是以成本加上利润来制定产品的价格。然而,一旦他们把产品推向市场,就不得不开始降价,重新设计成本花费大的产品,导致蒙受损失,而且他们常常因为价格的不合理不得不放弃一种好产品。产品的研发应该以市场愿意支付的价格为基础,因此有必要基于竞争对手产品的市场价格,确定公司产品的价格。

4.早期供应商参与ESI

早期供应商参与(Early Supplier Involvement,ESI)是指在产品设计初期,选择具有合作关系的供应商参与到新产品开发小组。通过早期供应商参与的方式,新产品开发小组可提出性能规格的要求,并借助供应商的专业知识进行产品开发,以达到降低成本的目的。

5.杠杆采购

杠杆采购(Leveraging Purchases)是指将各单位和部门的需求集中起来,增加采购数量,进而增加议价空间的一种方式。单独采购可能导致企业内部的不同单位,从同一供应商购买相同零件的价格不同,却不知道彼此的情况,这就失去了节约采购成本的机会。

6.联合采购

联合采购(Consortium Purchasing)主要发生在医院、学校等非营利性部门的采购中,其是通过收集不同采购组织的需求量,以获得更好的数量折扣价格。这种方法也适用于一般的商业活动,应运而起的新兴行业第三者采购(Third－party Purchasing),专门替那些 MRO 工业品需求量不大的企业单位服务。

7.为便利采购而设计 DFP

为便利采购而设计(Design for Purchase,DFP)是自制与外购的策略,在产品的设计阶段,尽量使用容易获得的原物料、工业标准零件以及合作企业的标准制程与技术。这样不仅可以大大减少自制所需的技术支援,也可以降低生产成本。

8.价格与成本分析

价格与成本分析(Cost and Price Analysis)是专业采购的基本工具。对于购买者来说,了解成本结构的基本要素是非常重要的。购买者如果不了解所购商品的成本结构,便不知道所购商品的价格是否公平合理,也会错过许多降低购买成本的机会。

9.标准化

实施规格的标准化(Standardization)是指为了不同的产品项目或零件使用共同的设计/规格,或降低定制项目的数量,通过规模经济量,达到降低制造成本的目的。这只是标准化的开始,企业应扩大标准化的范围,以获得更大的效益。

2.6.3.2 通过 VA/VE 价值工程分析采购成本

1. VA/VE 的简单介绍

(1)VA 价值分析

(a)价值定义。价值是凝结在商品中的无差别的人类劳动或抽象的人类劳动。它是构成商品的因素之一,是商品经济特有的范畴。采购产品对企业的价值,是以最低的成本,在理想的地点、时间发挥出产品的需求功能。价值工程是从这一理论出发去选择执行采购任务的。

(b)价值理论。价值可以看作是产品所具有的功能与获得该功能的全部费用之比。

价值理论公式为:$V=F/C$;

式中 F(Function),功能重要性系数;

C(Cost),成本系数;

V(Value),功能价值系数。

例如,某空调厂商在选取螺丝时,可选取铁质或铜质螺丝,其中铁螺丝为 0.2 元,铜螺丝为 0.3 元,但两者功能一致。因此,从价值角度考虑,厂商会选择铁螺丝。

(c)价值分析目的。对采购而言,价值分析的目的:寻求成本最小化;追求价值最大化。

(d)提高价值的基本途径:

- F 不变,C 下降,提高 V;

- C 不变,F 提高,增加 V;
- F 增加,C 增加,增加 V;
- F 下降(降低次要功能),C 下降,V 增加;
- 运用新技术,改革产品,提高 F,降低 C。

(2) VE 价值工程

价值工程的工作原理是对产品或服务的功能进行分析,以最低的生命周期成本为目的,通过剔除、变更、简化和替代等方法来降低成本。在设计、制造和采购的过程中会产生很多无用的成本,而价值工程的目的就是消除无用的成本。

2. 价值分析工作运作步骤

(1)选择分析对象。一般来说,产品越复杂,采购成本就越高,因此也最值得改进。在选择改进对象时,应根据其价值对产品的主要零部件和配件进行排序,选择最值得改进的产品。对于企业来说,选择分析对象如下:

- 采购产品数量较多的;
- 采购产品价值较大的;
- 对企业影响较大的产品;
- 成本消耗较多的产品。

(2)分析产品或服务的功能。即分析采购产品的功能和服务价值的大小。比如,计算机装配制造企业在选择零件时,对主机的功能进行了分析,主机的启动比主机的装饰重要得多。如果其装饰功能较大,计算机内部就不会配备如此多的电路板。分析产品的主要功能才能更好地选择配件的功能,进而寻找可替代的配件。

(3)收集资料。收集资料是指收集采购产品、采购过程的资料,主要包括采购品的制造成本、制造方法、产量、品质和采购品的发展情况等。

(4)提出改善方法。改善方法有剔除、简化、变更、替代等方法。

2.6.4 采用 Excel 进行最优交货天数决策

【例 2.10】 某公司接到一项总价值为 120000 元的订货,合同规定 12 天交货,如果延误一天公司就必须向客户交纳占订货总价值 0.15% 的违约金;反之,如果提前一天交货则公司可以获得占订货总价值 0.08% 的奖励。在不提前交货的情况下为完成此项订货所需要的人工费用等于 300 元,但如果需要工人提高劳动强度以提前完成订货的话,每提前一天人工费用便需提高 34%。为生产该订货公司每天需支付的间接费用为 200 元。另外,由于客户是在公司交货日支付货款的,所以如果提前(或延误)交货的话,公司将获得(或损失)将此货款存入银行所能获得的利息,银行月利息率为 1.25%。

试在以上条件下,确定公司使总支出达到极小的最优交货天数。

【解】 在 Excel 中,根据题意,输入所需要的各种参数变量,具体的参数状况以及各参数变量的计算公式参见表 2-10。

表 2-10 最优交货天数决策数据

	C	D 数值	E 公式
3	整批产品价值	120000	输入变量
4	合同交货天数	12	输入变量
5	每提前一天可获得的奖励系数	0.08%	输入变量
6	每延误一天扣除的违约金系数	0.15%	输入变量
7	月利息率	1.25%	输入变量
8	按期交货时的人工费用	300	输入变量
9	每提前一天人工费用递增率	34%	输入变量
10	每天须支付的间接费用	200	输入变量
11	实际交货天数	10	输入变量
12	提前(延误)交货的天数	2	=D4-D11
13	因交货提前而获得的奖励金额	192	=MAX(D3*D5*D12, 0)
14	因交货延误而承受的违约金额	0	=MAX(-D3*D6*D12, 0)
15	合同费用	-192	=D14-D13
16	利息支出	-100	=-D3*D7/30*D12
17	间接费用	2000	=D10*D11
18	人工费用	538.68	=MAX(D8*(1+D9)^D12, D8)
19	总支出	2246.68	=SUM(D15:D18)
20			
21	最小总支出	1966.12	=MIN(N3:N13)
22	最优交货天数	7	=INDEX(H3:H13, MATCH(D21, N3:N13, 0))
23		注:最后两行索引的数据见下表。	

在上述模型的基础上,D19 中的总支出相对 D11 中的实际交货天数做一个灵敏度分析,在所得数据(见表 2-11)的基础上就可以绘制出各项支出随交货天数的变化曲线图形(如图 2-17、图 2-18 所示)。

表 2-11 灵敏度分析数据

	H	I	J	K	L	M	N
2		-96	-50	2200	2054	402	2456
3	4	-768	-400	800	-368	3119	2751
4	5	-672	-350	1000	-22	2327	2305
5	6	-576	-300	1200	324	1737	2061
6	7	-480	-250	1400	670	1296	1966
7	8	-384	-200	1600	1016	967.3	1983
8	9	-288	-150	1800	1362	721.8	2084
9	10	-192	-100	2000	1708	538.7	2247
10	11	-96	-50	2200	2054	402	2456
11	12	0	0	2400	2400	300	2700
12	13	180	50	2600	2830	300	3130
13	14	360	100	2800	3260	300	3560

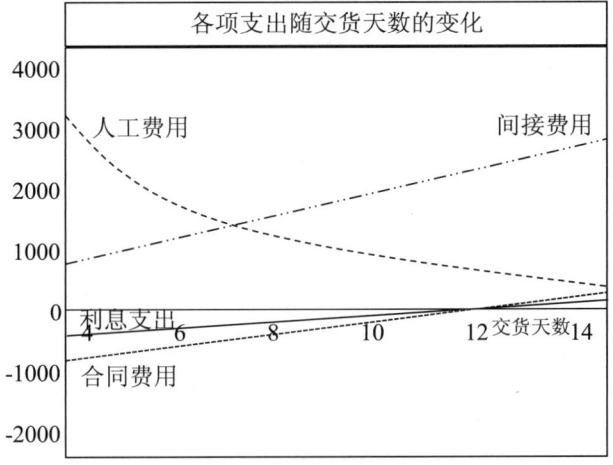

图 2-17　各项支出随交货天数的变化 a

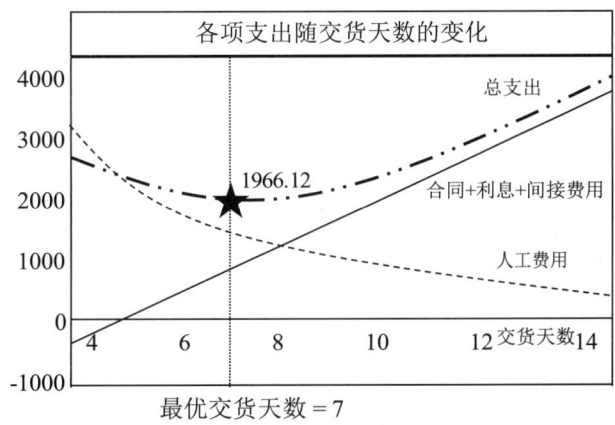

图 2-18　各项支出随交货天数的变化 b

从图 2-17 中可以看出：人工费用在合同交货日期以前随交货天数的增大而减小，而在达到合同交货日期以后保持不变，合同费用、利息支出与间接费用等其他三项支出均随交货天数的增大而增大。

利用灵敏度分析所得数据可以在模型中的单元格 D21 与 D22 中获得关于最小总支出与最优交货天数的答案，在目前情况下最优交货天数为 7 天，最小总支出为 1966.12 元。

如果缩短交货天数时，人工费用的增长率有可能变化，为了了解这一变化对最优交货天数的影响，可以在图形中添加一个对该增长率进行调节的微调器。图 2-19 与图 2-20 分别显示了人工费用增长率在 30% 与 42% 时的情况，在前一情况下最优交货天数等于 6，而所实现的最小总支出等于 1772.04 元；在后一情况下最优交货天数等于 9，而所实现的最小总支出等于 2220.99 元。

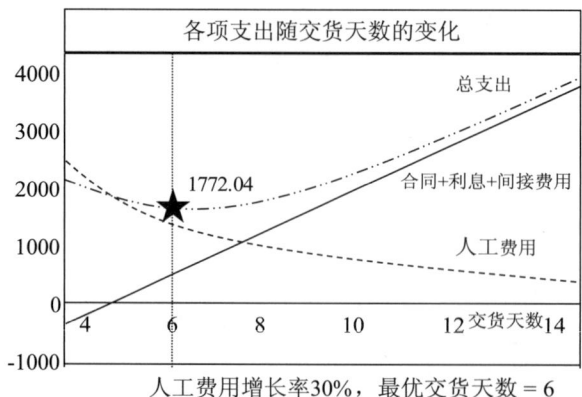

图 2-19　人工费用增长率为 30% 的各项支出

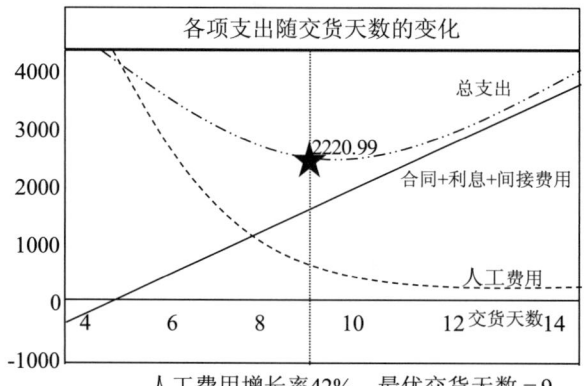

图 2-20　人工费用增长率为 42% 的各项支出

从这两个图中还可以注意到：在一般情况下总支出达到极小的交货天数与正负斜率的两条曲线交点的交货天数是不重合的。我们还可以通过不断调节表 2.10D9 中的人工费用增长率，并将 D21 与 D22 中的最小总费用与最优交货天数的对应值记录下来的方法，获得这两个重要指标随人工费用增长率变化的数据，然后绘制出如图 2-21 所示的图形。

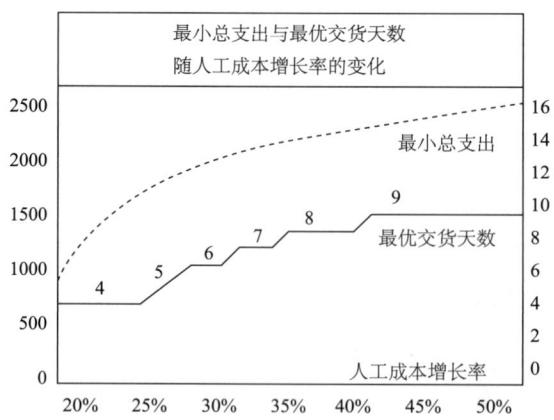

图 2-21　最小总支出与最优交货天数随人工成本增长率的变化

第3章
生产优化

3.1 企业生产管理的内容

生产,从经济学的角度来看,是指人类通过有组织的社会活动,将各种资源(自然资源、社会资源等)转化为能够满足人类不同需求的、具有价值的产品的经济活动。这里的产品包括有形的实物产品,也包括无形的产品——服务。简单地说,凡是能够创造价值的活动都是生产。

西方学者习惯于将与工厂联系在一起的有形产品的制造称为生产,而将提供劳务的活动称为运作,或把两者结合起来并称为生产与运作。

3.1.1 生产管理的目标

企业生产管理的目标主要体现在以下几方面:

(1) 为保证实现企业的经验目标

组织生产过程按计划要求高效运行,确保符合产品质量、品种、产量、交货期、环保与安全以及成本等各项要求。

(2) 有效利用企业的制造资源

不断缩短生产周期、降低生产成本、降低物耗,并减少在制品、压缩等环节占用的生产资金,进而提高企业的竞争能力和经济效益。

(3) 为适应市场、环境的迅速变化

加强生产系统的应变能力,使生产系统适应多种产品的生产,进而使企业根据市场需求不断推出新产品,实现品种的迭代更新。

如果用一句话来概括生产管理的目标,那就是低耗、高效、准时、灵活地生产合格产品。

3.1.2 生产运作决策

生产运作战略是指企业根据所选定的目标市场和产品特点,在其经营战略的总体框架下,如何通过生产运作活动来达到企业的整体经营目标。企业通过对自身所拥有的各种资源和内、外部环境的分析,来确定生产运作的指导思想,并在这种思想下,完成一些相关的决策。

生产运作的总体战略包括5种常用的生产运作战略。

1. 自制或购买

自制或购买是首要决策的一个问题。企业如果决定生产某种产品或者提供某种服务，就必须建造相应的设施，购置相应的设备，配备相应的工人、技术人员和管理人员。自制或购买的决策也有不同的层次，如果这是一个产品级的决策，它会影响企业的性质。自制产品需要建一个制造工厂，外购产品则需要成立一个经销公司。如果只在产品的装配阶段采用自制，则只需要建立一个总装配厂，然后找到零部件供应商。由于社会分工大大提高了效率，所以在做自制或购买决策时，一般不可能自制全部产品和零部件。

2. 低成本和大批量

采用这种策略需要选择标准化的产品或服务，而不是定制化的产品或服务。这种策略通常需要在专用、高效的设备上进行高投资，就像福特汽车公司建造T型车生产线所做的那样。需要注意的是，此策略适合应用于需求量较大的产品或服务，只要市场需求大，低成本、高产量的战略就能战胜竞争对手，特别是在居民消费水平不高的国家或地区。

3. 多品种和小批量

对于可定制的产品，我们只能采用多品种、小批量的生产策略。当今世界消费趋势越来越多元化和个性化，企业只有采用这种策略才能立于不败之地，但多品种、小批量生产的效率难以提高，对流行的产品不应采用这种策略，否则一旦遇到企业采用低成本、大批量的策略，将无法与之竞争。

4. 高质量

质量问题日益重要。无论是采取低成本、大批量策略，还是多品种小批量策略，都必须保证质量。在当今世界，价廉质劣的产品是没有销路的。

5. 混合策略

混合策略是指综合运用以上几种策略，形成多品种、高质量和低成本的策略，并以此取得竞争优势。现在提出的"大规模定制生产""顾客化大量生产"或"大量定制生产"模式，既可满足用户多种多样的需求，又具有量产的高效率，是一种新的生产方式。

3.2　生产计划—线性规划求解法

现代企业往往不会单一地生产一种产品,为了获得更多的经济利益,企业会选择生产多种产品,然而不同的产品所需要的原料对企业的回报也是不同的,因此就产生一个问题,企业该如何安排自己的生产才能得到最大的利润。例如:企业如何根据不同的产品所需要的原料来安排各种原料,如何根据市场上各种产品的不同需求量来生产各种产品。最常用的方法为线性规划法。

3.2.1　线性规划求解法简介和适用范围

线性规划(Linear programming,LP)是运筹学中研究较早、应用广泛、方法成熟且发展较快的辅助人们进行科学管理的数学方法,其广泛应用于经济分析、军事作战、工程技术和经营管理等方面,为合理地利用有限的人力、物力、财力等资源做出最优决策提供科学依据。

线性规划一般用于求解最优化问题。线性规划问题是在一组线性约束条件的限制下,求线性目标函数最大或最小的问题。该方法在建立方程时非常简单快速,但不利于人工计算。但随着计算机技术的发展,特别是在计算机能处理成千上万个约束条件和决策变量的线性规划问题之后,线性规划的适用领域更为广泛了,已成为现代管理中经常采用的基本方法之一。

线性规划的中心思想:求解出符合各约束条件的目标函数最优解。因为目标函数及约束条件均为线性函数,故被称为线性规划问题。如果其中有一个公式不是线性,则不是线性规划问题。

目标函数:根据要求的参数与各决策变量间的关系建立函数。

约束条件:根据各决策变量间的关系写出等式或不等式及决策变量的范围。

3.2.2　线性规划求解生产优化案例解析

1. 制造或购买决策

【例 3.1】　某公司经营多种商用和工程产品。最近该公司准备推出两款新计算器,一款用于商用市场,名为"财务经理";另一款用于工程市场,名为"技术专家"。每款都由 3 个部件组成:一个基座,一个电子管,一个面板。两种计算器使用相同的基座,但电子管和面板不同。所有零件都可以由公司自己生产或从外部购买。各自成本见表3-1。

表 3-1 零部件制造或采购成本表

零部件	单位成本（美元）	
	制造（正常时间）	采购
基座	0.50	0.60
财务经理电子管	3.75	4.00
技术专家电子管	3.30	3.90
财务经理面板	0.60	0.65
技术专家面板	0.75	0.78

预测师们指出市场将需要3000台财务经理和2000台技术专家。但由于生产能力有限，公司仅能安排12000单位的正常生产时间和3000单位的加班时间用于计算器生产。加班时间要每小时多支付给员工9美元的津贴，即额外的成本。表3-2显示了各零件所分得的生产时间。

表 3-2 零部件生产时间表

零部件	生产时间
基座	1.0
财务经理电子管	3.0
技术专家电子管	2.5
财务经理面板	1.0
技术专家面板	1.5

(1)问题分析

该公司问题是决定每种零部件有多少单位由自己生产，多少从外部购买。

我们定义如下变量：

BM——生产的基座数量；

BP——购买的基座数量；

FCM——生产的财务经理电子管数量；

FCP——购买的财务经理电子管数量；

TCM——生产的技术专家电子管数量；

TCP——购买的技术专家电子管数量；

FTM——生产的财务经理面板数量；

FTP——购买的财务经理面板数量；

TTM——生产的技术专家面板数量；

TTP——购买的技术专家面板数量；

OT——加班时间。

目标函数是成本最小化。成本包含生产费用、采购费用和加班费用。

(2) 建立模型

目标函数：

$$\text{Min}\{0.5BM + 0.6BP + 3.75FCM + 4FCP + 3.3TCM + 3.9TCP + 0.6FTM + 0.65FTP + 0.75TTM + 0.78TTP + 9OT\}$$

约束条件：

S.t.

$BM + BP = 5000$　　　　基座

$FCM + FCP = 3000$　　　财务经理电子管

$TCM + TCP = 2000$　　　技术专家电子管

$FTM + FTP = 3000$　　　财务经理面板

$TTM + TTP = 2000$　　　技术专家面板

$OT \leqslant 50$　　　　　　加班时间

$BM + 3FCM + 2.5TCM + FTM + 1.5TTM \leqslant 12000 + 3000$　　　生产能力

所有决策变量非负。

(3) 规划求解

最优解决方案见表 3-3。

表 3-3　结果汇总表

目标函数值	24443.333
BM——生产的基座数量	5000.000
BP——购买的基座数量	0.000
FCM——生产的财务经理电子管数量	666.667
FCP——购买的财务经理电子管数量	2333.333
TCM——生产的技术专家电子管数量	2000.000
TCP——购买的技术专家电子管数量	0.000
FTM——生产的财务经理面板数量	0.000
FTP——购买的财务经理面板数量	3000.000
TTM——生产的技术专家面板数量	0.000
TTP——购买的技术专家面板数量	2000.000
OT——加班时间	0.000

2. 生产计划

【例 3.2】　某奶制品加工厂用牛奶生产 A1、A2 两种奶制品，1 桶牛奶可以在设备甲上用 12 小时加工成 3 公斤 A1,或者在设备乙上用 8 小时加工成 4 公斤 A2。根据市场需求,生产的 A1、A2 全部能售出,且每公斤 A1 获利 24 元,每公斤 A2 获利 16 元。现在加工厂每天能得到 50 桶牛奶的供应,每天正式工人总的劳动时间为 480 小时,并且设备甲每天至多能加工 100 公斤 A1,设备乙的加工能力没有限制。试为该厂制订一个生产计划,使每天获利最大。

(1)建立模型。该问题的决策受到 3 个条件的限制:原料(牛奶)供应、劳动时间、设备甲的加工能力。

设每天用 x_1 桶牛奶生产 A1,用 x_2 桶牛奶生产 A2,并设每天获利为 z 元。

则:x_1 桶牛奶可生产 $3x_1$ 公斤产品 A1,获利 $24 \times 3x_1$ 元,

x_2 桶牛奶可生产 $4x_2$ 公斤产品 A2,获利 $16 \times 4x_2$ 元。

(2)目标函数为:

$$Max\{z = 72x_1 + 64x_2\}$$

由题设可以得到如下约束条件:

原料供应:$x_1 + x_2 \leqslant 50$ 桶;

劳动时间:$12x_1 + 8x_2 \leqslant 480$ 小时;

设备能力:$3x_1 \leqslant 100$ 公斤;

非负约束:$x_1 \geqslant 0, x_2 \geqslant 0$。

(3)线性规划求解。

①图解法:这个线性规划模型的决策变量为 2 维,用图解法既简单,又便于直观地把握线性规划的基本性质。如图 3-1 所示。

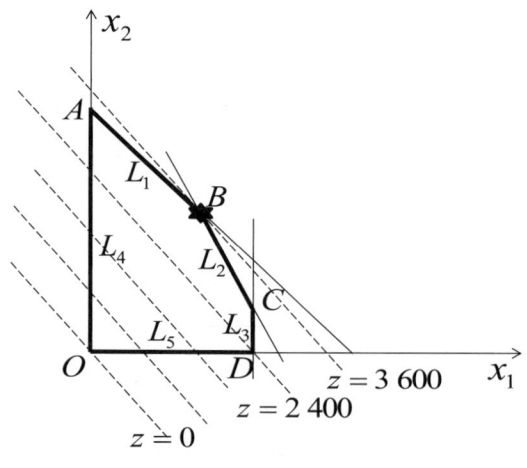

图 3-1 线性规划图解法

由图 3-1 可以发现,此模型的可行域是由 5 条直线上的线段所围成的 5 边形 OABCD。观察本案例的模型 z,可以发现目标函数 z 是一条直线,当 z 取不同的数值时,

目标函数就构成了一组相互平行的直线（图中的虚线），由于 x_1、x_2 只能在可行域 OABCD 上取值，所以当目标函数经过 B 点时，目标函数 z 取得最大值，$z=3600$，此时，B 点的坐标 (20,30) 即为最优解：$x_1=20$，$x_2=30$。

也就是说，该公司根据自身情况与市场状况，如果将 A1、A2 两种奶制品的产量分别定为 20 公斤与 30 公斤，那么该公司将获得最大收益。此时，公司的最大收益为 3600 元。

②软件法：图解法只能求解只有两个变量的线性规划模型，如果遇到多个变量时，就要考虑用软件来求解，如 Excel、Lingo 等。

3.3 按生产成本选择分厂

在生产实践中,同一产品可以由企业下属的多个分公司来生产,选择哪个分公司才是最优的决策就成为不可避免的问题。这里,我们依据企业利润最大化的原则来对分公司进行选择,由于是同一产品,所以产品的价格是固定的,可变的是不同分公司的生产成本,所以利润最大化的原则可以变为成本最小化原则,即选择分公司中生产成本最小的来生产产品。

在两个工厂生产该产品固定成本分别是 F_1 与 F_2,单位可变成本分别是 v_1 与 v_2,而该产品的销售单价为 p 的情况下,确定两个分厂各自的盈亏平衡点 Q_1、Q_2 与两厂相对盈亏平衡点 Q_0。

使两个分厂利润相等的销售数量,同时也是使两个分厂成本相等的销售数量的数学公式分别是:

$$Q_1 = \frac{F_1}{p-v_1}, Q_2 = \frac{F_2}{p-v_2}, Q_0 = \frac{F_1-F_2}{v_2-v_1}$$

[注]:1.工厂盈亏平衡的等式为 $P \times Q = F + V \times Q$,据此式即可求出临界产量 Q_1、Q_2。

2.当两个工厂利润相等时,$F_1 + V_1 \times Q_0 = F_2 + V_2 \times Q_0$,据此式可求出 Q_0。

【例 3.5】 某公司有两个分厂(工厂甲与工厂乙),它们都可以生产某种销售价格为 25 元/件的产品,甲、乙两个分厂在生产此产品时的(追加)固定成本分别为 20000 元与 15000 元,单位可变成本则分别为 15 元/件与 17 元/件。试根据尽量提高公司利润的要求,确定在市场需求量等于 1800 件、2200 件、2700 件时应该安排哪个分厂来生产此产品(如果两个分厂在生产时的利润都小于零,则对哪个分厂也不安排生产)。

问题分析:针对这个问题,我们可以确定以下两种备选方案。假设两个分厂之间的相对盈亏平衡点 Q_0,以及每种备选方案各自的盈亏平衡点 Q_1 与 Q_2。

(1)建立 Excel 模型并求解。在一个 Excel 工作表中建立如表 3-4 所示的模型。其中在单元格 D3、D4 与 D5 中键入产品的销售数量、产品单价与销售收益,在 D8:E9 中分别输入安排两个分厂生产时的(追加)固定成本与单位可变成本,在 D10:E11 中求出两个分厂安排生产时的总成本与利润。

上述模型的计算结果表明,在销售数量等于 1800 时两个分厂生产该产品都将是亏损的(利润分别等于-2000元与-600元),因此两分厂都不宜进行生产。通过改动销售数量 D3 中的数字可知:在销售数量等于 2200 时,甲、乙两分厂所能获得的利润分别是 2220 与 2600 元,因此应该安排工厂乙来生产;而在销售数量等于 2700 时,甲、乙两分厂所能获得的利润分别是 7270 元与 6600 元,因此应该安排工厂甲来生产。

为了对问题作进一步的分析,我们在 D12 与 E12 中求出两个分厂各自的盈亏平衡点,在 D14 中求出两分厂的相对盈亏平衡点。

表 3-4 输入变量及公式

	A	B	C	D	E	F
1						
2						公式
3			销售数量	1800		输入变量
4			产品单价	25		输入变量
5			销售收益	45000		=D3*D4
6						
7				工厂甲	工厂乙	
8			固定成本	20000	15000	输入变量
9			单位可变成本	15	17	输入变量
10			总成本	47000	45600	工厂甲=D8+D3*D9; 工厂乙=E8+D3*E9
11			利润	-2000	-600	工厂甲=D5-D10; 工厂乙=D5-E10
12			两工厂各自盈亏平衡点	2000	1875	工厂甲=D8/(D4-D9); 工厂乙=E8/(D4-E9)
13						
14			两工厂相对盈亏平衡点	2500		=(D8-E8)/(E9-D9)
15						
16						
17			两分厂均不宜生产			C17=IF(MAX(D11:E11)<0,"两分厂均不宜生产",D17)
18						D17==IF(MAX(D11:E11)=D11,"应由工厂甲生产","应由工厂乙生产")

计算结果表明在题目所给定的参数值下,甲、乙两分厂各自的盈亏平衡点分别等于 2000 与 1875,而两个分厂的相对盈亏平衡点则等于 2500。

(2)灵敏度分析。从上面的计算可以看出,产品的销售数量对分厂选择的影响。为了能够更好地展示销售数量的影响,这里,我们可以进一步对销售数量进行敏感度分析。具体操作如下:计算销售数量在 0~3000 范围内的两分厂的各自利润(I2:K4),在范围 I2:K4 中将两个分厂的利润(D11 与 E11)相对产品销售数量 D3 做一个灵敏度分析(数据见表 3-5),利用所得到的数据就可以绘制成一个如图 3-2 所示的显示两分厂利润随产品销售数量变化的曲线图形。

从表 3-5 中可以看出:在问题给定的参数值下,如果用 Q_m 表示两分厂各自盈亏平衡点中的较小者(目前是工厂乙的盈亏平衡点,即 $Q_m=1875$),并且仍用 Q_0 表示两分厂的相对盈亏平衡点(目前 $Q_0=2500$),则在销售数量 Q 取不同数值(在图示情况下 $Q=2220$)时对生产厂的选择规则是:

如果 $Q<Q_m$,则两分厂均不宜生产;

如果 $Q_m<Q<Q_0$,则应由盈亏平衡点等于 Q_m 的分厂(目前是工厂乙)生产;

如果 $Q \geqslant Q_0$,则应由盈亏平衡点较高的分厂(目前是工厂甲)生产。

表 3-5 灵敏度分析数据表

	A	B	C	D	E	F	G	H	I	J	K
1									销售数量	工厂甲利润	工厂乙利润
2									1800	-2000	-600
3			销售数量	1800					0	-20000	-15000
4			产品单价	25					3000	10000	9000
5			销售收益	45000							
6											
7				工厂甲	工厂乙						
8			固定成本	20000	15000						
9			单位可变成本	15	17						
10			总成本	47000	45600						
11			利润	-2000	-600						
12			两工厂各自盈亏平衡点	2000	1875						
13											
14			两工厂相对盈亏平衡点	2500							
15											
16											
17			两分厂均不宜生产								

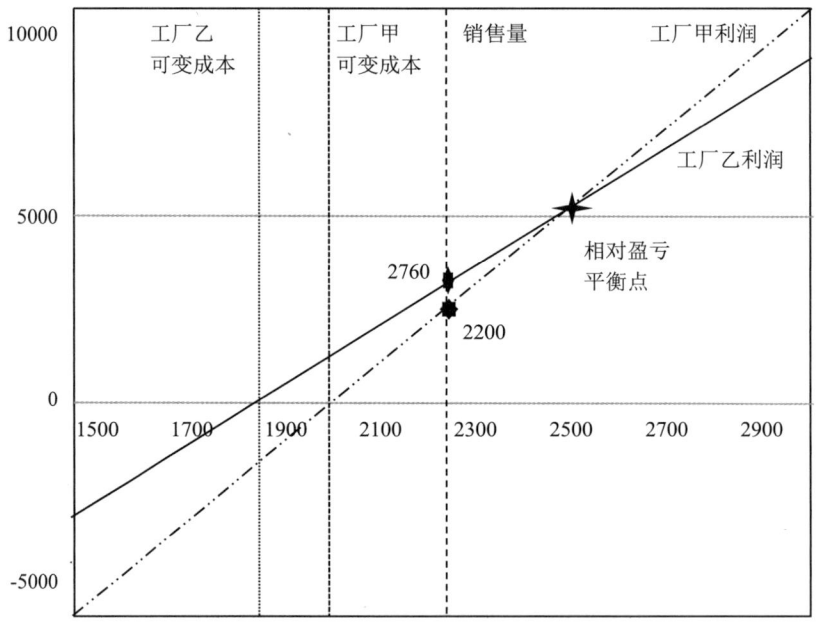

图 3-2 两分厂利润随产品销售数量变化的曲线

但要注意的是,上述决策规则是建立在系统参数不变的情况下的,如果系统参数发生改变,则相应的决策规则也会发生改变。

现在假设其他参数不变,将工厂甲的单位可变成本变为 14 元/件,此时工厂甲的盈亏平衡点变为 1818,工厂乙的依旧是 1875;同时,两分厂的相对盈亏平衡点变为 1666,相对盈亏平衡点小于两分厂各自的盈亏平衡点,如图 3-3 所示。如果仍然用 Q_m 表示两分厂各自盈亏平衡点中的较小者,此时的决策规则如下:

如果 $Q < Q_m$ 则两分厂均不宜生产;

如果 $Q \geqslant Q_m$ 则应由盈亏平衡点等于 Q_m 的分厂(目前是工厂甲)生产。

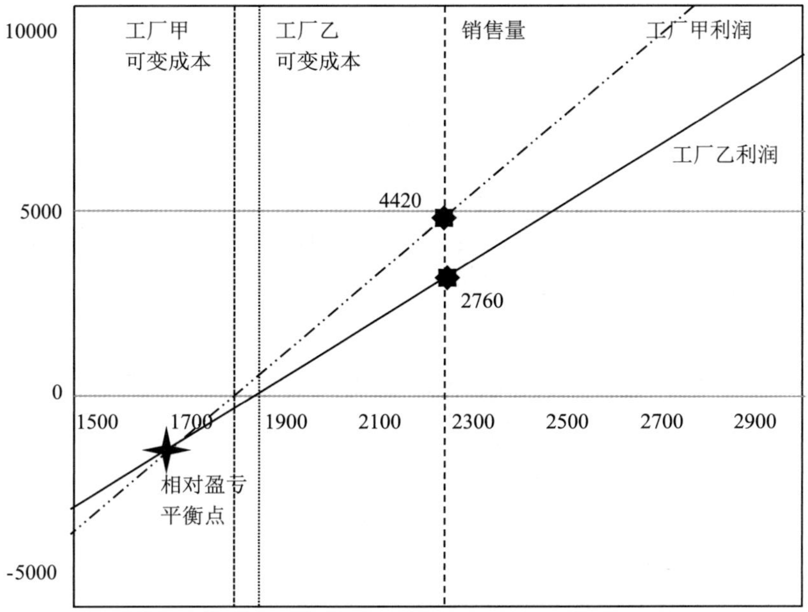

图 3-3 工厂甲改变可变成本后的两工厂利润图

当然,最直接的方法是根据两个分厂生产时将发生的利润的大小来确定应该安排生产的分厂。

3.4 设备最优使用寿命决策

当一个企业在使用设备生产产品的过程中，设备的使用是有成本的。首先企业购买和持有设备构成了设备的持有成本，设备在使用过程中的维修、维护等则构成了设备的运行成本，两者相加则构成了设备的年均总成本。通过对运行成本和持有成本的研究，我们很容易发现任何设备的使用初期运行成本都比较低，但随着设备逐渐陈旧，性能变差，维护费用、修理费用及能源消耗等会逐步增加，与此同时，设备的持有成本却逐步减少。随着时间的递延，运行成本和持有成本呈反方向变化，两者之和（年均总成本）呈马鞍形，这样必然存在一个最经济的使用年限，使得设备的年均总成本最低，即设备最优使用寿命（如图 3-4 所示）。

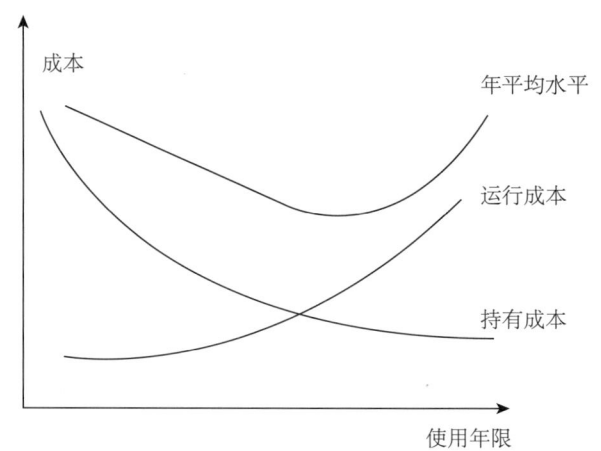

图 3-4　各成本关系图

首先来说明在设备使用寿命等于 N 年时各项费用的计算公式。

(1) 如果在第 0 年（崭新）设备的年维修费用为零，而维修费用的增量为 K，则第 N 年的年维修费用等于 $K(N-1)$，因此，年维修费用（C_1）为：

$$C_1 = \frac{K(N-1)}{2}$$

(2) 如果用 P 表示设备的购置费用，假定采用直线法将费用分摊为各年的折旧费用，则当设备使用寿命等于 N 年时，其年折旧费用（C_2）为：

$$C_2 = \frac{P}{N}$$

(3) 年均总成本（C）为：

$$C = C_1 + C_2 = \frac{P}{N} + \frac{K(N-1)}{2}$$

(4)根据最优订货量理论,在 N 只能取整数值的情况下,对年均总成本求导,从而计算出设备的最优使用寿命(N)公式:

$$N = Round\left(\sqrt{2P/K}, 0\right)$$

【例 3.6】 某企业在生产中所使用的一台设备购置费为 30000 元,该费用在设备的使用中被平均分摊至每一年(即折旧费用)。此外,除了在购入的第一年不需要维修费用(即运行费用)外,该设备的运行费用随着使用年限的增加,每年要增加 1450 元。要求:

(1)确定使包括分摊到每年的购置费用与年均维修费用之和在内的年均总成本达到极小的设备最优使用寿命。

(2)绘制一个当设备使用寿命在 2~12 年变化时年均维修费用、年折旧费用及年均总成本随之变化的曲线图形,增添一条经过最优使用寿命的垂直参考线,并在图形中叠放一个可在 10000~30000 元范围变化的购置费用控制面板(步长 1000)和一个可在 800~1800 元范围变化的年维修费用增量控制面板(步长 50)。

(3)建立 Excel 模型并求解。首先,在 D3、D4 和 D5 中输入设备购置费用 30000 元,年维修费用增量 1450 元和设备使用寿命(例如 3 年)等已知参数值,在 D6、D7 和 D8 中求出年折旧费用、年均维修费用与年均总成本,再在 D10 和 D11 中计算出设备最优使用寿命与最小年均总成本,计算公式见表 3-6。然后按照题目要求,分别在 D3 和 D4 的左上角制作两个进行调节的微调器。

表 3-6　输入变量及公式

	C	D	E
1			
2	设备最优使用寿命决策模型		公式
3	购买费用	30000	输入变量
4	年维修费用增量	1450	输入变量
5	使用寿命	3	输入变量
6	年折旧费用	10000	=D3/D5
7	年均维修费用	1450	=D4*(D5-1)/2
8	年均总费用	11450	=D6+D7
9			
10	最优使用寿命	6	=ROUND(SQRT(2*D3/D4),)
11	最优寿命下总费用	8625	=D3/D10+D4*(D10-1)/2
12			
13			
14	最优使用寿命为6年		'=C10&"为"&D10&"年"

通过上面的计算可以看出,在购买费用为 30000 元,年维修费用增量为 1450 元时,设备的最优使用寿命为 6 年。此时,设备的年均总成本达到最低,年均总成本为 8625 元。

(4)灵敏度分析。为了绘制年均维修费用、年折旧费用以及年均总成本随购买费用和年维修费用增量变化的曲线图形,在 H3：K14 中,将 D6、D7 和 D8 三项年费用相对 D5 中的使用寿命做一个灵敏度分析,见表 3-7。

表 3-7 各项成本费用的灵敏度分析表

	H	I	J	K
1	灵敏度分析表			
2	年数	年折旧费用	年均维修费用	年均总费用
3	1	10000	1450	11450
4	2	15000	725	15725
5	3	10000	1450	11450
6	4	7500	2175	9675
7	5	6000	2900	8900
8	6	5000	3625	8625
9	7	4286	4350	8636
10	8	3750	5075	8825
11	9	3333	5800	9133
12	10	3000	6525	9525
13	11	2727	7250	9977
14	12	2500	7975	10475
15				
16	垂直参考线数据源			
17	6	16000		
18	6	0		

然后在工作表中做各个成本变化及参考线的折线散点图,从而得到上述变量的可调曲线图,结果如图 3-5 所示。

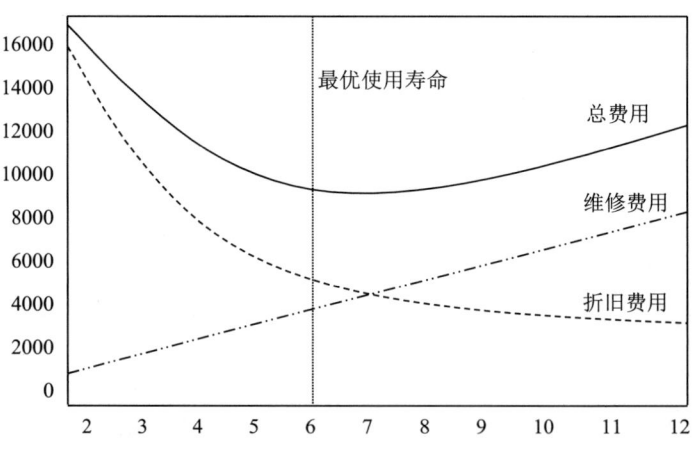

图 3-5 设备在不同使用年限下的最优寿命

第4章
物流优化

供应链优化与投资分析中的物流，是指规定时间内将货物运送到供应链中指定位置的环节，对企业供应链的正常运转至关重要。为保障供应链中指定位置所需的货物能及时送达，物流部门必须计划、协调从货源地到运送到达地之间各项资源和工作。

物流不仅仅是简单的货物移动和仓储，其还是将企业、消费者和供应商三方紧紧联系在一起的桥梁。物流与采购部门协作，保证了货物的及时供应；与生产部门协作，保证了原材料能够加工为合格的成品；与市场部门协作，保证了商品能够运达消费者手中。总而言之，物流就是完成"完美订单"的过程。

所谓完美订单是指满足下述所有条件的订单：订单在顾客规定的"准时"标准下运达顾客手中；订单所有相关文书齐全，如装箱单、发票等；货物无损坏、配置良好、安装准确。

完美订单的实现需要供应链各个环节的优化协调。全球贸易的迅猛增长，极大促进了经济发展的同时，也使得消费者对于物流运输的期望越来越高。消费者对"更好、更快、更低廉"的需求已逐渐趋于完美无瑕的货物、精确到分钟的运送以及十分低廉的运输成本。这些都需要物流来保证。

要实现完美订单，需要货物运输过程中多方协调。物流部门在协调货物运输时需要考虑的因素如下：

- 顾客服务；
- 需求规划与预测；
- 库存管理；
- 材料处理；
- 订单生产；
- 包装；
- 逆向物流；
- 交通；
- 仓库。

顺利完成物流，不仅需要数据、技术的支持，还需要实时记录货物移动信息，根据约束和目标，协调规划配送路线和时间。

传统的物流管理方法在当今快速发展的经济社会中逐渐不再适用，企业要实现高效、准确、低价、规模化的物流管理目标，必须依靠最新的尖端技术。目前，物流领域新的科学技术层出不穷，不同程度应用了数据分析技术，这些新的科学技术包括交传电子数据、扫描条形码、销售终端、射频认证、卫星传输、智能手机、平板电脑、本地互联网、人工智能等。诸多制造业、零售业等传统企业利用这些新技术显著提高了客户服务，获取了一定的经济效益。比如智能手机和平板电脑的投入使用，显著提高了企业运营效率和收益,从而促使30%以上的制造企业在不久的将来增加智能手机和平板电脑的使用。

此外,各种应用软件也会在各个领域继续发挥其重要作用,如交通管理、仓库管理、库存优化、资源规划、供应链规划、人员管理、贸易管理等,所采取的各项技术会提供相互独立的数据源,这些数据组合起来能够为供应链的改革创新提供基础条件。

大数据分析逐渐应用于越来越多的物流企业,但是高昂的使用成本限制了其发展。因此,将大数据分析应用于实际应该基于策略性驱动有针对性地进行,而不是意图面面俱到。通常,企业作出的一个物流决策是经过与供应链上的所有合作伙伴共同分析而完成的,这是因为物流会涉及供应链上的每一家企业。基于此,企业可以考虑建立共享平台,共同承担成本,也可以从企业战略层面分析当前对科技需求的程度来降低成本。比如,分析是否每一件商品都需要用射频来识别标签,如果不是,则可以实施相应策略降低成本。

数据分析技术应用于物流领域已有很长一段时间,现今其已被广泛应用于物流选址、库存优化、货物量预测、配送定位、规划配货路线、降低运输成本等。此类方法常被称为"运营调查",是最早应用于商务数据分析的方法。

但是,物流环节的大数据分析并不限于对供应链网络中库存移动的管理,企业运用大数据分析技术还可以设计或优化得到更为灵活、快捷、高效的供应链。基于大数据分析的供应链能够满足及时补货、快运货物的需求,可以大大降低货物囤积,这不仅增加了灵活度,而且可以整合多条运输渠道。随着零售商逐渐向多渠道扩展业务,这种基于大数据分析的供应链将会变得越来越重要。

数据信息是物流环节的一个关键驱动力,尤其是源自传感器的数据包含了大量、时效性状态的信息,比如射频识别这类新型传感器积累的数据,能够为供应链的优化、发展提供大量的可用数据。有些企业多年前就开始基于射频识别传感器,采用相应分析技术提高供应链效益。

4.1 物流外包决策

4.1.1 物流是否外包

企业资源总是有限的,很难在一个产业链中的每一个环节都保持领先地位,因此大部分企业会将资源集中到企业的优势领域,对于其他不具有优势的领域,企业往往会采用外包的方法。

但是企业是否要采用外包,或是采取多大程度的外包,这是一个复杂的过程。外包决策的影响因素很多,具体来说,一般可以考虑以下三个层面的内容:

一是系统战略性。即判断物流功能是否构成了企业的核心竞争力,对整个企业来说是否具有战略意义。

二是物流运作水平。主要指企业物流运作能力和管理控制能力,即是否具有成熟的物流经验,能否提高服务水平、降低物流成本。

三是企业物流能力。主要指企业开展物流业务的硬件能力,即是否具有设施、资金和人才能力。

1. 企业外包原因和效益

企业将物流外包的原因主要有:(1)企业专注于核心能力的部分,强化主力产品;(2)企业缺少专业性的技术或资源,借由专业性物流公司的服务,可增强企业的物流能力;(3)专业性物流公司的集货点/运输物流网络密集,可以快速提升产品在市场上的可及性;(4)对于企业产品季节性的问题,可利用专业性物流公司来调节企业产销的波动问题;(5)节省大量成本的投资,降低或分摊投资风险。

物流外包的效益体现在:(1)提升服务水平;(2)提高质量水平;(3)经营成本的降低;(4)竞争力的提升。

2.企业物流外包的决策方法

步骤1:判断物流子功能是否具有战略重要性。

核心竞争力是企业战略决策的重要因素,成功的企业都是通过将资源集中投入其中一个或有限个能力上,催生出与众不同的竞争优势,从而超越竞争者的。并且,这些成功企业必然要围绕其竞争优势,将所需核心竞争力建立在行业平均水平之上,企业资源集中投向核心能力,很少投向非核心能力。

当物流子功能具有战略重要性,对企业的重要程度大时,一般将采取物流自营;而当物流子功能不具有战略重要性,对企业的重要程度不大时,一般考虑外包,使用第三方物流。针对自身的弱点,寻找合适的合作伙伴,提升竞争力。

步骤2:物流子功能具有战略重要性时,做出自营物流的决策。

当物流子功能具有战略重要性,对企业构筑核心竞争力的作用很大,且企业具有开展此项物流业务的实施、资金、人力,而且具有成熟的物流运作经验,能够实现成本领先时,就应该自营物流。

步骤3:物流子功能不具有战略重要性时,进一步考虑外包决策。

物流子功能不具有战略重要性,对企业构筑核心竞争力的作用不大,且企业缺乏开展此项物流业务的设施、资金、人力,也没有相关运作经验,运作水平比较低时,就应该考虑物流功能外包的方式,这将有助于企业培养自身的竞争优势,提高客户服务水平。

3.企业物流外包的主要决策依据

企业物流外包的主要决策依据是:成本—效益—服务水平。

(1)成本比较:企业可以对自营的成本与外包后潜在的成本进行分析比较,这是目前一个比较有效的能够证明外包是否对企业有益的方法。因此,企业关键要掌握使自己的物流能力与顾客的期望和需求相匹配的艺术,确定物流是自营还是外包。

(2)服务质量:服务质量与成本之间的平衡(trade-off)。一般来说,供应商的物流服务水平可以从三个方面来衡量:可获得性、作业效率、服务可靠性。可以先设定相应的服务水平指标,在此指标下进行决策。

(3)外包/自营决策:关键在于求得临界点K,即自营和外包两种方式下成本相等的业务量。如果数量大于临界点K,那么表示外包成本大于自营成本,应该采用自营的方式;反之,则应该采用外包的方式。两者关系如图4-1所示。

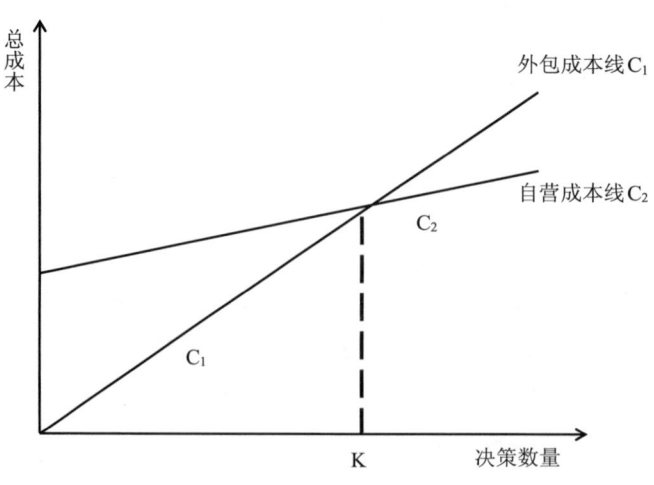

图4-1 确定外包与自营的临界点

【例4.1】 K公司近几年迅速扩张,销售服务已遍布全国各大城市,业务量以每年30%的速度增长,原来的物流体系已经远远跟不上发展的需要,物流运作的"瓶颈"凸显出来。因此优化价值链、提升企业物流运作水平成为K公司的战略性选择。

K公司东莞生产基地生产的SKU-A1,已知上海RDC(分公司)各产品1~12月全年的月销量,产品从东莞运往上海,这里选取公路运输方式进行运输(在运输方式的选择模块中,已经验证公路运输为四种运输方式中的最佳方式)。现在面临着几个重要的运输外包决策问题:

决策一:K公司物流是采用自营的方式还是采用外包的方式?

决策二:如果采用物流外包的方式,是采取全部外包给第三方,还是只将部分外包给第三方?

选择包括:(1)自营;(2)100%外包;(3)部分外包,外包比例x%。

相关数据如下所示:

(1)SKU-A1为轻泡货,尺寸为0.14立方米。

(2)上海RDC全年1~12月SKU-A1销量分布(台),见表4-1。

表4-1 上海RDC全年月SKU-A1销量分布

SKU	1月	2月	3月	4月	5月	6月	7月	8月	9月	10月	11月	12月
A1	8492	7424	4913	5321	6720	5132	4500	4815	3948	9424	6240	7168

(3)8T(载重为8吨)车辆参数。将生产总成本划分为一次性投入费用 f,变动成本 c,运输数量为 q,成本表示为 $C=f+qc$。据此,核算出每辆车的月固定成本和产品运输的变动成本,见表4-2。

表4-2 每辆车的月固定成本和产品运输的变动成本

平均价格	最大实际装载体积	月固定成本	变动成本
190000元	39立方米	9988元	0.08元/KM/CBM

(4)东莞—上海的运输数据,见表4-3。

表4-3 东莞—上海的运输数据

里程	所需时间	趟/月
1800km	3天	4

解答:

(1)战略性分析

①战略重要性。K公司现阶段的核心竞争力在于其庞大的、覆盖全国的销售网络,由于家电产品同质化严重,研发并非其核心竞争力。相应的,不同于零售企业,现阶段K

公司的物流也未能成为其核心竞争力的一部分。

②外包决策。既然物流在 K 公司现阶段不具备战略重要性,那么关于物流外包决策的问题将主要集中在成本—效益—服务水平上。下面将进行全面解答。

③业务的稳定性。K 公司 SKU－A1 产品销售周期性明显,并且销售高峰出现的时段也比较有规律,基本集中在元旦、春节前期、五一、十一以及周末等节假日。图 4-2 以 SKU－A1 某个型号产品 1～12 月各月销量分布为例进行说明：

图 4-2　K 公司上海区域 A1 产品年度月销售量(台)

从图 4-2 中可以明显看出,K 公司业务受季节因素的影响比较明显,最高月销量是最低月销量的将近 3 倍,如果 K 公司按照业务高峰期的业务量来购置车辆,势必会造成在业务低谷期时部分车辆被闲置,如果闲置的车辆不能创造价值,那么 K 公司的经济利益就会受到损害。反之,如果按照低谷期的业务量来购置,又会造成在高峰期时车辆短缺,从而损害 K 公司的利益。

(2)三种方案的比较分析

①方案一:全部自营。采取全部自营的方式,则需要投资车辆,假定为 8T 车辆。经研究和推测,每辆车每月跑 4 趟东莞—上海,根据产品 SKU－A1 的体积和车辆装载体积,测算出每辆车正常装载 1114 台。

上海 RDC 的 SKU－A1 产品全年的销量是 74097 台,其每月销量见表 4-4。

表 4-4　上海 RDC 的 SKU－A1 月销量

	1月	2月	3月	4月	5月	6月	7月	8月	9月	10月	11月	12月
A1	8492	7424	4913	5321	6720	5132	4500	4815	3948	9424	6240	7168
所需车辆数	8	7	4	5	6	5	4	4	4	8	6	6

销量存在季节性,为了保障服务水平,K 公司需投资的车辆必须满足 1 月和 10 月的正常销售,因此需要购买 8 辆车。表 4-5 提供车辆使用的变动成本及固定成本情况。

表 4-5 车辆使用的变动及固定成本

里程	合计产品体积	变动成本(合计)
1800	10373.58	1493795.52
车辆数	固定成本/月	年固定成本
8	9988	958848

总成本 TC＝变动成本(合计)＋年固定成本＝2452643.52(元)

这里的 K 公司按照业务高峰期的业务量来购置车辆,购置总共 8 辆车,此时车辆使用的总成本达到 245 万元,但是前面已经讲过,按照这种方法,这 8 辆车在业务低谷期,比如 7、8、9 月份,将会有 4 辆车闲置,闲置的车的成本也被计入总成本当中,那么显然,这不是 K 公司的最佳决策。

②方案二:全部外包。这里设定东莞—上海的运输服务商 3PL 的外包价格为 P_1、P_2、P_3、P_4 四种价格体系,测算出的外包总成本见表 4-6。

表 4-6 外包总成本

	P_1	P_2	P_3	P_4
外包价格	25	30	35	40
总成本	1852425	2222910	2593395	2963880

③方案三:季节性外包。季节性外包,即将 K 公司高峰期的多余业务进行部分外包,是目前综合考虑下的第三种方案。

采取季节性外包,应当遵循以下准则:首先,避免运输车辆的闲置;其次,考虑到资金周转问题,采用运输业务部分外包,可以实现启动资金零成本化,最大化地把公司资金集中起来,用于产品服务。

当然,对于 3PL(第三方物流公司)来说,仅仅获得 K 公司额外或销量波动部分的业务,会提高报价,获得相应的补偿。

在季节性外包中,K 公司自投资车辆需满足公司的最低月度需求,即 4 辆车,则 K 公司自营的业务量及外包业务量见表 4-7。

表 4-7 部分外包情况下,公司自营量与外包量

	1月	2月	3月	4月	5月	6月	7月	8月	9月	10月	11月	12月
销量	8492	7424	4913	5321	6720	5132	4500	4815	3948	9424	6240	7168
车辆数	4	4	4	4	4	4	4	4	4	4	4	4
自营量	4456	4456	4456	4456	4456	4456	4456	4456	4456	4456	4456	4456
差额	4036	2968	457	865	2264	676	44	359	−508	4968	1784	2712
外包量	4036	2968	457	865	2264	676	44	359	0	4968	1784	2712

外包量为 21133 台,占总销量的 28.5%;自营量为 52964 台,占总销量的 71.5%。3PL 物流公司的报价体系见表 4-8。

表 4-8 物流公司报价体系

	P_1	P_2	P_3	P_4
外包价格	28	33	38	42

自营部分成本见表 4-9。

表 4-9 自营部分成本

车辆数(自购)	年固定成本	运量	变动成本	总成本
4	479424	52964	1067754	1547178

总成本(自营+外包)见表 4-10。

表 4-10 自营加外包的总成本

	P_1	P_2	P_3	P_4
外包价格	28	33	38	42
外包成本	591724	697389	803054	887586
TC	2138902	2244567	2350232	2434764

④三种方案的比较:物流外包的界线决策。

(a)方案一与方案二的比较,即为物流外包的界线决策,什么时候采取自营,什么时候采取外包的方式。

外包成本:$C_1 = p \times q$,p 为物流价格,q 为数量;自营成本为:$C_2 = f + q \times c$,f 为固定成本,c 为变动成本。

当 $C_1 = C_2$ 时,可以计算出表 4-11 中所提到的决策数量 K。

表 4-11 方案一与方案二的决策比较

	P_1	P_2	P_3	P_4
外包价格	25	30	35	40
K 值	199760	97842	64787	48427
决策结果	外包	外包	自营	自营

当外包价格为 P1、P2 时,外包成本与自营成本平衡的年销售量 K 都大于目前 K 公司的年销售量 74097 台,也就是说,此时,外包的成本要小于自营的成本,所以应当采取外包的方式;反之,当外包价格升至 P3、P4 时,自营的成本要小于外包的成本,则应当选

择自营的方式。

（b）方案一、方案二、方案三同时比较，三种方案成本与决策结果比较见表 4-12。

表 4-12　三种方案的决策比较

	P_1	P_2	P_3	P_4
方案一	×	×	2452644	2452644
方案二	1852425	2222910	×	×
方案三	2138902	2244567	2350232	2434764
决策结果	方案二	方案二	方案三	方案三

综合比较三种方案，第一种方案：自营的总成本要大于第二种和第三种方案的总成本，所以应当剔除自营这个方案。

在外包与季节性外包之间，公司可以依据最小成本化的原则来做出决策。通过对比可以发现，当 3PL 的报价在 P_1、P_2 时，外包方案是最优方案；而当 3PL 的报价在 P_3、P_4 时，则应该采取季节性外包，自营与外包的比例分别为 71.5%、28.5%。

（3）决策因素总概

根据 K 公司案例，外包决策需要考虑的因素总结如下：

①企业的销量随季节有很大起伏，或者由此而造成物流流通量的大幅起落，是企业考虑物流外包的一个重要因素。通常企业会将资源配置在全年需求曲线的低点，或者在综合平衡自营和外包成本后配置于平均需求线的略下方，不足部分则外包。

②人员方面的原因是公司在进行物流外包时的考虑重点。有些公司不愿意公司的员工数量太多，但如果完全外包的话，那么公司的相关专业人员就会失去，对企业将来这方面的专长发展会有影响。

③外包服务的量的规定要求：若采用外包方式，则由于物流公司的外包服务必须因量而定，量高则价低，和物流公司签订的合约中一般会规定最低每月运输定额，若很难承诺较高的量来取得低价，采用方案三的时机也是需要考虑的问题。

④季节性部分运输外包：就 K 公司而言，季节性部分运输外包不见得能拿到好价钱，但只要低于设备投资的机会成本加上淡季时人员和设备闲置的成本，就还是合算的。

⑤服务要求：是否很紧急，时限要求是否很严，比如几小时送货的要求。如果时限很严，就难以找到这样的外包运输，投资车辆将是必要的选择。

⑥战略性、战术性、订单数量与成本分析。

⑦预测需求：从投资角度来看，3～5 年的销量预测也是需要的。

4.1.2 采用 AHP 法和博弈分析法进行外包给谁的决策

1. 选择服务商的步骤

企业决定外包业务后,首先需要考虑的是将业务外包给哪个或哪几个第三方物流商。在一个竞争的市场中,会有许多水平各异的服务商,企业需要根据自身的情况来选择与企业情况相符的服务商,下面是通常选择第三方物流商的几个步骤:

(1)首先要根据自身需求和行业特征,明确企业对第三方物流商的要求,制定选择第三方物流商的标准。最初的标准应包括物流服务商的声誉、物流质量、费用、业务范围、运送能力、网络覆盖率、长期发展趋势等。同时,也要充分考虑其财务实力、信息系统架构、操作及定价弹性、专业管理技术深度以及文化差异等。

(2)对市场上众多物流商或企业进行调查研究和分析评价,建立起潜在物流商名单,根据第一步中建立的第三方物流商选择标准对物流商进行初步评估,淘汰不合格的物流商,建立备选物流商名单。之后给企业选出的每一个候选第三方物流商发函,信函内容应包括寻求与对方进行合作的意向、企业的基本情况和物流需求细节以及索求对方公司的简介和特长等。

(3)在收到候选物流商的回函后,通过分析比较将候选物流商删减至 3~5 家。接着再次这对 3~5 家物流商进行评价,评价方法包括直观判断、综合评分、层次分析、规划分析、多阶段优化、博弈分析等。这些方法各有优势和不足,需要企业根据具体需求和物流商资料选择恰当的方法,或者多种方法综合评价。本章主要介绍一下最常使用的层次分析法和博弈分析法。

2. 筛选服务商的分析方法

(1)层次分析法。层次分析法(Analytic Hierarchy Process,AHP)指的是将决策相关信息分解成目标、准则、方案等层次,在建立层次结构的基础上进行定性或定量分析的决策方法。20 世纪 70 年代初,美国运筹学家、匹茨堡大学教授萨蒂在"根据各个工业部门对国家福利的贡献大小而进行电力分配"的课题研究中,基于网络系统理论和多目标综合评价,提出了一种加权层次决策分析方法,这就是最初的层次分析法。

(2)博弈分析法。博弈论也被称为对策论,是指依据严谨的数学模型来研究冲突对抗条件下的最优决策问题的理论。两千多年前,齐国孙膑就是利用博弈论帮助田忌赛马取胜,这是早期博弈论的萌芽。随着时代的进步,博弈论越来越被广泛应用于我们的现实生活中。

从古至今,凭借策略决一胜负的竞争性现象一直广泛存在于人类活动中,例如,日常生活中棋牌、球类运动等各种游戏或体育竞赛,经济贸易领域内的广告与销售活动、贸易谈判和生产管理等,一些国家政党之间的政治斗争,国家之间的外交谈判和经济、政治战争等。这些现象里,冲突各方处于一种竞争或对抗中,且会因为各方在竞争中采取不同策略而得到不同的结果。在竞争或对抗过程中,参加竞争的各方各自具有不同的利益和目标,为了达到各自的利益和目标,竞争各方必须考虑对手可能采取的各种方案,并竭力选择最合理、对自己最有利的方案。研究这种竞争性现象中各方的行为方案是否最具合理性,以及如何才能找到最合理的行动方案就形成了一门新的理论——博弈论。博弈论的出现,为现实世界中竞争对抗问题的解决提供了一个全新思路,也由此带动了最优决策问题研究的新高潮。

本节将通过案例来具体说明博弈分析法在公司战略性选择上的应用。

【例 4.2】 K 公司近几年迅速扩张,销售服务已遍布全国各大城市,业务量以每年 30% 的速度增长,原来的物流体系已经远远跟不上发展的需要,物流运作的"瓶颈"凸显出来。因此优化价值链、提升企业物流运作水平成为 K 公司的战略性选择。

K 公司在东莞生产基地生产 SKU-A1,已知上海 RDC(分公司)各产品 1~12 月全年的月销量,产品从东莞运往上海,这里选取公路运输方式进行运输(在运输方式的选择模块中,已经验证公路运输为四种运输方式中的最佳方式)。关于运输业务是否外包,K 公司已选择了两种方案:(1)全部外包;(2)部分比例外包,自营和外包的比例分别为 71.5%、28.5%。

K 公司已初步筛选出三家运输服务商 S1、S2、S3,主要选取的考核指标如下:

(1)服务质量 B1:准时率 C1、准确率 C2、破损率 C3;
(2)服务能力 B2:整合性 C4、个性性 C5、灵活性 C6;
(3)规模实力 B3:经验 C7、规模 C8、信誉 C9;
(4)服务价格 B4:固定价 C10、浮动价 C11、批量价 C12。

根据对 S1、S2、S3 的各项指标水平进行考察,K 公司物流项目小组为它们赋予了分值,见表 4-13(其中 x 为对应的 C 值)。

表 4-13 供应商 S1、S2、S3 的各指标水平得分

	x_1	x_2	x_3	x_4	x_5	x_6	x_7	x_8	x_9	x_{10}	x_{11}	x_{12}
S1	8	7	8	9	5	6	6	8	7	6	8	8
S2	6	5	7	6	10	9	8	6	7	8	8	6
S3	7	6	8	9	6	7	10	8	10	9	9	8

以 x_1 为例,x_1 代表运输服务商的准时率,可以看到 K 公司物流项目小组对三个服务商的评分是不一样的,第一家服务商的得分最高,得到 8 分,而第二家只得到 6 分。依

此类推,项目小组对每项考核指标进行评分。

在对三家服务商的每项指标打分后,K 公司现在面临的决策就是:S1、S2、S3 三个供应商中,哪个是最优服务商?

【解答】

解法 1:使用层次分析法。层次分析法的具体分析步骤:

(1)影响因素分析。根据 K 公司的产品特点,这里选取服务质量、服务能力、规模实力和服务价格四个维度组成的运输服务商评价指标体系。

①服务质量:从准时率、准确率、破损率等方面来体现。

②服务能力:从整合性、个性性和灵活性等三个方面来体现。

③规模实力:规模实力是人们判断一个企业的营运能力和竞争实力强弱的最直接的衡量标准,主要指标有经验、规模和信誉等。

④服务价格:服务价格可以看出第三方物流企业对于物流成本的控制水平,并从侧面反映出该企业的物流技术能力,主要指标有固定价格、市场浮动价和批量价格等。

(2)建立层次结构模型。在上述评价因素分析的基础上,运用 AHP 法将系统所包含的因素进行分组,每一组作为一个层次,按照最高层、若干中间层和最底层的形式排列起来,形成一个比较完整的体系,组成一个系统,作为进行下一步分析的依据,如图 4-3 所示。

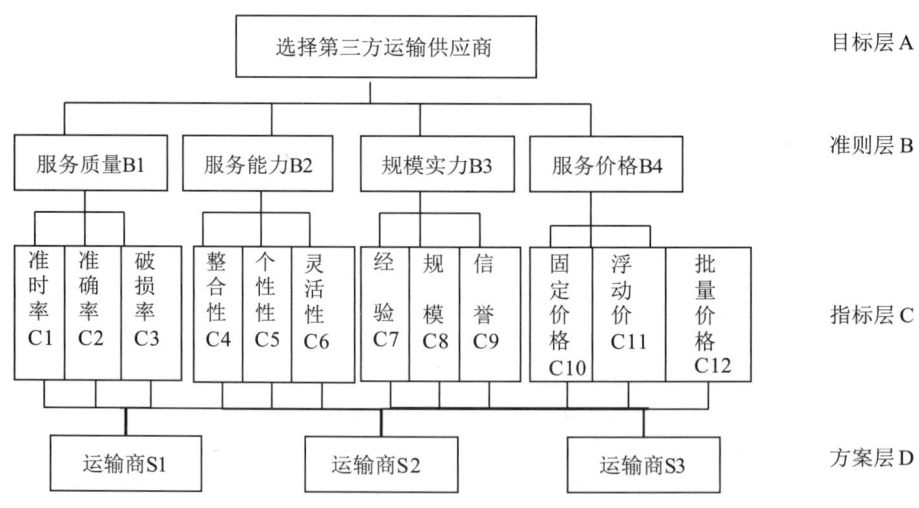

图 4-3 运输商各项指标层次图

(3)结果分析。利用 1~9 标度法进行成对比较,同时参考专家意见,确定各因素之间的相对重要性并赋以相应的分值,构造出各层次中的所有判断矩阵,并计算权向量和一致性检验,得出以下结果见表 4-14。

总排序是指同一层次所有因素对于目标层(最上层)的相对重要性的排序权重,自上而下地将单准则下的权重进行合成。

对 A—B—C 矩阵进行总排序,C_w 为 A—B 矩阵权重和 B—C 矩阵权重之积,即最终 C 层因素相对目标层权重。

表 4-14　层次分析法结果

B层及权重 C层及权重	服务质量 B1 0.424	服务能力 B2 0.227	规模实力 B3 0.122	服务价格 B4 0.227	C层因素总权重排序(C_w)
准时率 C1	0.550				0.233
准确率 C2	0.210				0.089
破损率 C3	0.240				0.102
整合性 C4		0.167			0.038
个性性 C5		0.333			0.076
灵活性 C6		0.500			0.114
经验 C7			0.333		0.041
规模 C8			0.500		0.061
信誉 C9			0.167		0.0204
固定价格 C10				0.333	0.076
市场浮动价 C11				0.500	0.114
批量价格 C12				0.167	0.038

由表 4-14 可见,在方案评比中,准时率(C1)占有最重要的地位,其总权重为 23.32%。此外,市场浮动价(C11)及灵活性(C6)也比较重要,权重都为 11.35%。

结合上述计算的权重 C_w 与表 4-13 中 3 个供应商各项指标的得分,按照公式 $y = \sum_{w,i} c_w x_i$,计算出各运输供应商的综合分值:S1 为 7.2578,S2 为 7.136,S3 为 7.673。因此运输供应商 S3 为最优。

解法 2:使用博弈分析法。假设在进入博弈分析法之前,我们已经运用其他直观方法淘汰了一些绩效较差的供应商,我们的目的是在剩下的两个供应商中选择一个,并作为采购商的长期合作伙伴。

首先,选定评价标准并赋予权重;然后,进行综合评定。选定一个分数界线,高于该分数线则评为 1,否则为 0。随着博弈的深入和供应商的不断改进,这个分数界线也可以不断提高。

下一步是采购商来进行采购决策的环节,也是确定供应商的环节,可以选择的方式有 3 种:

(1)不管是否过线,都不签;
(2)过线的签,不过线的不签;

(3)不过线的签,过线的不签。

采用贝叶斯法则,计算在过线和未过线两种情况下,中选的供应商分别是绩优者和一般者的概率。

根据概率,计算策略1、2、3下K公司的期望收益,收益最大者即为最佳方案,据此方案选择运输供应商。

假定:两个供应商中绩效优者一次业务获得1的概率为0.8,绩效一般者为0.5。因为更看重近期绩效,假设后一次业务折算成现在的贴现值为0.95,则厂家期望收益的现值为:

采用绩优供应商的期望收益为:

$$\sum_{i=1}^{\infty}[(0.95)^i \times (0.8 \times 1 + 0.2 \times 0)] = \frac{0.8}{1-0.95} = 16$$

采用一般供应商的期望收益为:

$$\sum_{i=1}^{\infty}[(0.95)^i \times (0.5 \times 1 + 0.5 \times 0)] = \frac{0.5}{1-0.95} = 10$$

若选择不签约,厂家的期望收益为:

$$0.5 \times 16 + 0.5 \times 10 = 13$$

可以看出,签约绩优者的期望利益比签约一般者高出一半多。若选择不签约,期望收益为13。以一次业务为试用期决定是否签约的博弈如图4-4所示。其中第一阶段、第二阶段都假设博弈为0,即自然的选择阶段,两种类型的供应商出现的概率均为50%。

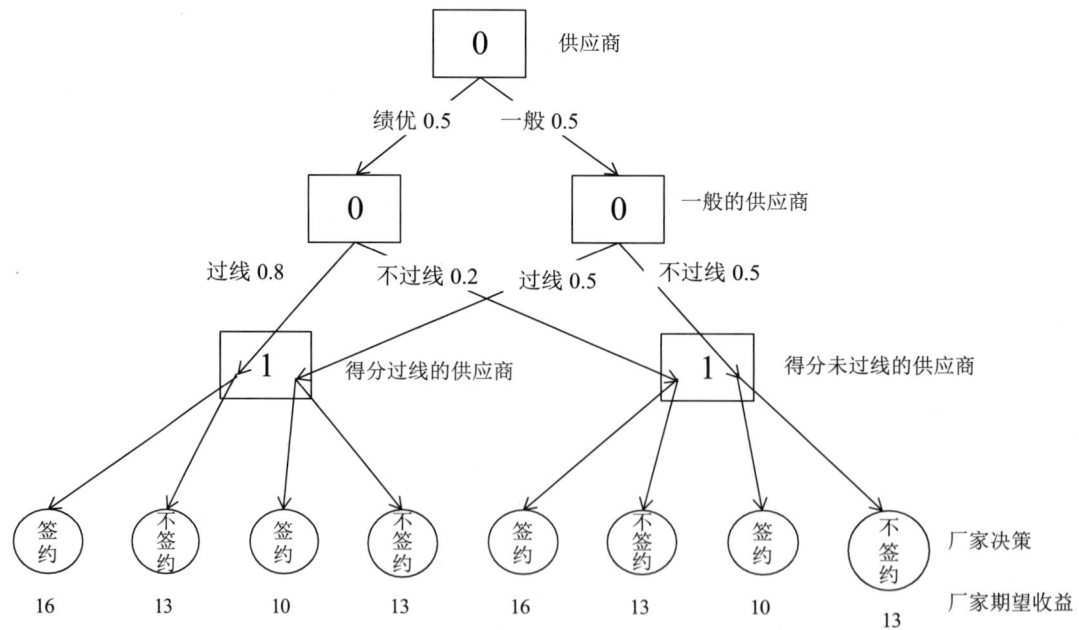

图 4-4 供应商间博弈图

第三阶段(图4-4中的1层)是K公司来选择的信息集,对应8种结果,可以选择的方式有 3 种：

(1) 不管过线与否，都不签；

(2) 过线的签，不过线的不签；

(3) 不过线的签，过线的不签。

第一种策略，厂家的期望收益为 $0.5 \times 16 + 0.5 \times 10 = 13$。

第二种策略，根据贝叶斯法则算出在过线和未过线两种情况下，中选的供应商分别是绩优者和一般者的概率。

符号表示如下：E 表示绩优者，O 表示一般者，B 表示过线，U 表示未过线，则有：

过线的供应商中为绩优者的概率：

$$P(E\mid B) = \frac{P(E) \times P(B\mid E)}{P(E) \times P(B\mid E) + P(O) \times P(B\mid O)} = \frac{0.5 \times 0.8}{0.5 \times 0.8 + 0.5 \times 0.5} = 0.6154$$

过线的供应商中为一般者的概率：

$$P(O\mid B) = 1 - P(E\mid B) = 0.3846$$

不过线的供应商中为绩优者的概率：

$$P(E\mid U) = 0.2857$$

不过线的供应商中为一般者的概率：

$$P(O\mid U) = 0.7143$$

计算得出 K 公司的期望收益为：

$$0.65 \times (0.6154 \times 16 + 0.3846 \times 10) + 0.35 \times 13 = 13.45$$

第三种策略，则 K 公司的期望收益为：

$$0.65 \times 13 + 0.35 \times (0.3857 \times 16 + 0.7143 \times 10) = 12.55$$

显然，期望收益 2＞1＞3，可见选择第二种策略是符合 K 公司利益的，即在第三阶段选择：过线的签，不过线的不签。但仅就一次业务而决定签约并非明智的做法，采用较长的试用期来判断会大大降低错误选择供应商的风险。博弈分析法立足于共同合作、长远发展，采用定量与定性相结合的方式，增强了对供应商的了解，通过供应商之间的相互长期竞争，提高了他们的绩效，从而提高了合约的可靠性。

4.2 物流中心选址—重心法

物流中心选址是物流系统规划中最重要的组成部分之一,现已成为企业建立核心竞争力的关键技术。现代物流选址必须考虑电子商务的快速发展以及物流中心的功能延伸,适应新环境建立物流配送中心的需求,可有效地降低物流系统的运维成本,进而提高企业竞争力。

当前已有很多物流中心选址相关研究方法,但是还需要科学严谨的模型化、数量化方法来支持,这些方法分为定性方法和定量方法两大类。其中,定性方法主要是结合层次分析和模糊综合评价对各备选地址方案进行指标评价,从而找到最优地址;定量方法可以分为连续模型与离散模型两大类,重心法是定量分析中连续模型的代表方法。

4.2.1 重心法介绍

重心法(the centre of gravity method)主要考虑现有仓库或厂房之间的距离和需要运送的货物量,是用于确定单个物流中心位置的一种方法,常用于物流系统内中间仓库或分销仓库的选址问题。

重心法是一种模拟方法。该方法将物流系统平面化,系统内需求点和资源点对应平面化物流系统的重力点,各点的需求量或资源量对应设置为点的物体重量,由此构成一个物体网络系统,该物体网络系统的重心则是物流中心的最佳选址地点。

重心法一般被用于一元网点选址。所谓一元网点选址,是指在计划区域内设置唯一网点的物流网点选址问题。实际上,一元网点选址问题在流通领域中并不常见,较为常见的是多元网点选址问题。不过,为了简化模型、减少计算工作量,有时也将多元网点选址问题转换成一元网点选址问题来处理。

4.2.2 重心法的基本原理

1. 重心法的假设条件

物流起点到终点的运输流量构成了物流运输网络,重心法是基于该运输网络的规划问题。重心法的决策目标是产品的运输成本最小化,涉及如下四个假设前提条件。

一是决策选址点的需求量并不代表所在地理位置上的实际需求量,而是分散在其一定区域内的需求量汇总。

二是货物配送的物流成本虽然以运输费用的形式表现,但不代表实际运输费用。货物运输费用是配送中心与需求点之间直线距离的等比缩放,不考虑实际路线和交通状况。

三是不考虑配送中心地理和环境差异带来的成本差异,比如不同地理位置的土地使用费差异、建设费差异、劳动力成本差异、库存成本差异等。

四是假设企业环境、经济环境等不变,即不考虑企业未来收益和成本变化,选址决策环境相对静止。

2. 重心法的具体模型

基于上述四个假设条件,重心法唯一的决策要素是货物配送的理想运输成本,能够最小化理想运输成本的配送中心选址位置就是最优、最合理的。利用配送中心和需求点之间的欧式距离,以及理想运输成本之间的正比关系,计算每条运输路径的成本并汇总,则可得出模型的方程表达式。

假设新建配送中心在物流系统平面对应的点为 P,坐标为 (a,b),需求点 A 的坐标为 (X,Y),则配送中心 P 与需求点 A 之间的距离 $d(A,P)$ 为:

$$d(A,P) = k\sqrt{(X_i-a)^2+(Y_i-b)^2} \text{(其中,} k \text{为比例系数)}$$

如果货物在配送中心 P 需要运送至 n 个需求点 $(A1,A2,\ldots,An)$,且运输量分别为 $(W1,W2,\ldots,Wn)$,设配送中心 P 到需求点 Ai 每单位量、单位距离所需运费为 Ci,则总的运输费用 H 为:

$$H = \sum_i^n Ci \cdot Wi \cdot d(A,P) = \sum_i^n Ci \cdot Wi \cdot k\sqrt{(X_i-a)^2+(Y_i-b)^2}$$

最终决策出的最优配送中心位置是使得上述总运输费用 H 最小的位置坐标(横坐标 a 和纵坐标 b),该问题求解过程是数学中的无约束最小化规划,计算时分别对总运输费用 H 求横坐标 a 和纵坐标 b 的偏导函数,令两个偏导函数等于零来计算横坐标 a、纵坐标 b,结果如下:

$$a = \frac{\sum_i^n Ci \cdot Wi \cdot X_i/d}{\sum_i^n Ci \cdot Wi/d}$$

$$b = \frac{\sum_i^n Ci \cdot Wi \cdot Y_i/d}{\sum_i^n Ci \cdot Wi/d}$$

其中,(a,b) 为待选址配送中心在物流系统平面的坐标;(X_i,Y_i) 为已知需求点 Ai 的坐标。

4.2.3 重心法案例解析

【例 4.3】 某公司拟在某城市建设一座化工厂,每年需要从 P、Q、R、S 四个原料供应地运送不同原料到该化工厂。各原料供应地坐标和年运输量见表 4-15,假设所有材料的运输费率相同,试用重心法为该化工厂选址。

表 4-15 各供应地坐标及年运输量表

供应地	P	Q	R	S
供应地坐标	(50,60)	(60,70)	(19,25)	(59,45)
年运输量/t	2200	1900	1700	900

$$x_0 = \frac{50 \times 2200 + 60 \times 1900 + 19 \times 1700 + 59 \times 900}{2200 + 1900 + 1700 + 900} \text{km} = 46.2 \text{km}$$

$$y_0 = \frac{60 \times 2200 + 70 \times 1900 + 25 \times 1700 + 45 \times 900}{2200 + 1900 + 1700 + 900} \text{km} = 51.9 \text{km}$$

根据重心法的计算结果,厂址的合理位置坐标为(46.2,51.9)。

4.2.4 重心法的优缺点

应用重心法进行配送中心选址决策时,使用的货物需求运输量可以选取历史数据,也可以选取预测数据,但是这些需求运输量数据确定后,在之后整个决策过程中都不会再发生改变。也就是说,重心法实际上是针对静止状态来对配送中心进行选址的。

通常,单种商品的需求量是有规律性变化的,而全部商品的总需求量则呈现随机的、无规律的变化。重心法决策时依据的数据信息是静态的,因此决策结果对单种商品的影响小于对全部商品的影响。

重心法假设物流运输成本与运输距离呈正比,且运输距离采用的是直线欧氏距离,即假设配送中心与需求点之间可以直线运输货物,显然这个假设在一个城市复杂的交通状况下是不可能实现的。但是如果是跨城市的运输任务,则运输路线可以认为是近似的直线运输,因此采用重心法应用于区域配送中心选址时更加有利。

重心法的优点是运算速度快,可以很快地得到最小化运输总成本的最优选址位置点。但重心法也存在一些缺陷,主要体现在以下三个方面:

(1)重心法物流选址模型中只考虑了可变的运输成本,没有考虑不同位置建设配送中心或仓库的固定投资差异,以及运营费用差异。

(2)模型中假设货物运输成本与运输距离呈正比关系,然而实际中货物运输费用主要由两部分构成,一是不随运输距离变化的固定成本,一是与运输距离呈非线性关系的可变成本。

(3)模型将待选仓库地点与需求点之间的运输线路假设为一条直线,但实际上运输线路是在固有的交通网中进行的,两个位置点之间不可能总有直线道路。通常可以根据实际地形赋予直线距离大于 1 的折线因子,将直线距离放大一定的倍数作为实际运输距离的近似。

4.2.5 重心法的适用范围

基于重心法，可以方便快捷地解决单个配送中心的选址问题，但所选位置应用于实际时还存在着诸多问题。重心法得到的最佳位置在实际中很难找到，或者是无法实现建设仓库的地方，比如计算得到的地点可能在江河湖泊、街道中间或者人烟稀少的地区。而且，重心法假设的前提是地区内需求量集中于某一点，但实际上一个广阔地区内的需求分布是相当分散的。还有前文提到过的运输费用假设过于理想化问题，如假设了运输费用和运输距离成正比，但实际中绝大多数场景下物流运输费用是由固定部分和可变部分共同组成的。因此，实际应用重心法时还应借助一些其他方法来改进模型，使得结果更加符合实际，达到最佳效果。

尽管存在上述诸多局限性，但是由于重心法计算方便、简单，可以快速得到理论上的最优位置，因此仍在实际物理选址时被广泛使用。管理者和决策者可以依据重心法的计算结果，确定一个或多个临近最优位置，且符合实际情况的位置作为初始选址方案。因此，重心法仍得到广泛应用。

4.3 配送线路优化—节约里程法

聚焦物流运送的最后一个环节——配送环节,快递巨头们纷纷深扎末端,各显其能,无人仓、无人车、无人机等尖端科技设备持续投入,为最后一个环节保驾护航。

各大快递巨头在配送的时效性上下足了功夫,由以往的隔几日达到次日达,再到现在的当日达、30分钟必达等高效配送服务,不仅提升了物流运转效率,也极大地升级了用户的消费体验。

中商产业研究院相关数据显示,电商物流等重点领域近年来持续高效运行,各种运输形式相互联通取得了一定的进展,降本增效取得显著效果。2017年,平均物流时效性指数为121.2点,比2016年提高了6.4点;运输费用占GDP的比率为7.99%,比2016年下降了0.02个百分点。

随着行业间的竞争愈发激烈,人力成本持续高涨,物流行业的进一步发展急需摆脱人力束缚而转向依靠科技力量,在降低成本的同时提升物流效率,因此,大数据分析、人工智能等前沿技术便成了物流行业发展的关键驱动。

在高科技技术和产品的加持下,配送车辆的路径规划成了物流运筹优化最经典的一个解决方案。配送车辆的路径规划问题是各大快递巨头持续关注的问题,从消费者下单到分配订单,再到分拣出库、运输配送,过程涉及配送员与消费者的距离、配送员的配送能力、交通路况、订单分配等问题。

众多快递巨头中,顺丰运用了GIS能力和算法,探索出了快递业务员的合理配送路径,京东依靠人工智能算法和机器实现人员、车辆、包裹等的智能化调度,解决了同城配送中心与各快递网点间的路径优化问题;德邦则运用CRM客户关系管理系统,以及QCT质量成本时间结算系统作为支持,通过网络链接形成业务闭环,链接CSP客户服务台、仓储运输系统和集成网络,为业务运行提供了基础保障,在降低成本的前提下提高了车辆运输路径规划的效率。

路径规划系统是物流配送端的数据智能化产品,通过数据、场景、技术和算法的结合使用,对人员、车辆、货物进行合理调度,在优化货物运输路径的基础上降低物流成本,以实现整个物流行业的降本增效。并且,通过大数据分析等高科技实现车辆和货物的高效匹配,优化车辆运输路线,能够有效减少空驶损耗和环境污染,实现绿色物流。同时,还可以提高企业的服务能力,提升用户体验感,增加用户黏性。因此,末端配送环节上的车辆配送路径规划是不容忽视的。

4.3.1 节约里程法介绍

节约里程法是用来解决运输车辆数目不确定问题的最有名的启发式算法,又称节约算法或节约法,可以用并行方式和串行方式来优化行车距离。

节约里程法的核心思想是逐次将物流运输问题中的两个配送回路合并为一个回路,每次合并都使得合并前后总运输距离差距最大,合并过程中一辆车的装载达到限制量时,进行下一辆车的路线优化。节约里程法的优化过程可以分为并行和串行两种方式。

应用节约里程法规划车辆配送路线的出发点是:根据配送中心的运输能力,以及配送中心到各用户的距离、用户之间的距离来制定最小化车辆运输吨公里数的配送方案。另外,还需满足以下条件:(1)所有用户的要求;(2)不使任何一辆车超载;(3)任何一辆车每天的总行驶时间或里程不超过规定上限;(4)用户到货时间要求。

为达到高效配送,寻找最佳的运输配送路线应使商品运输配送时间最少、配送距离最短以及物流成本最低。

假如一家配送中心(DC)需要向两个用户 A、B 配送货物,该配送中心到用户 A、B 的最短距离分别为 L_a、L_b,A、B 之间的最短距离为 L_{ab},A、B 的货物需求量分别为 Q_a、Q_b,且(Q_a+Q_b)小于车辆装载量 Q,如图 4-5 所示,如果配送中心分别为用户 A、B 送货,则需要两个车次,运输总路程为:

$$L_1 = 2(L_a + L_b)$$

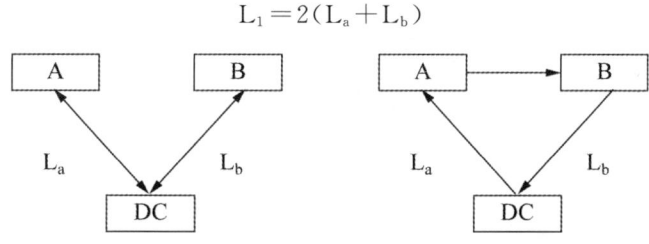

图 4-5 配送路线图

如果改为一次运输过程对两个用户 A、B 巡回送货,则只需要一个车次,运输总路程为:

$$L_2 = L_a + L_b + L_{ab}$$

由三角形的性质我们知道:

$$L_{ab} < (L_a + L_b)$$

因此,第二种配送方案节约了运输总路程,明显优于第一种配送方案。

$$\Delta L = (L_a + L_b) - L_{ab}$$

如果该配送中心的供货范围还存在第 3,4,5,…,n 个用户,则可将这些用户按照节约路程从大到小依次接入巡回线路,若当前车辆满载,则另外派车,余下的用户用同样的方法确定巡回路线。

4.3.2 节约里程法步骤及案例解析

由配送中心 P 向 A～I 等 9 个用户配送货物。图 4-6 中连线上的数字表示该路线的里程(km)。靠近各用户节点的括号内的数字，表示该用户对货物的需求量(t)。配送中心 P 备有 2t 和 4t 两种载重量的汽车，且限制这两种汽车的单次巡回里程不超过 35km，假设货物送达时间均符合用户要求，求该配送中心的最优送货方案。

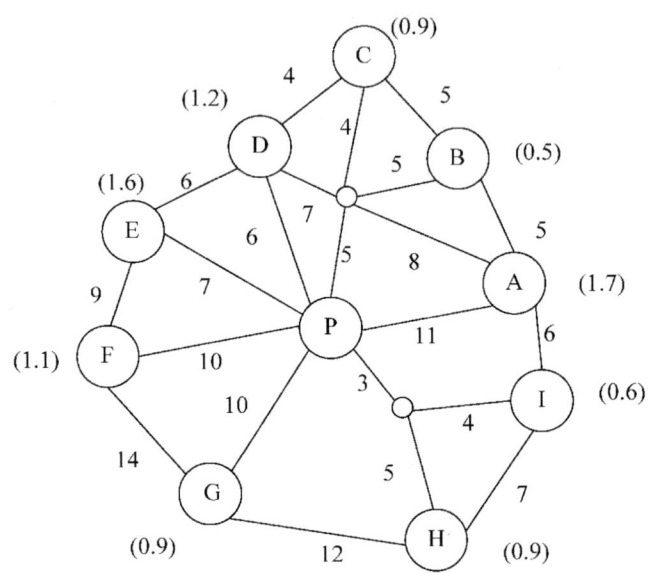

图 4-6 节约里程法案例图

1. 列出配送中心到各用户以及各用户之间的最短运输距离，得到最短距离见表 4-16。

2. 根据最短距离表，利用节约里程法计算出各用户之间节约的里程，编制得到节约里程见表 4-17。

$A—B: L_A + L_B - L_{AB} = 11 + 10 - 5 = 16$

$A—C: L_A + L_C - L_{AC} = 11 + 9 - 10 = 10$

$A—D: L_A + L_D - L_{AD} = 11 + 6 - 14 = 3$

$A—E: L_A + L_E - L_{AE} = 11 + 7 - 18 = 0$

$A—F: L_A + L_F - L_{AF} = 11 + 10 - 21 = 0$

$A—G: L_A + L_G - L_{AG} = 11 + 10 - 21 = 0$

……

表 4-16 最短距离表

	P	A	B	C	D	E	F	G	H	I
P		11	10	9	6	7	10	10	8	7
A			5	10	14	18	21	21	13	6
B				5	9	15	20	20	18	11
C					4	10	19	19	17	16
D						6	15	16	14	13
E							9	17	15	14
F								14	18	17
G									12	17
H										7
I										

表 4-17 节约里程表

	A	B	C	D	E	F	G	H	I
A		16	10	3	0	0	0	6	12
B			14	7	2	0	0	0	6
C				11	6	0	0	0	0
D					7	1	0	0	0
E						8	0	0	0
F							6	0	0
G								6	0
H									8
I									

3. 依据节约里程表中节约里程由大到小的顺序,编制节约里程顺序表4-18,并使得节约里程最多的点尽量组合起来装车配送。

表 4-18 节约里程顺序表

顺序号	里程	节约里程	顺序号	里程	节约里程	顺序号	里程	节约里程
1	A—B	16	6	H—I	8	10	F—G	6
2	B—C	14	8	B—D	7	10	G—H	6
3	A—I	12	8	D—E	7	15	A—D	3
4	C—D	11	10	A—H	6	16	B—E	2
5	A—C	10	10	B—I	6	17	D—F	1
6	E—F	8	10	C—E	6			

4. 根据节约里程顺序表和车辆装载(车辆载重和容积)、行驶里程等约束条件,渐进绘制配送路线,如图 4-7 所示。

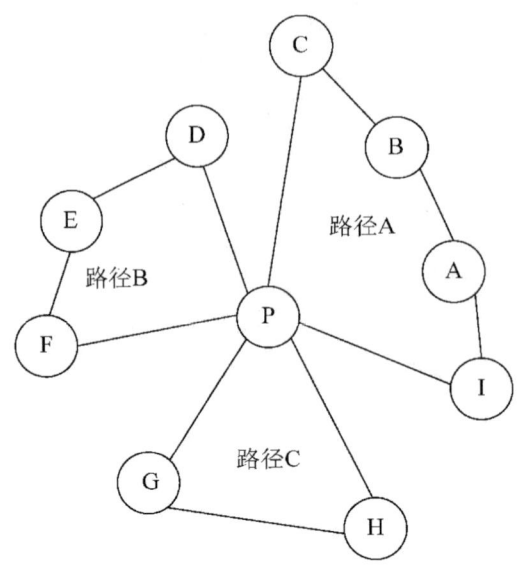

图 4-7 配送路径图

路径 A:4t 车,里程 32km,载重量 3.7t

路径 B:4t 车,里程 31km,载重量 3.9t

路径 C:2t 车,里程 30km,载重量 1.8t

总里程 93km,共节约里程(16＋14＋12)＋(8＋7)＋6＝63km。

4.3.3 节约里程法优缺点

节约里程法是一种方便、快捷的路线规划方法,不仅展现了优化运输的过程,可以直观体现缩短的运输路程,而且也实现了企业物流活动的整合,体现了物流运输网络的优势,实施起来思路简单清晰、便于落实。但是,节约里程法也存在如下一些缺点。

第一,利用节约里程法优化配送路线的过程中过于强调节约的运输路程,而没有考虑行程中所用的时间。实际上在很多情况下,运输时间更能决定物流配送成本和服务质量,比如城市内部早、晚高峰时道路拥挤,车辆在单次巡回配送过程中的时间过长,会直接影响配送人员的精神状态,而配送人员的精神状态又与交通事故和配送是否准确息息相关,在选择配送路线时常会更偏向于选择节省时间绕道行驶,而不是节约里程。

第二,利用节约里程法选择配送路线时常无法灵活处理用户需求。现代消费者的需求个性化趋向日益明显,致使企业生产、销售和配送也越发倾向于小批量、多品种、多批次。而节约里程法更适合需求稳定,或者需求配送时间不紧迫的场景,这显然无法满足多变的市场环境需求。

第三,需要强调的是,通过节约里程法逐次合并计算得到的配送路线并不是总路程最短的运输路线。

由上述分析可知,节约里程法便捷易行,同时也存在一些弊端。那么,是否可以通过一定的改进使其成为一种最优的路线规划方法?这个问题的回答是否定的,这是由于在规划配送路线时,为了降低运算或技术难度,通常要考虑较优原则,而不是最优化原则。

在节约里程法的实施过程中,综合考虑路程和时间因素。深入了解客户需求,加强与客户之间的信息交流。基于客户对配送时间的需求,对客户进行分类以增加配送的灵活性。路线规划决策过程中采取多路线同步决策的方式。

实际上,运输配送过程还会受到商品分拣、装卸、搬运和组装等影响。

4.4 库存管理

对经营者来说,提高销售量或降低运营成本都可以增加盈利,而增加盈利最好的方法之一就是良好的库存管理。库存(Inventory)是指为了缓冲供需波动,及时响应客户的需求变化,以最终提高客户满意度为目的所建立的商品存储系统。建立良好的库存体系,不仅可以保障正常生产运作,还可以增加客户黏性。

4.4.1 经济订货批量(EOQ)

在前面企业的自制与外购决策中,我们通过经济订货批量来确定每次最优的订货或生产批量。经济订货批量的核心思想是订货成本与库存成本的平衡。

从企业库存的角度来分析经济订货批量,企业的平均库存等于订货批量的一半,因此,订货批量越大,平均库存就越大。相应地,每年的维持成本也越大。但是从另一个角度看,如果订货批量越大,相应的订货次数会越少,因而总成本也会发生相应的变化。当订货量达到经济订货批量时,订货的总成本降至最低点。

本节将通过使用经济订货批量来帮助企业使订货的总成本最小化,从而确定最佳的订货政策,经济订货批量的公式如下:

$$EOQ = \sqrt{\frac{2 \times RC \times D}{HC}}$$

【例 4.4】 某贸易公司每年需采购某种产品 6000 单位,采购价格为每单位 30 元。若处理订单、组织送货会产生 125 元的费用,且该产品所产生的利息费用加上存储成本为每单位 6 元。请问该产品应该采取的最佳订货策略是什么?

已知的数据如下:

需求 $D=6000$ 单位,单位成本 $UC=30$ 元,再订货成本 $RC=125$ 元,存货持有成本 $HC=6$ 元。把上述这些值代入经济订货批量公式,可以得出:

$$EOQ = \sqrt{\frac{2 \times RC \times D}{HC}} = \sqrt{\frac{2 \times 125 \times 6000}{6}} = 500 \text{ 单位}$$

最佳订单间隔时间为:

$$T^* = \frac{EOQ}{D} = \frac{500}{6000} = 0.083 \text{ 年} \approx 1 \text{ 个月}$$

相关的存储成本为:

$$VC^* = \frac{HC \times EOQ}{2} = \frac{6 \times 500}{2} = 1500 \text{ 元}$$

则单个存货周期的总成本为：

$$TC^* = UC \times D + VC^* + \frac{RC \times D}{EOQ} = 30 \times 6000 + 1500 + \frac{125 \times 6000}{500} = 183000(\text{元})$$

现在假设每次订货量分别为400单位与600单位，相应的总成本分别为183075元与183050元。

在此案例中，通过使用经济订货批量，该公司确定最佳的订单间隔时间为1个月，相关的库存成本为1500元，此时每年的总成本达到最小化，等于183000元。增加或是减少订货量得出的总成本都会大于183000元。

4.4.2　加入限时的订货至交货周期

在计算订货批量时，通常会假设订货至交货的周期为零，即假设产品可以实时抵达、投入生产。但在现实情况中，必定会存在无法避免的交货延迟现象，于是就形成了订货至交货周期。在此情况下，当企业库存下降到某个水平，企业就需要开始订货，否则就会造成在订货至交货周期内，企业不能继续其生产活动，在库存管理中，这个水平被称为再订货水平。

企业在发出订单后，现有的存货必须能够满足在订货抵达之前这段时间的需求，由于需求和订货至交货周期都假设为恒定的，因此，再订货至交货周期内的那部分存货也是恒定的。由此可以得出：再订货水平ROL＝订货至交货周期内的需求＝订货至交货周期LT×单位时间内的需求D。即：当存货水平下降到LT×D时，实施下一次订单批量为EOQ的订货。

【例4.5】　某公司每周使用100个散热器，计算得到的EOQ值为250个产品单位。若对于该公司来说，订货至交货周期分别为(a)1周、(b)2周，那么该公司散热器的最佳订货策略是什么？

(1)将LT=1周和D=100单位代入公式，得出：

$$ROL = LT \times D = 1 \times 100 = 100 \text{ 个产品单位}$$

即一旦存货水平下降到100个产品单位，就需要发布一个订货量为250个产品单位的订单。

(2)将LT=2周和D=100单位代入公式，得出：

$$ROL = LT \times D = 2 \times 100 = 200 \text{ 个产品单位}$$

即一旦存货水平下降到200个产品单位的时候，就需要发布一个订货量为250个产品单位的订单。

通过上面的案例,可以看出,再订货水平 ROL 随着订货至交货周期 LT 的增大而增大;换句话说,如果产品从提出订货到验货接收的时间越长,公司就应该越早地开始考虑下一次订货(如图 4-8 所示)。

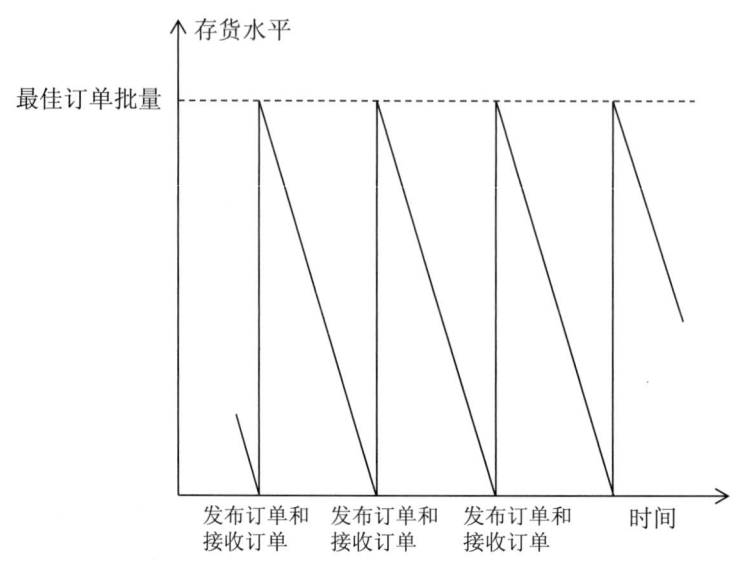

图 4-8 再订货水平

4.4.3 来自供应商的价格折扣

现实生活中,企业采购的成本会随着采购数量的变化而变化,最为常见的变化情况为:

(1)供应商常常会对数量较大的订单报以较低的价格。

(2)再订货成本中包含有一些诸如质量控制检验或者送货的操作环节,再订货成本会随着订单批量的大小而变化,同样,运输费用也随着货量的不同而不同。

(3)存货持有成本会随着订单批量的变化而变化。比如,如果经济订单批量的值特别大,没有足够的仓库来接收一个完整的订单,那么就需要租赁额外的仓库来解决这个问题。

采购数量的变化将会引起总成本变化,相应的对于产品的订货量也会发生变化,本节将通过建立模型的方法,来确定价格变动下的企业最佳订货政策。

4.4.3.1 总成本曲线

最为常见的情况是,供应商对一定批量水平以上的订单会报以较低的单位价格。这不仅仅是一个折扣价格,见表 4-19,基本的单位成本是 UC_1,但是对于批量大于 Q_a 的订单,单位成本就降到了 UC_2,而对于批量大于 Q_b 的订单,单位成本就会降到 UC_3,对于批

量大于 Q_c 的订单,单位成本更会降到 UC_4,以此类推。如图 4-9 所示。

表 4-19 企业采购成本随采购数量变化而变化

单位成本	订单批量低线	订单批量高线
UC_1	0	Q_a
UC_2	Q_a	Q_b
UC_3	Q_b	Q_c
UC_4	Q_c	Q_d
UC_5	Q_d	Q_e
……	……	……

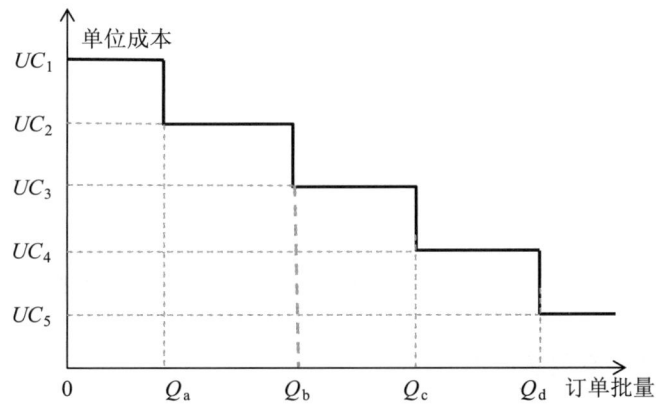

图 4-9 订单批量基础上的单位成本的阶梯式变化

对于最高的单位成本 UC_1,公司可以按照确定经济订货批量的方法,画出一幅以订货批量为基础的总成本曲线图。在上面的案例中,这条总成本曲线只在订单批量值位于 0 与 Q_a 之间时有意义。在图 4-10 中,总成本曲线中的实线部分适用于单位成本 UC_1,而曲线的虚线部分则不适用。

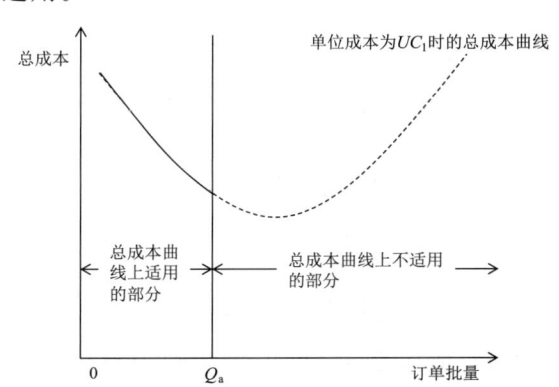

图 4-10 单位成本为 UC_1 时的总成本曲线上的适用部分

如果公司发布一个批量大于 Q_a 的订单,公司会从供应商那里获得一定的价格折扣,因此其实际的单位成本也将不再是原先的 UC_1,公司就需要设计另外一条总成本曲线了。

依据不同订单量时对应的成本值,公司就得到了每一个单位成本阶段内的总成本曲线,如图 4-11 所示。这些曲线相互之间没有交叉,相对独立,每一条曲线都只在相应的区间范围内有意义。

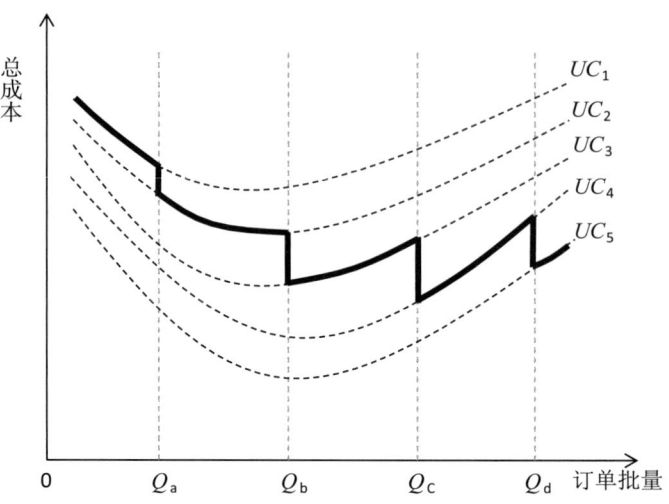

图 4-11　五个不同单位成本基础上的有效总成本曲线

4.4.3.2　确定最低的有效总成本

前面提到,在不同的订货量下,供应商会给予企业一定的价格折扣,从而使得产品的成本发生变化,企业也就需要根据新的有效总成本曲线去寻找使得总成本最小的最佳订货量 Q。

前面已经提到,经济订货批量 $EOQ = \sqrt{\dfrac{2 \times RC \times D}{HC}}$,这里可以把存货持有成本用一定比例的单位成本的形式来表示。这样,对于任何一个单位成本 UC,在成本曲线上都会有一个最小订单批量值 Q;订单批量 Q_1 在单位成本等于 UC_1 的总成本曲线上对应着最小值;订单批量 Q_2 在单位成本等 UC_2 的总成本曲线上对应着最小值,依次类推,计算公式为:$Q_i = \sqrt{\dfrac{2 \times RC \times D}{I \times UC_i}}$。公式中,$I \times UC_i = HC_i$,表示在单位成本 UC_i 的单位存货持有成本,I 为单位存货持有成本率。

对于每一条单位成本等于 UC 的曲线来说,订单批量的最小值要么有意义,要么没有意义。有意义的订单批量最小值指的是针对某个特定的单位成本,有意义的订单批量范围之内的最小值。无意义的订单批量最小值指的是针对某个特定的单位成本,有意义的订单批量范围之外的最小值。

每一条成本曲线都会有至少一个有意义的订单批量最小值和多个无意义的订单批量最小值,如图 4-12 所示。

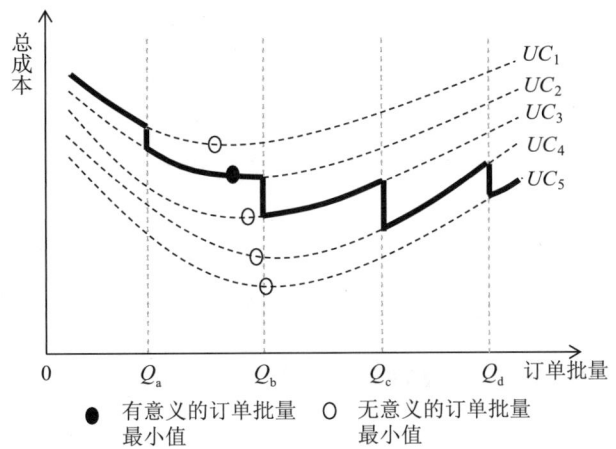

图 4-12 总成本曲线上的有意义的订单批量最小值与无意义的订单批量最小值

从图 4-12 中还可以发现，在有效的总成本曲线上，还有其他两个特点。第一，有效的总成本曲线在最小值的左边总是逐渐升高的。这就意味着最优总成本要么就是有意义的订单批量最小值，要么就在这个值的右侧。第二，最优总成本点仅可能出现在以下两个点：要么就是有意义的订单批量最小值，要么就是成本分界点，如图 4-13 所示。

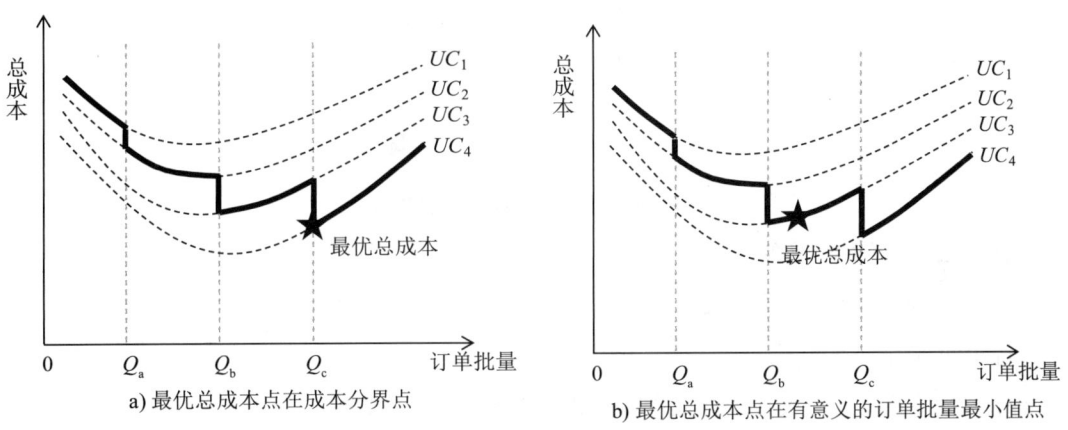

a) 最优总成本点在成本分界点　　b) 最优总成本点在有意义的订单批量最小值点

图 4-13 最低总成本可能出现的点

从图 4-13 中可以确定在有效总成本曲线上确定最小总成本的方法。即只需要把有意义的订单批量最小值与位于这个最小值右侧的成本分界点进行比较，就可以准确地找出最低总成本点，而与这个最低总成本点相对应的就是最佳订单批量值。

图 4-14 把这种确定最低总成本的方法具体化。从最低的单位成本开始，找寻该条件下的最优订货批量。如果该点有意义，那么该点就是使得总成本最小的点；反之，则需要计算比最低单位成本稍高时的最优订货批量，如果有意义，则停止运算，计算此时的总成本，然后与前面最低单位成本时的总成本比较，使得总成本最小的点，就是最优订货量。如果没意义，就继续上面的步骤。

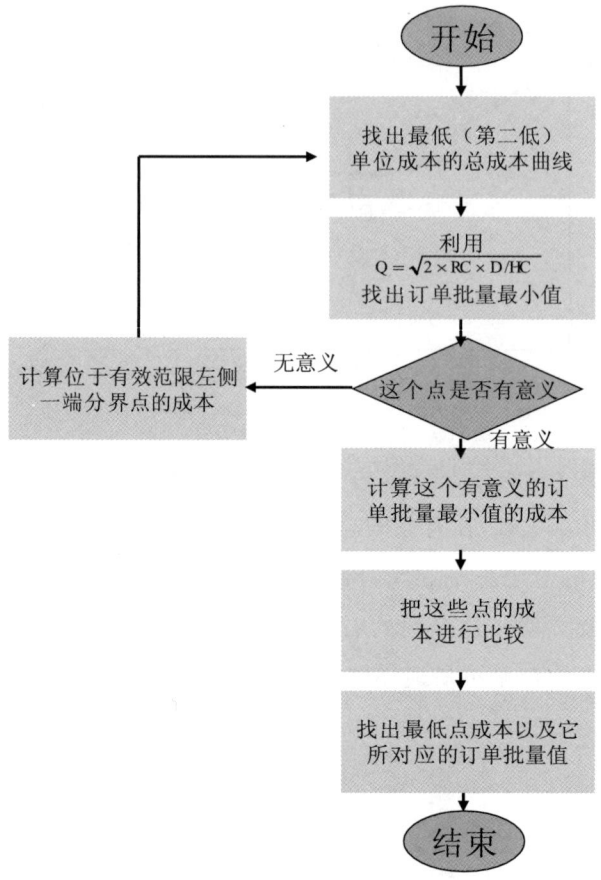

图 4-14 最低总成本的确定流程

【例 4.6】 某种产品的需求量是每年 2000 个产品单位，每一个订单的成本是 10 英镑，每年的存货持有成本是产品单位成本的 40%，而单位成本根据订单批量变化的规律如下：

订单批量小于 500 个产品单位，单位成本为 1 英镑；

订单批量在 500～999 个产品单位，单位成本为 0.80 英镑；

订单批量大于等于 1000 个产品单位，单位成本为 0.60 英镑；

在这种情况下，最佳的订单批量是多少？

分析及解答：

(1) 已知变量包括：

$D = 2000$ 个产品单位/年；

$RC = 10$ 英镑/订单；

$I = $ 每年的产品单位成本的 40%；

$HC = I \times UC = 0.4 \times $ 每年的产品单位成本；

UC 在 1 英镑、0.80 英镑和 0.60 英镑之间变化。

对于一个最佳的订单批量 Q^*，所对应的订货总成本 TC^* 的计算公式为：

$$TC^* = UC \times D + HC \times Q^*$$

对于任意订单批量 Q 所对应的总成本 TC 的计算公式为：

$$TC = UC \times D + \frac{RC \times D}{Q} + \frac{HC \times Q}{2}$$

(2)确定各个单位成本时的最低总成本及订单批量：

首先，在 $UC=0.60$ 英镑时，所对应的订货量 Q 的有效范围是 1000 个产品单位以上。对应的最优订货批量 $Q = \sqrt{\dfrac{2 \times 10 \times 2000}{0.4 \times 0.6}} = 408.2$ 单位。

由于在这个区间内，Q 所对应的有效范围是 1000 个产品单位以上的，因此这个值是个无意义的订单批量最小值。

计算出这段曲线中有效范围内的，较低的一端的分界点的成本（即 $Q=1000$ 个产品单位）：

$$TC = UC \times D + \frac{RC \times D}{Q} + \frac{HC \times Q}{2}$$

$$= 0.6 \times 2000 + \frac{10 \times 2000}{1000} + \frac{0.4 \times 0.6 \times 1000}{2}$$

$$= 1340 \text{ 英镑（即图 4-15 中的 A 点）}$$

然后，找出 $UC=0.80$ 英镑时的总成本曲线及最优订货量：最优订货量 $Q=353.6$ 单位，由于在这个区间内，Q 所对应的有效范围是 500 个产品单位与 1000 个产品单位之间，因此这个值是个无意义的订单批量最小值。计算出这段曲线中有效范围内的，较低的一端的分界点的成本（即 $Q=500$ 个产品单位）：$TC=1720$ 英镑（即图 4-15 中的 B 点）。

最后，找出 $UC=1.00$ 英镑时的总成本曲线及最优订货量：最优订货量 $Q=316.2$，在该单位成本下，Q 的有效范围是 500 个产品单位以下，因此这个值是个有意义的订单批量最小值。计算出这个有意义的订单批量最小值（即 $Q=316.2$ 个产品单位）所对应的成本：$TC=2126.48$ 英镑（即图 4-15 中的 C 点）。

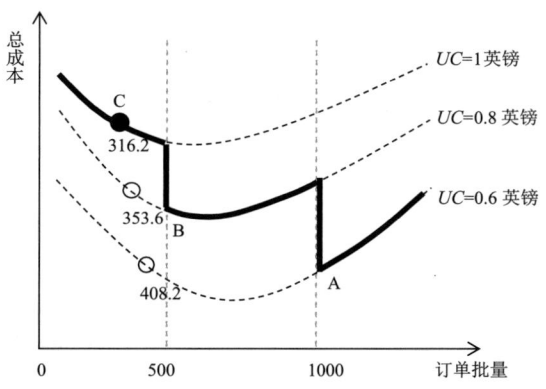

图 4-15　不同成本下的最优订量点及总成本

即使有再多的总成本曲线需要去一一研究,但是一旦找到了一个有意义的订单批量最小值,探究就不必再继续了,接下来要做的就是把所有已经得到的值所对应的总成本进行比较。通过比较得出的总成本最低值所对应的订单批量就是最佳的订单批量值。

对于本题,三个选择分别是:

A 点 Q=1000,总成本=1340 英镑/年;

B 点 Q=500,总成本=1720 英镑/年;

C 点 Q=316.2,总成本=2126.49 英镑/年。

很显然,通过比较可以发现,最佳的订单批量是一次性订购 1000 个产品单位,每 6 个月下一次订单,全年的总成本为 1340 英镑。

在此案例中,大批量订货带来了价格上的折扣,从而使得产品的单位成本大大降低,同时,降低的成本又抵销了企业持有大批量存货所产生的库存成本。

4.5 退货管理

数据在退货管理上的应用越来越受到重视,利用数据分析进行多余物品的识别、库存精度和盘点策略等方面,本书进行了初步探讨;国内尚未进行深入的模型分析,但退货管理特别在资源回收再利用方面有着光明的前景。目前,在旧钢铁、汽车报废、电池回收等方面较好地应用了智能供应链分析技术。

4.5.1 逆向物流

库存商品的可追踪性(如通过二维码)非常有利于计算和处理退货,此即为逆向物流。逆向物流涵盖了再利用商品与材料的所有相关活动,如收集、拆卸或销毁使用过的商品、零件或原材料,使其能够有效地再利用。

回收物流和废弃物流都属于逆向物流,逆向物流的相关流程如图 4-16 所示。

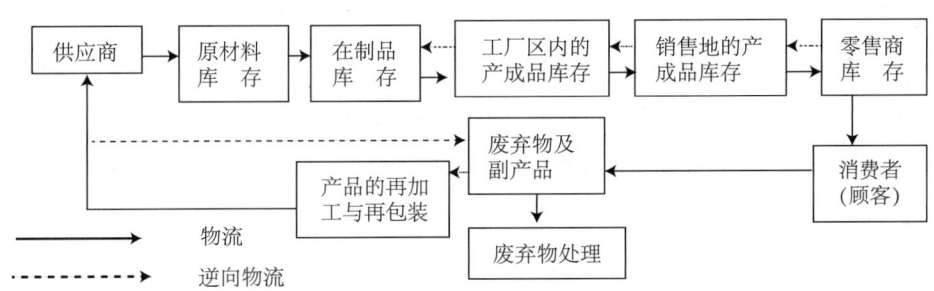

图 4-16 逆向物流流程图

逆向物流中对商品的处理有以下两方面含义:一是将商品中有再利用价值的部分加以分拣、分解、加工,使其成为有用的资源或产品重新进入企业生产或消费环节。二是对已丧失再利用价值的废弃物,从保护环境的出发点进行销毁,比如焚烧或送至规定地点掩埋。对含有放射性或有毒物质的废弃物,还需采取行业规定的特殊处理方法进行处理。

高效的逆向物流处理可以降低资源损耗,增加其利用率,还可以降低环境污染,不仅具有深远的经济效益,还有重要的社会效益。

4.5.2 多余物品的识别分析

1. 数据获取

企业应及时查出并处理多余物料。一般可用自定的某些原则确定物料是否多余,例如将一年内不常用的物料划为多余物料。对于多余物料,当下式成立时保留在库;反之则应考虑加以处理利用:

$$P(M)P/(FV) > 1$$

式中:

$P(M)$——一年内销售或使用的概率;

P——物料成本或销售价;

F——存货的年储存成本系数;

V——残值。

这里 $P(M)P$ 为物品在当年内的期望收入,FV 为储存支出。当期望收入大于支出时保留在库,反之则应进行处理,以后需要时再购买。

2. 数据分析

由于多方面的原因,某些适用的库存物品的库存水平也会过高。为了降低存货费用,应及时鉴别出超储物品并进行处理。可以通过计算物品的经济供应期数,来确定其超储数量,对超过经济供应期数的仓储部分应进行恰当的处理,比如降价促销。

由于:额外增加的储存费+残值收入=额外的购入费

即:$N \times P \times Is \times F + Ps \times Is = P \times Is$

式中:

N——经济供应期数,以年计;

Is——超额储存量;

P——每单位物料的成本或市价;

Ps——单位残值;

F——年储存费率。

则: $$N = (P - Ps)/(P \times F)$$

上述决策准则事实上是假设库存物品 N 年用不完,对如下两个方案的费用加以比较后进行决策的:(1)处理多余部分,N 年后需要时再购入;(2)将多余部分保留到 N 年后使用。

3.数据应用决策

【例 4.7】 某商品现有库存为 200 单位,年需求量为 25 单位。该商品的成本为每单位 10 元,残值为每单位 5 元,年储存费率为 0.25。请问该商品的存货中是否存在超储部分?

解:现有存货为 8 年的供应量(200 单位÷25 单位/年=8 年)。经济供应期数如下:
$$N=(P-P_s)/(PF)=(10-5)/(10\times0.25)=2(年)$$

2 年的需求量为 50 单位,而现有库存为 200 单位,所以超储 150 单位,应将超储的 150 单位加以处理或利用。

4.6　库存精度与周期盘点

4.6.1　库存精度

库存精度也被称为存货精度,是指商品库存记录量与实际库存量的吻合程度。所有库存系统都会规定商品库存记录量与实际库存量之间允许的最大偏差,库存系统平稳运行的首要条件是商品不要过量存储。

确保库存精度,不仅要求准确记录库存变动,还需经常对库存进行盘点,以保障商品的库存记录量与实际库存量一致。

精确的库存记录对于提供优质的客户服务是必需的,因为它们是生产成品、生产物料和元件补货的基础。如果要逐渐减少库存,就有必要确认库存是否流动太慢,存货是否太多。一般情况下,取得高精确度库存记录所节约的费用通常比实施它的费用多。

1. 评估库存精确度

库存精确度对 A 类产品比其他种类产品显得更为重要,因此要有区别地对待不同产品的精确度。这里的 A 类产品是指品牌有一定知名度,毛利空间大,销量不俗,贡献度较高的商品。

2. 对库存记录进行数据获取

库存记录审计常与周期或定期财产清查同时进行。清查审计包括对库存产品的检查,然后将检查所得数量与存储在库存系统文件中的库存记录量进行比较平衡。

不管财产清算是周期性的还是定期的,随后都要进行审计。

3. 数据分析确定精确度

如果按"零缺陷"的管理理念,那么精确度目标应该是 100%,但从实际来讲,这是不可能达到的。因此库存高精确度的关键是持续改进。

期望的库存精确度常用库存记录与实际盘点的误差百分数不超过某一特定的允许值表示。

允许误差应根据错误记录对整个系统可能带来的破坏来确定,通常正是那些低使用率的产品或不常使用的产品为库存误差带来很大的麻烦。因此应结合数量方差百分比和绝对值方差来确定误差。

表 4-20 描述了库房等级为 A 类、B 类、C 类产品的库存精准度的允许误差。

表 4-20　库存精度表

库存等级	允许误差（%）	允许误差（元）
A	±0.2%	100
B	+1.0%	100
C	+5.0%	100

4.循环盘点检查精确度

【例 4.8】 如某年 10 月 26 日检查了 125 种产品，其中有 25 种，即检查总数的 20% 有显著误差。表 4-21 描述了循环盘点的结果，通过分析确定其库存精确度持续改进的基本方向。

从表 4-21 中，我们可以看出在 10 月 26 日进行的检查结果中，有 25 种物品存在误差，其中有 19 种物品的误差小于 5%；2 种在 5%～10% 之间；2 种在 10%～25% 之间；1 种在 25%～50% 之间；1 种超过 50%。

表 4-21　库存盘点表

日期	检查产品	有显著误差的物品		误差分布区间				
		数量	百分比	0～5%	5～10%	10～25%	25～50%	超过 50%
26/10/××	125	25	20%	19	2	2	1	1
26/11/××	130	19	15%	16	1	1	1	—
26/12/××				努力消除误差	努力减少误差			

该年 11 月 26 日又进行了一次循环检查，这次检查了 130 种。其中 19 种（15%）有显著误差，比前一次少 5%，这表明精确度有一定程度的提高。如图 4-17 所示。

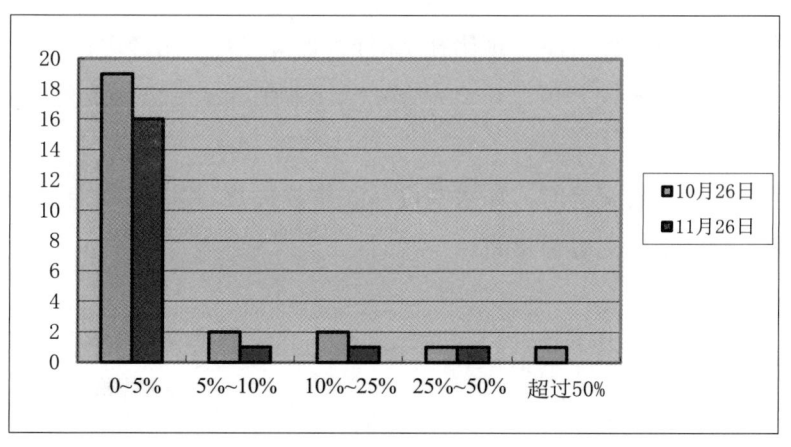

图 4-17　库存盘点对比图

通过对两次检查结果的分析，可以看出对于误差在 0～5% 之间的物品应努力消除误差，而对其他误差的物品则应努力减少误差。

4.6.2 循环盘点数据应用决策

1. 循环盘点频率的确定

循环盘点通过分析发现,4000 种 C 类产品,至少每年检查 1 次;1500 种 B 类产品一年需要检查 2 次;250 种 A 类产品,每年需要检查 6 次,总共需要检查的次数为 8500 次。假设一年有 250 个工作日,如果所有产品按计划检查的话,那么每天至少检查 34 项(8500/250＝34)。

如每天检查 34 种产品,3 个类别产品之间的分配如下:

A 类:1500/8500×34＝6 项/天

B 类:3000/8500×34＝12 项/天

C 类:4000/8500×34＝16 项/天

频率的确定见表 4-22。

表 4-22 库存检查表

库存等级	种类	每年检查次数	检查总数
C	4000	1	4000
B	1500	2	3000
A	250	6	1500
总计			8500

检查产品时间的选择:

①库存需要再订货时。当商品库存量降到再订货点,或是到了定期检查日期时,库存量在再订货点以下,此时库存产品的数量较少,容易检查。

②当接收新存货时。此时库存量比补货时低,且检查时不用考虑订货引起的耽误。

③当库存记录变成零或负值。当产品被提光、库存清零或出现负值时,循环检查小组会受命来查实。

④当发生一定次数的交易时。如果某商品经常被提货,那么采取定期检查会使得该商品比其他商品的库存量更容易出错。

2. 循环检查的步骤

循环检查一般包括如下 4 个步骤。

①准备。列出待检查商品的清单,找出它们的存放位置。

②检查选定的每个商品,以及商品每个存储位置的存储总量。

③整理各处数量。

④如果实际库存与记录库存有较大差异,应重新检查。

必须明确商品检查期间产生的所有库存活动。比如,商品调出时(如从仓库调出至零售商),存在的一些"分界点"状态,在"分界点"状态的商品被认为仍在仓库,或被记为"在途"。

3.循环盘点对账

循环盘点对账要求做到:

①通过核查以确定检查了所有商品。

②对库存活动(交易)的审计记录进行检查,以确保所有的库存活动记录都是正确的。

③有必要经常检查总存在库存误差的商品(如收发总有错误的商品)。

④完成循环检查后将检查结果汇总,以便于发现和解决问题,提高库存精度。

第5章
销售预测优化

现代经济社会中订单驱动生产,商品销售预测失误是导致商品爆仓或断货的主要原因。无论是预测量偏低还是走高,由此导致的断货或爆仓都会对企业及其供应链合作伙伴造成巨大的伤害。

贝恩咨询公司的一项调查研究显示,商品销售趋势预测困难是当前供应链领域最为头疼的问题。尤其是商品生命周期逐渐变短、购物热点层出不穷的现况下,愈发激烈的行业竞争为商品销售预测提出了更多、更高的要求。

有效的销售预测是企业进行经营决策的基础和依据,有利于提高企业的竞争能力,是企业进行科学管理的基础。

5.1 销售预测的特点及分类

销售预测是根据历史资料和现在的信息,运用一定的科学预测方法,对企业未来销售活动可能产生的经济效益和发展趋势做出科学的预计和推测方法。

销售预测的对象包括对产品销售市场、产品生产成本、利润以及资金需要量等方面的预测。

销售预测分析通常具有预见性、灵活性、相对性、明确性、客观性和可检测性等特点。分别根据所需销售预测的时间和范围不同,销售预测可分为不同类型:按照预测时间长短,商品销售预测可分为短期预测(1 年)、中期预测(2~5 年)和长期预测(5 年以上)。按照预测范围大小,销售预测可分为宏观预测(整个国民经济)、中观预测(部门和地区经济)和微观预测(企业)。

按照预测方法的不同,销售预测可以分为定性分析预测和定量分析预测两大类。

定性分析(又称非数量分析法),是依靠预测人员丰富的实践经验和知识,以及主观的分析判断能力,在考虑到某些因素对经济影响的前提下,对事物的性质和发展趋势进行预测和推断的分析方法。如政治、经济形势、消费倾向、市场前景、经济政策(宏观环境的变化)等因素都是常被考虑的因素。德尔菲法又称专家调查法,由美国兰德公司在20世纪40年代首先倡导使用。经过若干专家连续三次预测,对产品最乐观、最悲观和最有可能三种情况的销售量水平作出估计。德尔菲法是最常用的定性预测方法之一。

定量分析(也称为数量分析),是指依据过去比较完备的统计资料,应用数学模型或数理统计方法对各种数据资料进行加工处理,充分揭示事物或信息变量的规律和联系,以此作为预测未来事物发展趋势的依据。

销售预测的定量分析方法主要包含时间序列趋势分析法、因果分析法和线性规划法。

1. 时间序列趋势分析法

时间序列趋势分析法是指根据某项指标过去的变化趋势,把未来作为"过去历史的延伸"来进行预测的方法,包括简单平均法、加权平均法、指数平滑法等。时间序列趋势分析法对按照时间排列的序列数据进行分析,基于曲线拟合和参数估计来建立数学模型,从而预测未来趋势。传统销售预测常采用此种方法,该方法对累积数据量的要求比较高,且当数据趋势性不明显时预测效果很差。

2. 因果分析法

因果分析法是指基于某项指标与其他指标之间的规律性联系进行分析研究,依据这些规律性联系预测该指标未来的趋势,包括回归分析法、相关分析法、因果预测法。

3. 线性规划法

在进行销售投入决策如广告投入时,企业往往有一定的目标,但同时也会受到如成本、媒介使用频率、媒介到达率等因素的影响,如何在特定的影响下实现企业既定的目标,往往会采用线性规划法来求解。

5.2 销售预测—时间序列法

5.2.1 时间序列法适用范围

时间序列分析最早可追溯到7000年前的古埃及。古埃及人通过记录尼罗河每天的涨落情况,构成一个时间序列,基于对这个时间序列的长期观察,发现了尼罗河涨落的规律性,并将其应用于农业灌溉等,促使古埃及农业得到了迅速发展。这种基于直观观察时间序列得到其规律的方法属于描述性分析法。时间序列分析在经济、金融、工程等领域的应用极大推动了其发展历程,时间序列分析方法的每一步发展都与其在实际场景的应用密不可分。随着时间序列分析的理论与应用这两方面的深入研究,时序分析应用的范围日益扩大。

目前,它已涉及天文、地理、生物、物理、化学等自然科学领域,图像识别、语音通信、声呐技术、遥感技术、核工程、环境工程、医学工程、海洋工程、冶金工程、机械工程等工程技术领域,国民经济、市场经济、生产管理、人口等社会经济领域,并已取得不少重要应用成果。

5.2.2 时间序列法原理简介

时间序列预测主要是以连续性原理作为依据的。连续性原理是指客观事物的发展具有合乎规律的连续性,事物发展是按照它本身固有的规律进行的。在一定条件下,只要规律赖以发生作用的条件不产生质的变化,则事物的基本发展趋势在未来就还会延续下去。

时间序列预测就是利用统计技术与方法,从预测指标的时间序列中找出演变模式,建立数学模型,对预测指标的未来发展趋势做出定量估计。

1. 时间序列构成要素

包含长期趋势、季节变动、循环变动、不规则变动。

长期趋势(T)是指在较长时期内受某种根本性因素作用而形成的总的变动趋势。包括线性趋势和非线性趋势,本书只考虑线性趋势的预测方法。

季节变动(S)是指在一年内随着季节的变化而发生的有规律的周期性变动。

循环变动(C)是指以若干年为周期所呈现出的波浪起伏形态的有规律的变动。

不规则变动(I)是一种无规律可循的变动,包括严格的随机变动和不规则的突发性影响很大的变动两种类型。

2. 时间序列的编制原则

编制原则要求保证序列中各期指标数值的可比性。

(1)时期长短最好一致。

(2)总体范围应该一致。

(3)指标的经济内容应该统一。

(4)计算方法应该统一。

(5)计算价格和计量单位可比。

3. 时间序列的种类

(1)平稳序列(stationary series)

该类型的序列基本上不存在趋势,各观察值基本上在某个固定的水平上波动,或虽有波动,但并不存在某种规律,而其波动可以看成是随机的。

(2)非平稳序列(non-stationary series)

该类型的序列是有趋势的序列,如线性趋势,非线性趋势;或者有趋势、季节性和周期性的复合型序列。

4. 时间序列的组合模型

(1)加法模型:$Y=T+S+C+I$,加法模型假定四个因素的影响是相互独立的,每个成分均以绝对量表示。其中,Y、T是计量单位相同的总量指标,S、C、I是指对长期趋势产生的或正或负的偏差。

(2)乘法模型:$Y=T \cdot S \cdot C \cdot I$,乘法模型是假定四个因素对现象的发展的影响是相互作用的,以长期趋势成分的绝对量为基础,其余量均以比率表示。其中,Y、T是指计量单位相同的总量指标,S、C、I是指对原序列指标增加或减少的百分比。由于很难证明四个因素的影响是相互独立的,所以乘法模型通常是常用的计算模型。

5.2.3 平稳时间序列预测方法

针对平稳的时间序列,如图5-1所示,由于不包含趋势和季节波动,仅包含不规则变动,预测起来比较简单,这里重点介绍三种方法——算数平均法、移动平均法和一次指数平滑法。

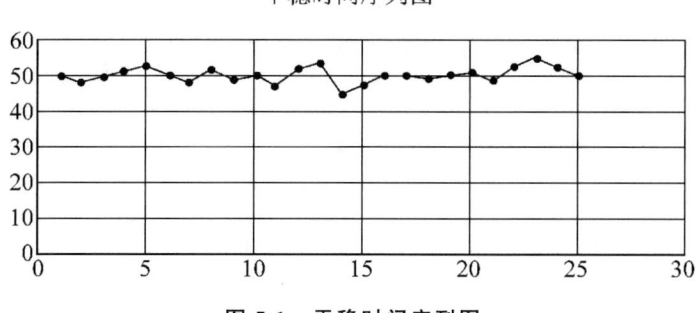

图 5-1 平稳时间序列图

1. 算术平均法

假设,某企业 1~6 月实现销售情况见表 5-1。

表 5-1 销量统计表

月份(t)	1	2	3	4	5	6
销售额(万元)	1710	1800	1740	1815	1780	1790

用算术平均法计算结果如下,可以用该结果预测 7 月的销量。

$$Y=\frac{1710+1800+1740+1815+1780+1790}{6}=1772.5(元)$$

2. 移动平均法

移动平均法是指通过移动平均消除时间序列中规则或不规则变动,以揭示时间序列长期发展趋势的方法,包括简单移动平均和加权移动平均两种方法。简单移动平均与算术平均比较类似,如计算最近几期的销量的算术平均数预测下一期的销量值。加权移动平均是在简单移动平均的基础上引入了权重,计算公式如下:

$$Y=\sum_{i=1}^{n}W_i X_i$$

其中,权数的确定如下:

(1) $\sum W_i = 1$

(2) $W_1 < W_2 < W_3 < \cdots < W_n$

加权平均法中的权重选择是一个必须要注意的问题,经验法和试算法是当前最简单的用于选择权重的方法。理论上,最近期的数据最能预示未来的变动情况,因而设置权重应该比较大。比如根据企业前一个月的利润和生产能力预测下一个月的利润和生产能力,效果会比根据前几个月的要好。但是如果数据是季节变动的,那么权重也应该是季节性的。移动平均时距项数 N 与季节变动或周期变动长度一致时,才能较好地消除时间序列的季节变动或周期波动。

移动平均时距项数 N 为奇数时,只需进行一次移动平均,将移动平均值作为时距项中间一期的趋势代表值;而当移动平均项数 N 为偶数时,移动平均值代表的是时距项中间位置的趋势水平,无法对标某一期趋势,此时需要再进行一次相邻两项平均值的移动平均,才能使平均值对准某一期趋势,第二次移动平均是移正平均,也称为中心化移动平均。移动平均的项数不宜过大。

移动平均法在应用时存在以下问题:

(1)增大移动平均法的平均项数(即增大 N 值)对平滑时间序列波动效果更好,但会使得预测值对实际变动更不敏感。

(2)移动平均值并不总能很好地反映出时间序列的趋势。滑动平均值也可认为是趋势预测值,总会停留在所选时间项的过去水平,无法预计将来更高或更低的波动。

(3)移动平均法计算过程中需要大量历史数据的支撑。

(4)移动平均法只能通过不断引入进近期的新数据,修改平均值来作为预测值。

3. 一次指数平滑法

指数平滑法是实际生产中常用的一种时间序列预测方法,也常用于预测中短期经济发展趋势。上述所有时间序列预测方法中,指数平滑法是应用最为广泛的一种。简单的全期平均法同等利用了时间序列历史数据中每一个数据;移动平均法没有考虑近期和远期数据对趋势预测的贡献差异,加权移动平均法给予近期数据更大权重,而指数平滑法则兼容了以上方法的优势,不舍弃过去的数据,仅给予其逐渐减弱的影响程度,即随着数据的远离,赋予其逐渐收敛为零的权数。

指数平滑法是基于移动平均法发展起来的,其通过计算指数平滑值,结合一定的预测模型对数据未来趋势进行预测。其中,任一期的指数平滑值都是本期实际值与前一期指数平滑值的加权算数平均值。具体计算公式如下:

$$S_t = \alpha y_t + (1-\alpha) S_{t-1}$$

式中,S_t——时间 t 的平滑值,常用来预测 $t+1$ 期的值;y_t——时间 t 的实际值;S_{t-1}——时间 $t-1$ 的平滑值;α——平滑常数/平滑指数,其取值范围为[0,1]。基本思想是,预测值是以前观测值的加权和,且对不同的数据给予不同的权,新数据给较大的权,旧数据给较小的权。

指数平滑预测是否理想,很大程度上取决于平滑系数。一般软件会提供两种确定指数平滑系数的方法:自动给定和人工确定。选择自动给定,系统将按照预测误差平方和最小原则自动确定系数。如果系数接近 1,说明该序列近似纯随机序列,这时最新的观测值就是最理想的预测值。出于预测的考虑,有时系统给定的系数不是很理想,用户需要自己指定平滑系数值。一般来说,如果序列变化比较平缓,平滑系数值应该比较小,比如小于 0.1;如果序列变化比较剧烈,平滑系数值可以取得大一些,如 0.3~0.5。若平滑系数值大于 0.5 才能跟上序列的变化,表明序列有很强的趋势,不能采用一次指数平滑进行预测。

一次指数平滑优点:

(1)非常便捷,只需要样本末期的平滑值,就可以计算得到预测结果。

(2)能够跟踪数据变化。这一特点所有指数都具有。预测过程中添加最新的样本数据后,新数据应取代老数据的地位,老数据会逐渐居于次要的地位,直至被淘汰。这样,预测值总是反映最新的数据结构。

一次指数平滑缺点:

(1)预测值无法反映时间序列中的趋势变动、季节波动等规律性变动。

(2)该方法比较适用于作时间序列短期预测,而不适用于中长期的预测。

(3)预测值实际上是历史数据的均值,因此会与实际序列的变动存在滞后现象。

5.2.4 包含长期线性趋势的时间序列预测方法

针对非平稳序列中仅包含不规则变动和长期线性趋势的时间序列,本书重点介绍两种方法——一元线性回归法和二次指数平滑法(如图 5-2 所示)。

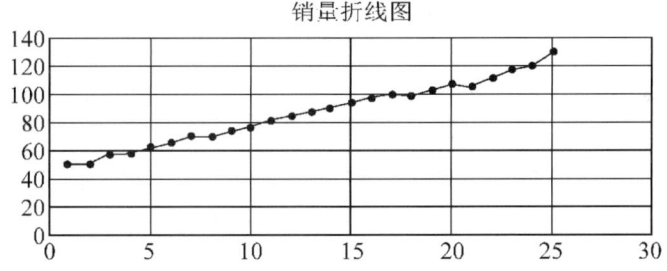

图 5-2 包含长期线性趋势和季节变动的时间序列图

1. 一元线性回归法

运用历史数据和历史期数得出预测方程 $Y=a+bt$。式中:因变量 Y 代表要预测的值,而自变量 t 代表时间。

2. 二次指数平滑法

在一次指数平滑的基础上得二次指数平滑的计算公式为:

$$S_t^{(2)}=\beta S_t^{(1)}+(1-\beta)S_{t-1}^{(2)}$$

式中:$S_t^{(2)}$——第 t 周期的二次指数平滑值;

$S_t^{(1)}$——第 t 周期的一次指数平滑值;

$S_{t-1}^{(2)}$——第 $t-1$ 周期的二次指数平滑值;

β——加权系数(也称为平滑系数)。

二次指数平滑是一直线方程,包含截距和斜率,自变量为 t。

二次指数平滑是对一次指数平滑的再平滑,它适用于具有线性趋势的时间序列。

二次指数平滑法包括:

(1)布朗单一参数线性指数平滑法

其基本原理与线性二次移动平均法相似,因为当趋势存在时,一次和二次平滑值都滞后于实际值,将一次和二次平滑值之差加在一次平滑值上,则可对趋势进行修正。

(2)Holt 双参数线性指数平滑法

有两个基本平滑公式和一个预测公式,两个平滑公式分别对时间序列的两种因素进行平滑,对应两个平滑指数 α 和 β。

平滑指数 α 控制水平项的指数型下降,β 控制斜率的指数型下降。同样,两个参数的有效范围都是[0,1],参数取值越大意味着越近的观测值的权重越大。

5.2.5 包含长期线性趋势和季节变动的时间序列预测方法

针对非平稳序列中包含长期线性趋势、季节变动和不规则波动的时间序列,具体示例如图 5-3。本书重点介绍两种方法——三次指数平滑和时间序列分解法。

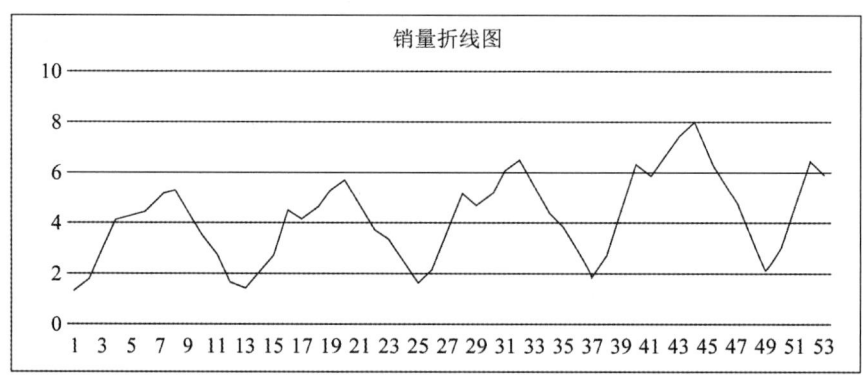

图 5-3 包含长期线性趋势和季节变动的时间序列图

1. 三次指数平滑法

若时间序列的变动呈现出二次曲线趋势,则需要采用三次指数平滑法进行预测。三次指数平滑是在二次指数平滑的基础上再进行一次平滑,又名 winter 指数平滑,其计算公式为:

$$S_t^{(3)} = \gamma S_t^{(2)} + (1-\gamma) S_{t-1}^{(3)}$$

式中:$S_t^{(3)}$——第 t 周期的三次指数平滑值;

$S_t^{(2)}$——第 t 周期的二次指数平滑值;

$S_{t-1}^{(3)}$——第 t−1 周期的三次指数平滑值;

γ——加权系数(也称为平滑指数)。

三次指数平滑算法可以对同时含有趋势和季节性的时间序列进行预测,有累加和累乘两种方法。

除 α 和 β 平滑指数外,γ 平滑指数控制季节项的指数下降,γ 参数的取值范围同样是 $[0,1]$,γ 值越大,意味着越近的观测值的季节效应权重越大。

到这里,一次、二次、三次指数平滑都介绍完了,总体来说,指数平滑的优点体现在以下几个方面:

(1) 对不同时间数据的非等权处理较符合实际情况。

(2) 实际中仅需选择一个模型参数 α 即可进行预测,简便易行。

(3) 具有适应性,也就是说预测模型能自动识别数据模式的变化而加以调整。此外,它计算简单、样本要求量较少、适应性较强、结果较稳定。

但是,指数平滑法也有如下缺点:

(1) 对数据的转折点缺乏鉴别能力,但这一点可通过调查预测法或专家预测法加以弥补。

(2) 长期预测的效果较差,故多用于短期预测。

2. 时间序列分解法

时间序列分解法试图从时间序列中区分出这四种潜在的因素,特别是长期趋势因素(T)、季节变动因素(S)和循环变动因素(C)。并非每一个预测对象中都存在着 T、S、C 这三种趋势,可能是其中的一种或两种。

计算步骤如下:

(1) 计算移动平均趋势值(季度数据采用 4 项移动平均,如图 5-4 所示,月份数据采用 12 项移动平均),并将其结果进行"中心化"处理,即将移动平均的结果再进行一次偶数项移动平均得出"中心化移动平均值"(CMA)。

偶数项移动平均:

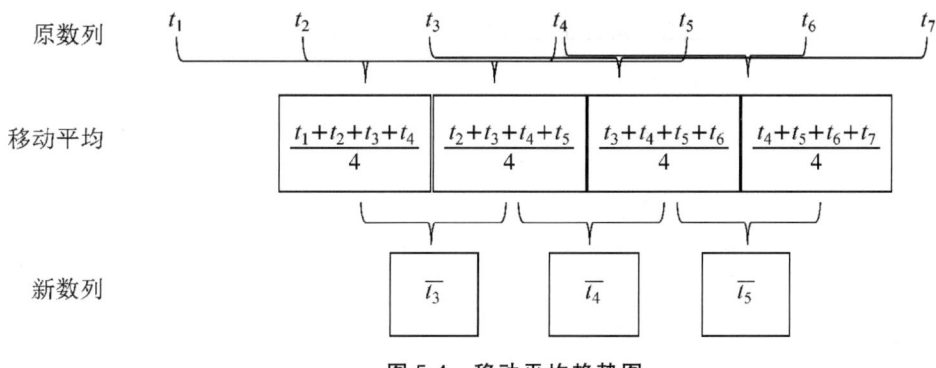

图 5-4 移动平均趋势图

(2) 计算季节指数:将各观察值 Y 除以相应的趋势值 CMA($Y/CMA = S \times I$)剔除长

期趋势影响,再计算各比值 Y/CMA 的同月(季)平均数消除不规则波动 I 影响,并将同月(季)平均数除以总平均数得季节指数 S。

(3)季节指数调整。各季节指数的平均数应等于 1 或 100%。若上一步计算的季节指数的平均值不等于 1,则需进行调整,方法是将每个季节指数除以它们的总平均值。

(4)得出预测值方程。根据求得的季节指数,用实际值/季节指数得到一个趋势序列,用趋势序列拟合一条回归线 $Y=a+bt$,代入预测方程,最终预测值 $Y=(a+bt)*$ 相应季度的季节指数。

【例 5.1】 表 5-2 是一家啤酒生产企业 2013～2018 年各季度啤酒销售量(万吨)数据。试计算各季度的季节指数。

表 5-2 企业 2013～2018 年各季度啤酒销售量(万吨)数据表

年份	季度			
	1	2	3	4
2013	25	32	37	26
2014	30	38	42	30
2015	29	39	50	35
2016	30	39	51	37
2017	29	42	55	38
2018	31	43	54	41

案例解析:根据上述流程,画出折线图,如图 5-5 所示,该时间序列包含不规则变动、季节波动与长期趋势,这里我们采用时间序列分解法进行预测。

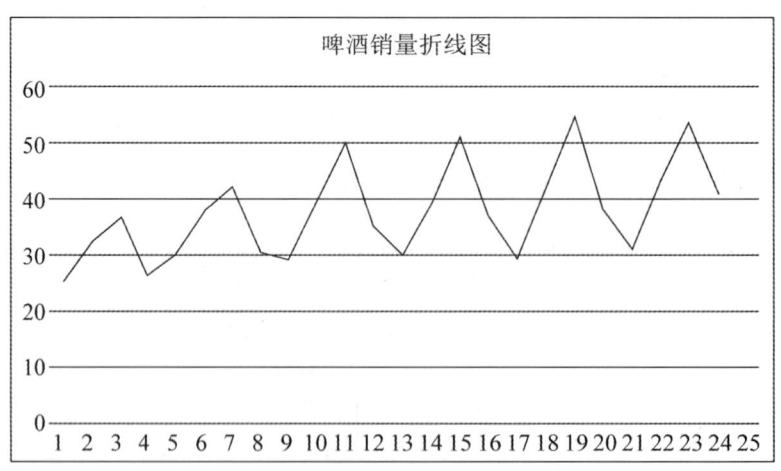

图 5-5 啤酒销量折线图

根据上述分析步骤,计算结果见表 5-3 和表 5-4。

表 5-3 中心化移动平均值计算表

年/季度	实践标号 t	销量 Y	中心化移动平均值 CMA	比值 Y/CMA
2013/1	1	25		
2	2	32		
3	3	37	30.625	1.208163265
4	4	26	32	0.8125
2014/1	5	30	33.375	0.898876404
2	6	38	34.5	1.101449275
3	7	42	34.875	1.204301075
4	8	30	34.875	0.860215054
2015/1	9	29	36	0.805555556
2	10	39	37.625	1.03654485
3	11	50	38.375	1.302931596
4	12	35	38.5	0.909090909
2016/1	13	30	38.625	0.776699029
2	14	39	39	1
3	15	51	39.125	1.303514377
4	16	37	39.375	0.93968254
2017/1	17	29	40.25	0.720496894
2	18	42	40.875	1.027522936
3	19	55	41.25	1.333333333
4	20	38	41.625	0.912912913
2018/1	21	31	41.625	0.744744745
2	22	43	41.875	1.026865672
3	23	54		
4	24	41		

表 5-4 季节指数计算表

年份	季度			
	1	2	3	4
2013			1.208163265	0.8125
2014	0.898876404	1.101449275	1.204301075	0.860215054
2015	0.805555556	1.03654485	1.302931596	0.909090909
2016	0.776699029	1	1.303514377	0.93968254
2017	0.720496894	1.027522936	1.333333333	0.912912913

续表

年份	季度			
	1	2	3	4
2018	0.744744745	1.026865672		
合计	3.946372628	5.192382733	6.352243647	4.434401415
平均	0.789274526	1.038476547	1.270448729	0.886880283
季节指数	0.792229525	1.042364544	1.275205218	0.890200713

根据上述求得的季节指数,总和为 4,所以不需要调整,用实际值/季节指数得到一个趋势序列,用趋势序列拟合一条回归线,结果为 $Y=30.6067+0.5592t$。

因此,预测值 $Y=(30.6067+0.5592t)×$相应季度的季节指数。

5.3 销售预测—回归法

5.3.1 回归法简介

回归法,也称因果回归,是通过研究两个或两个以上因素之间的统计相关关系对未来进行预测的方法。"回归"是由英国著名生物学家兼统计学家高尔顿(Francis Galton,1822—1911)在研究人类遗传问题时提出来的。

为了研究父代与子代身高的关系,高尔顿收集了1078对父子的身高数据。他发现这些数据的散点图大致呈直线状态,也就是说,总的趋势是父亲的身高增加时,儿子的身高也倾向于增加。

但是,高尔顿对试验数据进行了深入的分析,发现了一个很有趣的现象——回归效应。当父亲高于平均身高时,他的儿子身高比他更高的概率要小于比他更矮的概率;父亲矮于平均身高时,他的儿子身高比他更矮的概率要小于比他更高的概率。它反映了一个规律,即儿子的身高有向其父辈的平均身高回归的趋势。

对于这个一般结论的解释是:大自然具有一种约束力,使人类身高的分布相对稳定而不产生两极分化,这就是所谓的回归效应。

用回归法进行预测,首先要对各个自变量做出预测。为使回归方程较能符合实际,应尽可能定性判断自变量的可能种类和个数,并在观察事物发展规律的基础上定性判断回归方程的可能类型。其次,力求掌握较充分的高质量统计数据,再运用一套统计和检验程序,利用数学工具从定量方面计算或改进前两种定性判断。

回归法可分为线性回归和非线性回归,本书只考虑用线性回归进行预测。

5.3.2 线性回归法预测流程及案例解析

1. 预测流程

(1)确定影响因变量y的主要因素x;
(2)根据有关资料确定因变量y与自变量x之间的数量关系,建立预测模型;
(3)对回归方程进行各项检验,求得方程各回归系数的值;
(4)利用回归方程进行预测。

2. 案例解析

【例 5.2】 某企业生产一种汽车轮胎,假定其年销售量 y 受到以下因素影响:

A. 按长期合同向某汽车制造厂定量供应的轮胎数量 a;

B. 某地区装备该种轮胎正在使用中的汽车应予更新的轮胎数量 x_1;

C. x_1 取决于这类汽车上年实际行驶里程及载重量的吨公里指标 x_2 及该种轮胎的磨损更新经验指数 b_1;

D. 上述汽车制造厂增产汽车所需要的轮胎数量 x_3;

E. x_3 取决于汽车厂增产的产量 Q、该厂原有库存轮胎数量 x_4 与单车需用轮胎数量 b_2;

F. 企业在该地区的市场占有率 b_3。

经过分析,建立的因果预测模型为

$$y = a + (x_1 + x_3) \times b_3 = a + [b_1 \times x_2 + (Q \times b_2 - x_4)] \times b_3$$

假定该企业预测下一年销售量 y 的影响因素指标如下:$a = 80000$ 只,$Q = 3000$ 辆

$b_1 = 2 \times 10^{-5}$ 只/吨公里,$x_2 = 2 \times 10^9$ 吨公里

$b_2 = 4$ 只/辆,$x_4 = 8000$ 只,$b_3 = 75\%$

则预测下一年轮胎销售量 y 为:

$$\begin{aligned} y &= a + (x_1 + x_3) \times b_3 = a + [b_1 \times x_2 + (Q \times b_2 - x_4)] \times b_3 \\ &= 80000 + [2 \times 10^{-5} \times 2 \times 10^9 + (3000 \times 4 - 8000)] \times 75\% \\ &= 113000(只) \end{aligned}$$

5.4 销售预测—线性规划法

5.4.1 市场调查应用案例

【例 5.3】 公司开展市场调查以了解消费者个性特点、态度及偏好。市场调查公司（MSI）专门评定消费者对新产品、服务和广告活动的反应。一个客户公司要求 MSI 帮助确定消费者对一种近期推出的家居产品的反应。在与客户会面过程中，MSI 同意开展个人入户调查，调查有儿童的家庭和没儿童的家庭的反应。同时 MSI 还愿意开展日间和夜间调查。值得注意的是，客户的合同要求 MSI 依照以下的限制条款进行 1000 次访问：

至少访问 400 个有儿童的家庭；

至少访问 400 个无儿童的家庭；

夜间访问的家庭数量不得少于日间访问的数量；

至少 40% 的有儿童家庭必须在夜间访问；

至少 60% 的无儿童家庭必须在夜间访问。

因为访问有儿童家庭需要额外的时间，所以夜间访问员的报酬要比日间访问员高，调查成本因访问类型的不同而不同。预计的访问费用见表 5-5（单位：美元），以最小的总访问成本来满足合同要求的家庭——时间的访问计划是什么样的呢？

表 5-5 访问费用表

家庭类型	访问费用（单位：美元）	
	日间	夜间
有儿童	20	25
无儿童	18	20

(1) 问题分析

设定如下的决策变量：

DC——日间访问有儿童家庭数量；

EC——夜间访问有儿童家庭数量；

DNC——日间访问无儿童家庭数量；

ENC——夜间访问无儿童家庭数量。

依照每次访问成本建立线性规划模型,目标函数如 $\text{Min}\{20DC+25EC+18DNC+20ENC\}$

约束条件要求总访问量达到1000,即:$DC+EC+DNC+ENC=1000$。

5个有关访问类型的特别约束如下:

有儿童家庭:$DC+EC\geqslant 400$

无儿童家庭:$DNC+ENC\geqslant 400$

夜间访问的家庭数量不得少于日间访问的数量:

$EC+ENC\geqslant DC+DNC$ 即 $-DC+EC-DNC+ENC\geqslant 0$

至少40%的有儿童家庭必须在夜间访问:

$EC\geqslant 0.4(DC+EC)$ 或 $-0.4DC+0.6EC\geqslant 0$

至少60%的无儿童家庭必须在夜间访问:

$ENC\geqslant 0.6(DNC+ENC)$ 或 $-0.6DNC+0.4ENC\geqslant 0$

(2)建立模型

将这些非负条件添加到模型后,这个有4个变量和6个约束条件的线性规划模型变为:$\text{Min}\{20DC+25EC+18DNC+20ENC\}$

S.t.

$DC+EC+DNC+ENC=1000$	访问总次数
$DC+EC\geqslant 400$	有儿童家庭
$DNC+ENC\geqslant 400$	无儿童家庭
$-DC+EC-DNC+ENC\geqslant 0$	夜间访问
$-0.4DC+0.6EC\geqslant 0$	夜间访问有儿童家庭
$-0.6DNC+0.4ENC\geqslant 0$	夜间访问无儿童家庭
$DC,EC,DNC,ENC\geqslant 0$	

(3)规划求解

求解结果见表5-6。

表5-6 结果汇总表

目标函数值	20320.000
DC——日间访问有儿童家庭数量	240.000
EC——夜间访问有儿童家庭数量	160.000
DNC——日间访问无儿童家庭数量	240.000
ENC——夜间访问无儿童家庭数量	360.000

5.4.2 媒体选择应用案例

【例 5.4】 REL 发展公司正在私人湖边开发一个环湖社区,湖边地带和住宅的主要市场是距离开发区 160 公里内的所有中上等收入家庭。REL 公司已经聘请 BP&J 广告公司进行宣传活动。

考虑到可能的广告媒体和要覆盖的市场,BP&J 建议将第一个月的广告限投在 5 种媒体上。在第一个月末,BP&J 将根据该月的结果再次评估它的广告策略。BP&J 已经收集了关于潜在受众的数量、广告单价、各种媒体一定时期内可用的最大次数以及评定 5 种媒体各自宣传质量的数据。质量评定时通过宣传质量单位来衡量,所谓宣传质量单位是一种用于衡量在各个媒体一次广告相对价值的标准,它建立的依据是 BP&J 在广告行业中的经验,考虑了众多因素,如观众人口统计数据(年龄、收入和受教育程度)、呈现的形象和广告的质量。表 5-7 列出了所收集的信息。

表 5-7 信息汇总表

广告媒体	潜在受众人数	广告单价	每月最多可用次数	宣传质量单位
日间电视(1 分钟,WKLA 台)	1000	1500	15	65
晚间电视(30 秒,WKLA 台)	2000	3000	10	90
日报(整报,早报)	1500	400	25	40
周日报纸杂志(1/2 版,彩色,周日出版)	2500	1000	4	60
电台早 8 点或晚 5 点新闻(30 秒,KNOP 台)	300	100	30	20

REL 发展公司提供给 BP&L 第一个月的广告预算是 30000 美元。并且,REL 发展公司对如何分配这些资金有如下限制:至少用 10 次电视广告,覆盖的观众人数至少达到 5 万人,并且电视广告费用不超过 18000 美元。应该选择哪些广告媒体呢?

(1)问题分析

要做出的决策是每种媒体的使用次数是多少。我们首先定义如下决策变量:

DTV——日间电视使用次数;

ETV——晚间电视使用次数;

DN——日报使用次数;

SN——周日报纸使用次数;

R——电台使用次数。

从表可看出,一次日间电视广告(DTV)的宣传质量单位是 65,与 DTV 合作的广告设计将提供 $65DTV$ 的宣传质量单位,晚间电视宣传质量单位是 90,日报宣传质量单位是40，周日报纸宣传质量单位是60，电台的宣传质量单位是20。

(2) 建立模型

如果建模目标是使得所选择的广告媒体总宣传质量最大，那么目标函数是：

$$\text{Max}\{65DTV+90ETV+40DN+60SN+20R\}$$

$S.t.$

$DTV\leqslant15 \quad ETV\leqslant10 \quad DN\leqslant25 \quad SN\leqslant4 \quad R\leqslant30$	最大次数约束
$1500DTV+3000ETV+400DN+1000SN+100R\leqslant30000$	预算约束
$DTV+ETV\geqslant10$	电视约束
$1500DTV+3000ETV\leqslant18000$	电视约束
$1000DTV+2000ETV+1500DN+2500SN+300R\geqslant50000$	受众约束
$DTV,ETV,DN,SN,R\geqslant0$	

(3) 规划求解

对这由5个变量和5个约束条件的线性模型求解见表5-8。

表5-8 结果汇总表

目标函数值	2370.000
DTV——日间电视使用次数	10.000
ETV——晚间电视使用次数	0.000
DN——日报使用次数	25.000
SN——周日报纸使用次数	2.000
R——电台使用次数	30.000

该模型的不足之处：即使宣传质量的评定没错，也不能保证总宣传质量的最大化会使利润或销售最大化。然而，这并不是线性规划模型本身的缺陷，而是以宣传质量为标准的缺陷。如果不能直接计量广告对利润的影响，所以无法能以最大利润化为目标。

第二部分
投资分析

第6章
投资概述

6.1 投资

6.1.1 投资项目

1. 投资的概念与特征

(1) 投资的概念

投资是指特定经济主体为在未来可预见的时期内获得预期收益,而将一定的资金或资源(包括有形资本和无形资本)进行投入的经济行为。它经常在两种场合使用:一是微观经济学中的投资,它与"资本形成"相联系,具体指实际投资(Real Investment);二是金融经济学中的投资,它与"资产运用"相联系,具体指证券投资(Securities Investment)。从企业投资学的角度来说,我们可将企业投资看成是企业为获取预期收益而对特定项目或对象投放资金或资源的经济行为。它是包括了实际投资和证券投资在内的广义的投资概念。

(2) 投资的基本特性

1) 投资活动过程具有复杂性。

投资活动过程的复杂性,是指投资的各组成部分在其相互联系又相互独立的活动过程中,所呈现出的活动形式的多样性。对于实际投资来说,活动过程的复杂性体现为这个过程中将有大量的有关投资的决策和操作以及意外机会和风险发生,引起投资形态和最终结果的变动。因此,投资一般不会原封不动按预定计划运作,而是一个不断反馈和调整的复杂动态过程。至于由证券投资而引发的证券交易,则是非常直观的买卖活动,其活动表现为与真实实物资本既相联系又相脱离的虚拟资本的特有活动形式。这就说明,不同类型的投资活动形式各具差别,而投资在总体活动上表现为复杂性和多样性。

2) 投资结果的预期性。

投资主体为了满足自身的需要,在支出现实资金之初就已设计好了。现实支出的资金要能及时返回,并要获得增加的收益。即投资是为了获得预期的收益而做出的对于现在牺牲的经济行为。投资的这一"预期性",使其本身与"财务支出"相区别,只有追求"返回"的财务支出才是投资。如果仅将投资定义为资金的投放是不恰当的。如企业的捐赠是一种资金支出,但不能将其说成是投资。将投资仅定义为资金投放的这种"投资支出"论,在实践上往往导致投资主体只重视投资垫付货币量的大小,而忽视支出资金的及早返回。

3）投资的多层次性。

投资作为一种经济行为，由于其投资主体的层次不同，其投资的性质和形式都有很大区别，可以分为宏观上的国民经济投资、中观上的产业或区域发展投资、微观上的企业投资、金融部门和自然人的投资。

4）投资在空间和产业上的流动性。

投资在地域空间和产业上的流动性，是指投资在地区之间、国家之间的流动和移动。同时，投资还会在产业之间转向和移位，即从此产业转到彼产业。

除了土地之外，投资所需的其他一切经济要素（不管是有形还是无形的资产要素）都是可以流动的。而土地的使用权则可以"观念的流通"（即土地使用权的有偿转让），这就给投资在各地区之间和国家之间的流动提供了前提条件和客观基础。

同时，由于经济发展不平衡，有些国家或地区存在着资本过剩的情况。这些地区和国家由于资本收益率递减，过剩资本如果不向外地转移，原有的收益率也会保持不住。投资者为了寻找出路，投资必然会向收益率高的地域转移。

总之，不同行业之间收益率高低的差异性，通过市场"看不见的手"的无形作用或国家政府的调控干预，会促使投资者进行投资的行业转移。随着科学技术进步和生产力水平的提高，生产广度和深度的扩大及社会生产分工的细分不断产生出新兴行业和市场，这些新兴行业和市场的高风险和高回报，也造成了投资的转移。

5）投资的风险性。

投资的风险性，是指投资中存在的使收益落空甚至可能丧失本金的危险。

投资决策及对投资项目的预期收益，是人们对客观世界主观判断的反映，而投资实施与经营却存在于客观的现实世界之中。投资决策在前，而投资实施与经营在后，二者之间本来就不可能完全一致。投资活动的自身就已经包含着矛盾，潜伏着投资的风险。

2. 投资的分类

根据不同的标准，投资可以有许多种划分方法。下面介绍几种常见的分类方法。

(1)按投资性质不同可分为：权益性投资、债权性投资和混合投资。

1）权益性投资。权益性投资是指为获取另一企业的权益或净资产所作的投资。这种投资的目的是为了获得另一企业的控制权，或实施对另一企业的重大影响而进行的。如对另一个企业的普通股股票的投资，就属于权益性投资。进行权益性投资，应注意受资企业未来的获利能力。

2）债权性投资。债权性投资是指为取得债权所作的投资。这种投资的目的不是获得另一企业的剩余资产，而是为了获取高于银行存款利率的利息，并保证按期收回本金。如购买公司债券就属于债权性投资。投资企业所取得的债权有固定的期限，到期可收回本金;有事先约定的利率,可定期收取利息;债券到期之前,可以转让或贴现,换取投资企业所需要的资金。债权性投资风险小,同时收益也很低。进行债权性投资,应注意受资企业的偿债能力和支付能力,避免投资损失。

3)混合性投资。混合性投资指同时具有债权性和权益性双重性质的投资。这种投资兼有债权性投资和权益性投资的特点,也便于投资者转换投资性质。混合性投资主要是企业通过购买优先股股票或者购买可转换公司债券进行的。优先股股票具有约定的股利率,股利的支付及破产的清偿均优先于普通股股票,类似于债权性投资;而优先股股票无到期日,投资人不能定期收回本金,又类似于权益性投资。如可转换的公司债券,在转换之前是债权性投资,转换之后是权益性投资,同时具有双重性质。

(2)按照投资时间长短不同,可分为短期投资和长期投资。

1)短期投资。短期投资是指能够随时变现并且持有时间不准备超过一年的投资。这种投资在很大程度上是为了暂时存放剩余资金,并通过这种投资取得高于银行存款利率的利息收入或价差收入,待需要使用现金时即可兑换成现金,如购买的可上市交易的股票和债券。

2)长期投资。长期投资是指短期投资以外的投资,包括长期债券投资、长期股票投资和长期其他股权投资。长期投资不仅在于谋取投资收益,而且可以借助投资的长期持有,对受资企业实行控制或兼并,或者对受资企业的经营决策、财务决策施加重大影响,从而达到投资企业经营目的。

(3)按照投资的对象不同,可分为金融投资与实业投资。

金融投资专指为获取经济收益而投放资本购买股票、债券及衍生金融工具的间接投资行为。按照金融工具的层次性,金融投资可以具体分为:包括股票、债券投资的基本金融工具投资;包括金融远期合约投资、金融期货合约投资、金融期权合约投资和金融互换合约投资的衍生金融工具投资。

实业投资是指包括购置和建造固定资产、购买和储备流动资产的直接投资。如开工厂、办商店、开发房地产以及原有企业的扩建、技术改造和新产品开发等。投资者通过这些投资活动,把现金和可以变为现金(变现)的资产与物资变成具有生产性的暂时不能变现的资产,经过生产经营活动,再产生现金和可以变现的资金,从而获得更多的增值。金融投资与实业投资的差异表现如图6-1所示。

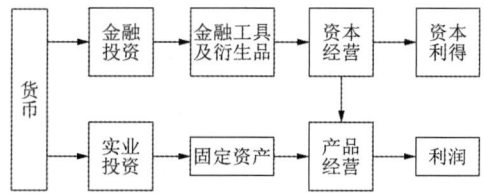

图6-1 金融投资与实业投资的比较

1)投资对象。

实业投资的是实业商品,而金融投资的是货币商品,两者性质不同且存在本质的区别。实业商品只能在商品市场进行交易,并且最终退出市场用于消费,而货币商品只能在金融市场交易,不能用于消费。货币商品本身不具有内在价值,其价值是由它所代表的价值量决定的;而实业商品则具有内在价值,其价值等于经营过程中的转移价值和新创造的价值之和。

2)投资者参与方式。

金融投资是投资者通过购买各种金融债券,拥有股权、债权、期权等形式,间接地参与实业和无形资产形成的过程。投资者一般对被投资企业没有经营权,但可以随时转卖变现或通过投资组合分散风险。金融投资者不直接参与经营活动,投资者与经营活动相分离。

实业投资使实业和无形资产存量增加,是最终产出社会产品或服务,形成社会经济发展的物质基础。投资者一般直接参与资本形成的过程,并在一定程度上对被投资对象拥有经营控制权。

3)投资运作过程。

金融投资将资本投入金融市场时,通过购入流动性很强的股票、债券、外汇等货币商品投到他人的经营活动中,并根据市场行情随时买进或卖出,投资本身不通过"资本—实业资本"循环产生"增加值",只涉及资本经营。

实业投资因为投资的领域不同而存在一定差异。投资流通领域,一般要经过投资购置机器设备与建设房屋、采购并销售等过程,最后收回投资并实现资本增值。投资到制造领域,一般要经过投资、建设、生产、经营过程,最后收回投资并实现资本增值。另外,实业投资还可通过收购、兼并和出售整个企业,实现资本增值。

实业投资的去向既可以是投资人自身,也可以是他人的经营活动,不过都需要通过"资本—实业—资本"循环,使投入的资本经过产品或服务的转换产生"增加值",既有生产经营还有资本经营。

4)投资收益。

无论是金融投资还是实业投资,其目的都是收回投资额和实现资本增值,获得相应的收益。金融投资因投资企业的经营活动而获得投资利润,还可通过在资本市场的投资获得资本利得,即金融工具的买卖价差;实业投资因限于经营活动一般只能获得投资利润。

5)投资风险。

金融投资主要面向金融市场,而影响金融市场的因素不仅数目多,而且变动频繁,金融市场风险较商品市场风险要大得多;实业投资只遇到所生产的产品或提供的劳务在市场上不能实现的风险。

金融投资与实业投资因为投资的商品存在差异而出现了以上诸多的差异,但是在本质上它们都是资本,进行的都是资本经营,只是表现形式不同而已。投资者可以只投资实业商品,而不投资货币商品,也可以只投资货币商品,而不投资实业,或者既投资实业又投资货币商品。无论作出何种安排,都可借助于货币资金,实现实业商品与货币商品的相互转化。例如,企业售出货币商品取得货币资金,然后用货币资金购买实业商品,这样,货币商品就转化为实业商品;反之,实业商品又转化为货币商品。

(4)按投资形式不同,可分为货币投资、实物投资和无形资产投资。

1)货币投资。货币投资指企业用现金等货币资金取得的投资。企业用货币资金直接投资,应按实际投出的金额作为投资入账价值;如果用货币资金购买债券、股票等有价证券,则应以投资成本作为投资入账价值。投资成本指获得一项投资所支付的全部价款或提供劳务、放弃相关资产的评估价值。

2)实物投资。实物投资指企业用材料、固定资产等实物资产进行的投资。这类投资应按投出资产的评估价值作为投资成本计价入账。

3)无形资产投资。无形资产投资指用企业所拥有的无形资产所有权或使用权进行的投资。这类投资应按投出无形资产的评估价值作为投资成本计价入账。

6.1.2 投资决策与管理

什么是决策?诺贝尔奖得主赫伯特·西蒙曾对管理下过这样的定义:管理就是决策。

简单地说,决策就是选定行动的策略。

1. 投资决策程序

投资决策是指决策单位或决策者按照客观的程序,根据投资方向、投资额度的战略构想,充分考虑政府有关的方针政策,在广泛采集信息资料的基础上,对拟建项目进行技术经济分析和多种角度的综合分析评价,决定项目是否建设,在什么地方建设,选择并确定项目建设的较优方案的过程。一般来讲,投资项目决策通常包括投资项目的提出、可行方案的拟定、方案的分析和比较、方案选择和决策执行等几个基本环节。

投资决策与评价分多个阶段,各个阶段的主体不同,层次和角度也不同。具体来讲,投资决策程序包括以下几个阶段。

(1) 投资项目的提出

任何项目的提出,都是从发现机会、提出想法着手的。根据投资者的战略目标及总体规划,我们可以通过行业杂志、网络、其他公开信息等渠道寻求投资目标,并根据投资项目的自身条件、资源状况、市场环境等因素确定总体投资方向与目标。

(2) 投资方案的制定

在决定投资方向之后,就要着手制定具体的投资方案。对投资方案的制定包括对各方案的市场研究及技术经济分析。

市场研究是进行投资项目决策的前提条件。市场研究是通过对投资项目现在市场需求状况进行调查,研究项目市场份额及所在行业的未来发展趋势,从而对项目的需求量进行预测和估算,确定拟建项目的规模,提出市场营销战略与策略。同时还要对项目方案和发展方向进行技术经济论证,以确定项目是否具备可行性。

(3) 评价投资方案

投资方案的评价是指对投资风险与投资收益进行的评价与分析。投资的实质是为了获取预期的收益,投资收益有三种:微观经济效益、国民经济效益和社会效益。一个投资项目可能兼有三种效益,也可能只有一种效益;可能所有效益都为正,也可能一种效益为正、一种效益为负。进行哪一层面的效益分析并以此作为项目评价的基本依据,取决于投资项目的出发点及战略目标。同时,投资本身所具有的不确定性使得投资项目在考虑收益的同时,必须兼顾风险。通过风险分析衡量投资者对风险的承受能力并将收益与风险综合起来考虑,对投资方案进行评价。

(4) 投资项目的比较和选择

狭义的投资决策就是指决定投资项目这个环节。受投资项目技术经济条件不确定性影响及资源总量的限制,对投资项目的研究可能包括多个项目或多种方案。投资者需针对各种可行的投资方案或项目进行分析预测、权衡利弊得失,以选择最佳投资方案或进行项目组合,使得投资决策最优化。

(5) 投资决策的执行和调整

投资方案确定之后,还必须要根据环境和需要的不断变化,对原先的决策进行适时的调整,从而使投资决策更科学合理。

Tip：有效的决策要素[①]

决策中的各项要素本身不会做决策，事实上，每一项决策都隐含着风险判断，有效的决策包括六个类型的要素：

1. 确定问题

问题属于一般性，还是特殊且独有的问题？除了真正特殊的事件之外，所有的事件都需要一般性的解决方法，就是说需要事先拟定的规则、政策或原则。一旦确定正确的原则，日后出现一般性问题时，经理人就可以参考以前的相同经验作出处理——换句话说，就是将原则应用于实际状况。不过，遇到真正的特殊事件，经理人一定要以个案处理，而无法就此制定出一套处理规则。

2. 定义问题

我们面对的问题内容为何？在界定问题的阶段，最危险之处不是对问题定义错误，而是提出似是而非，同时也不完整的定义。

3. 针对问题界定解决方案的范围

边界条件（boundary conditions）是什么？决策者必须对边界条件作清晰的思考，以便指出所有可能的决策中最危险的一个。

4. 决定正确的决策、而非可接受的决策，以符合边界条件

在把注意力集中在作出可接受的决策所需要的妥协、调整和让步之前，先确认哪一种决定能完全符合边界条件的要求？因为决策到最后一定要作某种妥协。不过，如果决策者不知道何者才能够满足边界条件，就无法分辨正确的妥协与错误的妥协——最后可能就会作出错误的妥协。

5. 将行动纳入决策之中，以便执行决策

要实现决策目标，必须采取哪些行动？哪些人必须知道这些行动？将决策化为行动，是决策制定过程中的第五大要素。确认边界条件是决策制定过程中最困难的步骤，而将决策化为有效的行动，通常是最耗时的步骤。

6. 针对事件的实际进展，不断检视决策的正确性和有效性

决策执行的情况如何？决策所依据的假设是适当的，还是已经过时？决策是人做的，而人难免会犯错；或者至少可以这么说：他们所作决策的适合性不可能维持很久，即使是公认的最佳决策，犯错的可能性也很高。有效的决策最终也可能失效。

[①] 摘自彼得·德鲁克文章

2. 投资管理

投资的动机是为获取收益,对投资的管理也紧紧围绕投资目的而展开。

对单个投资项目来说,投资管理围绕着投资项目在实施中是否为投资者带来预期收益而展开。对项目本身而言,则预示着项目在计算期内为投资者带来的收益流入总量剔除了各项流出量后的剩余流量。如果剩余流量大于零,表明该项目在预期为投资者实现了净收益,该项目对投资者是可行的。对投资项目的管理则表现在投资项目实施过程中,如何在客观情况发生变化时,对投资项目进行及时调整,纠正偏差,以达到投资目的。

对投资的管理可以进一步延伸至公司的领域。我们可以把公司看作是多个项目的组合体,对公司而言,即对于包括股权投资者、债权投资者及相关利益者在内的全部投资者而言,公司对投资者是否有意义在于公司在其预测期内,是否能够为全部投资者带来正的净收益。与投资项目类似,这个净收益总量指公司在预期内,通过项目运作所带来的全部收益流入量扣除流出量后的剩余价值,也就是公司为全部投资人所创造的财富。因而,如何实现公司价值最大化、为股东创造财富,成为公司管理的核心内容。

6.2 量化投资

6.2.1 量化投资定义

量化投资是利用计算机技术并采用一定的数据分析模型去实现投资理念、投资策略的过程。

投资分为两种：定性投资和量化投资。定性投资和量化投资的具体做法有些差异，定性投资更多地依靠经验和感觉判断市场的问题在哪里；量化投资则是用数据分析模型对市场、项目进行诊断，发现市场、项目存在的问题。在每一次投资运作之前，投资者会先用模型对整个市场、项目进行一次全面的检查和扫描，然后根据检查和扫描结果做出投资决策。

与传统定性的投资方法不同，量化投资不是靠个人感觉来管理资产，而是将适当的投资思想、投资经验，甚至包括直觉反映在量化模型中，利用电脑帮助人脑处理大量信息，帮助人脑总结归纳市场的规律，建立可以重复使用并反复优化的投资策略（经验），并指导我们的投资决策过程。

量化投资只是一种工具，是用数量化工具去实现投资者投资理念的交易方式。因此，量化投资的一个成功关键点是在量化方法背后需要有良好的投资理念来支持。

6.2.2 量化投资的特点

量化投资和传统的定性投资是不同的，传统定性投资较依赖对投资公司、项目的调研，并加以投资者的个人经验及主观判断，而量化投资则是将定性思想与定量规律进行量化应用的过程。

量化投资决策有五个方面的特点，主要包括纪律性、系统性、及时性、准确性、分散化等。

（1）纪律性：严格执行量化投资模型所给出的投资建议，而不是随着投资者情绪的变化而随意更改。纪律性的好处很多，可以克服人性的弱点及认知的偏差。纪律性的另一个好处是可以跟踪和修正。

量化投资作为一种定性思想的理性应用，客观地在组合中去体现这样的组合思想：一个好的投资方法应该是一个透明的盒子，而不是黑盒子。每一个决策都是有理有据的，都是有数据支持、模型支持及实证检验的。

(2) 系统性：量化投资的系统性特征主要包括多层次的量化模型、多角度的观察及海量数据的观察等。多层次模型主要包括资产类配置模型、行业选择模型、项目选择模型等。多角度观察主要包括对宏观环境、市场结构、项目收益等多个角度的分析。

量化投资的系统性还有一方面就是数据多，即海量数据的处理。人脑处理信息的能力是有限的，当遇到一个复杂的项目时，数据量很大，强大的量化投资的信息处理能力能反映它的优势，能捕捉更多的投资机会，拓展更大的投资市场。

(3) 及时性：及时快速地跟踪市场、项目变化，不断发现能够提供超额收益的新的统计模型，寻找新的投资机会。

(4) 准确性：准确客观评价投资机会，克服主观情绪偏差，妥善运用套利的思想。量化投资者要在多个选择中分析哪一个企业是优秀的企业，哪个项目是获得最大收益，能够更好地规避风险的。

(5) 分散化：在控制风险的条件下，充当准确实现分散化投资目标的工具。量化投资一方面可以不断地从历史中挖掘出同一项目的规律性，以便在未来相同的项目研究中加以利用；另一方面也可以依靠筛选出的项目组合来取胜，而不是依靠一个或几个项目取胜，运用投资组合理念来获得企业的最大利益。

6.2.3 量化投资数据分析的意义

首先，与传统的投资分析相比，量化投资数据分析使用计算机完成大量的数据整理和计算工作，不仅通过科学的方法建立数学模型、进行相关的仿真操作，保证了数据采集的科学性，而且解决了以往人工计算造成的不便，节省了大量的时间，提高了工作效率。

其次，与传统的投资分析相比，量化投资数据分析侧重于分析和研究数据来源的真实性和数据采集的科学性，此研究贯穿投资管理的各个环节。现如今，企业管理理念认为：投资的核心在于管理，管理的核心在于决策，决策的核心在于数据。而数据采集是进行数据分析的基础和前提，数据采集的准确性将会直接影响投资分析的科学性和价值性。在量化投资数据分析中，所有相关数据均要依照信息可获得性大小及项目历史数据，从定性与定量两个角度入手，通过数据采集与整理、建立模型、数据模拟及预测等步骤展开分析。

最后，与其他学科相比，量化投资数据分析要求专业人员具备综合素质能力，并掌握统计学、财务管理、数量经济学、法律和金融等相关知识内容。

第7章
实业量化投资

7.1 实业投资的技术选择方法

在复杂多变的竞争环境下,企业面临的决策问题更加复杂。为了获得竞争优势,必须做出及时、准确、可靠的决策,那么,如何迅速地对市场与技术的变化做出快速反应,如何获得产品设计的柔性以应对需求、原材料以及生产条件的变化,如何改善产品绩效及其与上下游的关系,提高客户对产品的感知质量与产品的美学价值,如何利用新的信息来提高生产绩效和企业的效益,这些问题都需要将战略与战术层次结合起来进行技术选择。

7.1.1 费用—效果法

工艺流程指投入物(原料或半成品)经有次序的生产加工成产出物(产品或加工品)的过程。在生产过程中规定的各种技术条件和数据,统称为技术参数。工艺流程和主要技术参数,在可行性研究阶段需要结合产品质量、生产成本、各种消耗等要求,选取最佳方案。在可行性研究阶段,需要列出若干主要车间的工艺流程。

在工艺技术方案确定之后,要根据工厂生产规模和工艺程序的要求,选择设备的型号和数量。设备的选择是与工艺技术的选择密切相关的,通常工艺技术的水平和类型决定相应的设备选择。设备选择的重点应遵循工艺技术和项目的设计生产能力的要求,选择所需要的高效能的机器和设备。

根据项目的生产能力和技术经济特点,确定项目生产营运所需的各类设备,并组成若干可行的备选方案,按照设备选择原则,对各备选方案进行分析比较,选择出项目的最优设备组合方案。其中关键的是对主要生产设备的规格、型号、生产能力、设备台数、运行费用、能耗与物耗指标及产出物(被加工的零部件或元器件)质量等主要条件进行综合技术经济分析论证。项目的主要生产设备选择,反映了项目的生产技术水平和经济合理程度,也是选择其他设备的基础。因此,必须进行认真的选择和论证。

由于工艺的效果、设备的效能通常不能用货币单位来计量,只能代之以实物单位来计量。在技术选择情况下,费用—效果分析(Cost-Effectiveness Analysis)是一种有效的工具。效益—费用比(Benefit-Cost-Ratio)指标(E)的计算公式为:

$$E = B/C$$

式中:B 表示项目产生的效果;C 表示项目实施的费用,可以是项目的初始投资,或者是全寿命周期费用,后者是指项目在整个寿命周期内的全部费用,包括一次性投资和运营期的经营费用,并通过折现而加以综合,选择最小费用作为最后的选择,即最小费用法。

最小费用法是在各备选方案功能效果相同的情况下,选择费用最小的工艺、设备方案。也就是说,当项目的效益或效果基本相同时,能达到所要求的某一目标的工艺(设备)方案有多种,比较它们的费用大小,从中选择费用最小的方案,这就是最小费用法。最小费用法可以进一步分为费用现值法(PC)和费用年值法(AC)。

1. 费用现值法

当效果相同或基本相同,又难以具体估算各技术方案的效果时,可采用费用现值(PC)比较法。各方案费用现值的表达式为:

$$PC_j = K_j + \sum_{t=1}^{n} \frac{C_j}{(1+i)^t}$$

式中:C_j——方案的年经营总额;K_j——方案的投资费用;i——基准折现率;n——计算期(年);t——时间。

在用费用现值法进行方案比较时,可采用相同部分(费用及其发生的时间均相同)不参与比较的原则,只计算各方案相对效果,不反映某方案的绝对经济效果;必须在相同的比较时间内对各方案进行比较,否则将会得出错误的结论。

2. 费用年值法

若两方案效果相同或基本相同,但又难于估算,如在项目运营的某一环节采用两种以上的不同方案都可以满足项目功能需要,对这几种方案的选优就属于这种情况,这时可采用费用年值法进行方案比较。费用年值(AC)较低的方案为较优方案。当项目的计算期不同时,一般采用费用年值法进行比选。各方案费用年值的表达式为:

$$AC = C_j + \frac{i(1+i)^n}{(1+i)^n - 1} K_j$$

式中:C_j——方案的年经营总额;K_j——方案的投资费用;i——基准折现率;n——计算期(年)。

7.1.2 边际分析法

从决策过程来看,技术选择实质是按照相关的评价准则,对于多个可行方案如新旧方案逐个比较予以选择的过程,既形成了方案动态决策的路径,更具有经济学之中增量替代的"边际"特征,因而,称之为"边际"分析,而且,这个"边际"过程又类似于探索一个组合优化问题解空间时所产生的分支,决策者利用边际分析的结果对所需绩效提出边界解决方案(定界),并通过分支、定界探索解空间的基础而获得最优解。

在寻求最优的技术选择结果,获得给定路径效果的最优决策时,需要对不同的决策路径之间进行比较权衡。考虑支持早期技术选择决策路径的发展,大部分的决策在本质上是增量的特点。例如,以 XYZ 技术为基础的系统通常有离散决策的功能(不论是小参数的变化或系统水平的变化)且因决策过程以一系列的方式发生,设计过程能够反映出这些变化,如果能找到一种能够对每个离散决策是否可行的效用评估的方法,则决策者就有希望从中找到最佳路径。图 7-1 说明了一个决策路径的概念。在图 7-1 中,所有的优先级和风险标准是从加权最大的准则开始排序。提出的方法为确定一个解决方案的初始实例,随着决策过程的进行,探索改变解决方案以提供最大的边际效益。

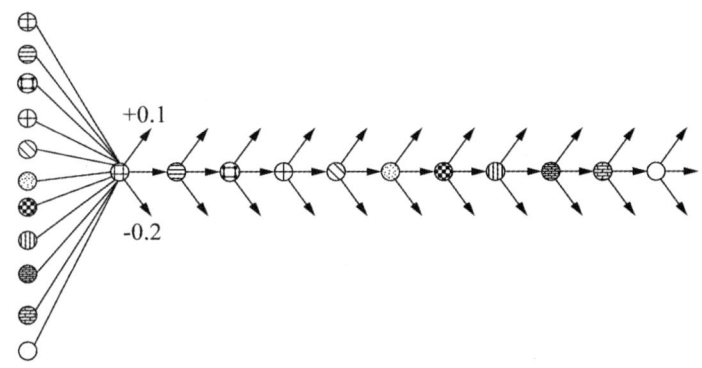

图 7-1　边际分析法的决策路径

技术选择的边际分析大致过程是:首先,决策者确定技术选择的初步甄选准则,再按照准则的优先度,决策者就各个方案在新的准则下的边际贡献进行分析,对可行的方案进行选择(定界)。在技术方案选择过程中,随着经验的增加,决策者可能会修改甄选准则,从而使最终的决策更具坚实的基础。同时,技术选择的结果,不仅是新的替代方案,还有优化的决策准则(分支)。这样,通过动态的分支定界,每个替代技术方案的绩效被参照优化的标准进行评估而逐渐淘汰,最终获得最优方案(获得最优解),如图 7-2 所示。

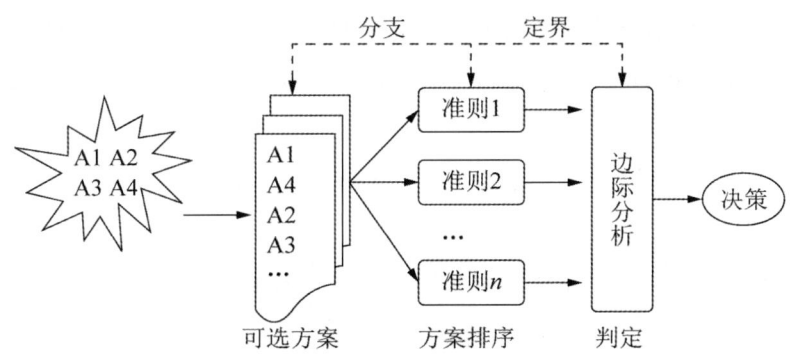

图 7-2　边际分析方法基本框架

更为重要的是,技术选择的动态过程形成决策路径,它对为何选定某个具体技术方面的原因进行推理,而使得每个决策背后的理由都能通过其加以捕获,并作为整体的理由来用于技术方案绩效的评估。

总之,边际分析方法的目标是开发一个决策路径,使之成为多维决策标准与风险调整参数共同结合的基础,从边际分析角度进行推理来解释为何选择技术的特定方面,并通过透明的决策路径序列将不透明的决策问题透明化,将方案选择过程可视化,以展现的数据提供有效的结构来发现和解决问题,清晰易懂、有迹可循,以帮助管理者对技术选择信息进行分析、组织、监测和交流,提高技术选择的有效性和效率。

7.1.3 成本法

1. 成本法的理论模型

成本定价法是以某专利技术项目的历史成本为基础,运用适当方法将其修正至评估基准日的现实成本,再综合考虑其机会成本和功能性损耗等因素,确定其评估值的方法。其公式如下:

$$P = C_r + C_t + C_O - D$$

式中:P——技术商品的价格;C_r——研究开发成本;C_t——交易成本;C_O——机会成本。

研究开发成本(C_r)是指研发过程中的直接成本,如材料能源费、人工费用、专用设备折旧费、信息资料费、外协费、咨询鉴定费、培训费、差旅费、其他费用,以及间接成本如管理费、折旧费、摊销费等。

从理论上讲,研究开发成本应按评估日的社会平均成本计算,但由于技术生产的一次性,可作为计算依据的只有对历史成本进行修正或重新估算,即"重置成本"。技术重置成本的估算,通常采用物价指数法等,即以该项技术的账面历史成本为基础,用价格变动指数进行调整估算重置成本的方法。价格指数变动常用国家公布的定基物价指数,即在物价指数数列中,各期指数都是以某一固定时期为基期计算的。采用物价指数法估算技术的重置成本的公式为:

$$C_R = C_r \times \alpha$$

式中:C_R——技术的重置成本;C_r——技术研究开发的账面历史成本;α——物价指数调整系数。

交易成本(C_t),是指发生在技术的交易过程中技术服务费、差旅费及管理费、有关的手续费、税金、广告、宣传费、其他费用等。

机会成本(C_O),是指由于技术转让而使供方失去在买方所在国或地区的全部或部分产品投资或销售机会而造成的可能的损失。机会成本较难估计,在技术价格评估中通常不考虑机会成本,只有在机会成本较明确、易计量时才计入。

2. 技术的损耗及计算

技术在置存期间因为科技进步和经济因素的变化导致其垄断程度减弱和使用寿命缩短,而产生技术的无形损耗,其值可采用公式予以计算:

$$D = C_R \times \frac{T_u}{T_t} = C_R \times \frac{T_u}{T_u + T_c}$$

式中:D——技术损耗贬值额;C_R——技术重置成本;T_u——技术研制成功至评估日的时间长度(年);T_t——技术寿命(年);T_c——技术剩余寿命(评估日至技术失效的时间长度)。

技术寿命可根据法定保护期限(对专利技术而言)、合同期限(对转让技术而言)、预测期限等加以确定。需要注意的是,技术寿命可能不等于法定保护期,由于技术进步的加速,新技术出现可能使专利技术提前失效,此时应按预测期限计算。

3. 成本法的实际估算

根据评估目的的不同,考虑成本范围也不一样,在实际的成本法评估之中通常考虑研究开发成本、交易成本以及机会成本中一部分或者全部。这里给出综合考虑研究开发成本与机会成本的实际估算方法。

$$技术资产的价值 = 重置全价 \times 成新率$$

重置全价以技术资产的账面历史成本为基础,将其按开发时的实际投入情况分解为材料、设备和人工成本投入,分别以相应的价格调整系数和机会成本调整系数对其进行调整而求出。

$$\begin{aligned}
重置全价 = \sum_{t=1}^{n} & (第\ t\ 年材料成本投入 \times 第\ t\ 年相应的价格调整系数 \\
& \times 第\ t\ 年材料成本投入 \times 第\ t\ 年相应的价格调整系数 \\
& \times 第\ t\ 年机会成本调整系数 + 第\ t\ 年设备成本投入 \\
& \times 第\ t\ 年设备价格调整系数 \times 第\ t\ 年机会成本调整系数 \\
& + 第\ t\ 年人工成本投入 \times 第\ t\ 年商品零售价格调整系数 \\
& \times 第\ t\ 年机会成本调整系数)
\end{aligned}$$

$$成新率 = \frac{\text{Min}(法定剩余保护年限,剩余经济年限)}{已转转让年 + \text{Min}(法定剩余保护年限,剩余经济年限)}$$

7.1.4 收益法

收益法的基本思路是:按技术所产生的经济收益来估算技术的价值。收益的确定是收益法应用的关键,可有多种操作性计算方法,每一种计算方法都可形成一种收益模型的具体方法。其中,最重要的是超额收益法和收益分成法两种。

1. 超额收益法

超额收益法以技术使用后获得的超额收益作为技术价格计算的基础,但因为技术的作用不同而存在差异。技术收益额实际上是由技术带来的超额收益,通过对比、分析未使用技术与使用技术的前后收益情况予以确定。

(1)收入增加

①运用技术的产品的销售价格高于同类产品的销售价格而获得的超额收益。

$$\Delta B = P_2 - P_1 Q(1-T)$$

式中:ΔB 为超额收益;P_1、P_2 分别为使用技术前、后产品的单价;Q 为产品销售量(此处假定销售量不变);T 为所得税税率。

②运用技术的产品在其销售价格与同类产品相同价格的情况下,销售数量能够大幅度增加,市场占有率扩大,从而获得超额收益。

$$\Delta B = Q_2 - Q_1 P(1-T)$$

式中:ΔB 为超额收益;Q_1、Q_2 分别为使用技术前、后产品的销售量;P 为产品价格(此处假定价格不变);C 为产品的单位成本;T 为所得税税率。

销售量增加不仅可以增加销售收入,还会引起成本的增加,所以,估算销售量增加形成收入增加,从而形成超额收益时,必须扣减由于销售量增加而增加的成本。

(2)节约成本

应用费用节约型技术,可以使生产产品中的成本费用降低,从而形成超额收益。可以用下列公式计算其为投资者带来的超额收益。

$$\Delta B = C_1 - C_2 Q(1-T)$$

式中:ΔB 为超额收益;C_1、C_2 分别为使用技术前、后产品的单位成本;Q 为产品销售量(此处假定销售量不变);T 为所得税税率。

技术的超额收益,有时可能是收入增加和成本节约共同形成的,应根据实际分析结果,对上述三种情况进行不同组合,合理预测技术的综合超额收益。

上述三种计算方式中都涉及产品销售量,如果预期中不是采用企业评估基准年份的实际销售量,就存在销售量预测问题。预测销售量时需考虑企业生产能力的配套,超出企业现有生产负荷能力,对扩大销售引起的投资增加因素,在计算超额收益时要做必要的扣除。

2. 收益分成法

收益分成法是对技术使用的收益按一定的分成比例来评估技术价值的方法。此法即根据专利技术项目在评估基准日后的剩余使用年限内尚可产生的收益情况,采用适当

的资本化率进行折现,确定评估值的方法。技术项目第 t 年产生的净收益为:

$$P = \sum_{t=1}^{n} \frac{B_t}{(1+r)^t} = \sum_{t=1}^{n} \frac{S_t \times \alpha_t}{(1+r)^t}$$

式中:B_t——第 t 年技术提成所获得的收益;S_t——第 t 年的销售收入;n——剩余使用年限;r——资本化率;α_t——第 t 年的收益提成率($0 < \alpha < 1$)。

(1)未来净收益的确定

一方面,在持续经营、资产持续使用、技术进步基本不变和政策稳定的前提下,借鉴年度的技术转让收益情况,考虑行业专家对其技术先进性、市场竞争程度、市场容量、技术转让情况的评价意见,对该项专利技术的未来剩余经济使用年限中可获得的转让净收益进行合理预测。另外,通过对应用该技术生产的产品未来市场需求量的调查,根据该技术的先进性、转让情况和市场占有情况,在未来继续保持现有市场占有率不变的假设条件下,对未来由于转让技术而形成的可提成销售收入进行谨慎、稳健的预测。同时,根据行业调查和分析测算,确定销售收入分成率,考虑所得税,测算净收益。

(2)资本化率的确定

资本化率的确定是无风险利率与风险报酬率之和。

(3)提成率的确定方法

提成率的确定方法主要有两类:一类是根据技术转让的经验数确定,如 OECD 分成率以技术采用后的利润为分成基数,在上限为 7%、下限为 16% 之间按实际情况确定;另一类是按照一定的方法进行分析计算,如约当投资分成率,即按技术开发的折合约当投资与技术需方实施技术投产的约当投资的比例来确定。

提成率=技术开发约当投资量/(技术实施约当投资量+技术开发约当投资量)

技术开发约当投资量=技术重置成本×(1+适用成本利润率)

技术实施约当投资量=购买方投入的总资产的重置净价×(1+适用成本利润率)

(4)剩余使用年限的确定

取法定剩余保护年限与剩余经济年限二者之间的最小值。

7.1.5 期权法

成本法、收益法、市场法以及收益之中的净现值法应用最为广泛。现金流量折现法是以效用价值理论为基础的,其不考虑技术产品的开发成本,而是关注技术产品在使用过程中带来的未来收益能力。通过对技术的未来收益进行预测来给技术定价,这种方法容易被技术买卖双方所接受,且具有可操作性,因此是技术定价的常用方法。然而,越来越多的学者开始质疑传统的方法,市场收益法在新技术价值评估中的应用仍存在一定的局限性和缺陷。

①在实现技术价值的过程中,不同阶段的技术和非技术因素都会对技术价值的形成产生影响。拥有一项技术为其开发和商业化提供了多种战略选择,包括分阶段投资、直接商业化、出售或中途授权以及放弃该技术等。这些选择和可用的策略是有价值的,但传统的方法忽略了实施过程中的无形利益和实施后产生的外部利益。

②收益法分析了在实施过程中的未来收益,但在评估技术价值时,所有的风险信息都反映在单一的折现率中。由于技术产生的现金流是多阶段的,特别是新技术,因此在技术生命周期的整个过程中存在着很大的不确定性和风险,用折现率来代表未来所有的风险变化,有学者则采用提高折现率的方法来规避风险。

金融期权的价值 V,常用的 Black-Scholes 模型是:

$$V = S \times e^{-\delta t} \times N(d_1) - E \times e^{-rt} \times N(d_2)$$

其中,$d_1 = \dfrac{\ln\left(\dfrac{S}{E}\right) + \left(r - \delta + \dfrac{\sigma^2}{2}\right)t}{\sigma\sqrt{t}}$

$$d_2 = d_1 - \sigma\sqrt{t}$$

式中:S——标的资产的当前值;E——标的资产的行权价值;r——无风险利率;σ——衡量股票实际价格波动性参数;t——期权有效时间;δ——期权期间所发放的红利;$N(d)$——标准正态分布的累积分布函数。

确定了这 6 个参数,就可以用 B-S 公式评估股票期权的价值。评估实物期权的价值与评估股票期权类似,同样可以利用上述 B-S 公式。以研发投资为例,对应的 6 个参数见表 7-1。

表 7-1 实物期权评估所需确定的参数

标前资产	实物期权(技术资产)	金融期权
	技术资产	股票、期货等金融商品
S	技术商业化后能够带来的收益现值	股票的实际价格
E	未来新产品商业化过程中全部投资成本的现值	期权中约定的未来某一期间购买股票所支付的价格
σ	衡量未来收益不确定性的参数,即技术商业化后现金收入增长率的标准差	衡量股票实际价格变动的参数
t	新技术机会存在的时间长度	期权契约中规定的有效期
δ	新技术商业化机会存续期间可能损失的未来收益	标的资产获得的红利
r	时间长度为 t 的无风险投资的收益率	时间长度为 t 的无风险投资的收益率

7.2 实业投资数据编制与估算

7.2.1 实业投资项目周期与计算期

一个投资项目的展开,要经过若干阶段,这些阶段按逻辑顺序排列,互相作用、互相影响。从项目起始至结束的完整循环过程称为项目周期。

投资项目周期包括立项、评估、设计、开工、施工、竣工、运作七个阶段。进行投资决策时,一般从四个阶段考虑项目周期:第一阶段是项目启动,主要工作是识别需求;第二阶段是项目计划,主要提出解决方案和工作安排;第三阶段是项目执行与控制,主要是按照计划展开工作,并在变化或不确定的环境中控制协调各种活动,以保证计划目标的实现;第四阶段是项目收尾,主要是项目验收、移交、总结等结束性的工作。

项目计算期是指经济效益评价中为进行动态分析所设定的期限,包括建设期和运营期。建设期是指从项目资金正式投入开始至项目建成投产为止所需要的时间,应参照项目建设的合理工期或项目建设的进度计划合理确定。运营期分为投产期和达产期两个阶段:投产期是指项目投入生产,但生产能力尚未完全达到设计能力时的过渡阶段;达产期是指生产运营达到设计的预期水平后的时间阶段。运营期一般应根据项目主要设备的经济寿命期来确定。项目计算期应根据多种因素综合确定,包括行业特点、主要装置(或设备)的经济寿命等。行业有规定时,应遵从其规定。

在项目经济效益评价中,项目计算期不宜定得过长。原因在于:第一,基于所有的数据都建立在数据估算的基础上,时间越长,预测的数据越不准确;第二,项目经济效益评价中,对现金流量进行估算后,要按照一定的折现率折现,因此,项目后期产生的现金流量其折现为现值的数值相对较小,对经济效益评价指标产生的决定性影响也较小。

由于经济效益评价指标受到计算期长短的影响,对需要进行比较的项目或方案应选取相同的计算期。

7.2.2 关于资金时间价值基本理论

7.2.2.1 资金的时间价值的基本知识

1. 资金的增值现象

资金的时间价值也被称为货币的时间价值,这是西方经济学中的一个概念。按照西方经济学的理论,由于有通货膨胀、现时消费的偏好及投资风险等因素的存在,使得资金在和其他生产要素相结合,投入到项目的建设与运行中,经过一段时间后,资金会发生增值。举例来说,现在的100元和一年后的100元其经济价值是不相等的,或者说是其经济效用是不同的。2003年1月20日的100元,存入银行,假如利率为2%,到了2004年1月20日相当于102元,两者的价值差——2元就是一年当中产生出来的时间价值。

2. 资金具有时间价值的根本原因

资金具有时间价值的根本原因就在于投资,即资金的流通和资金的运作。资金本身并不能实现自行增值,就像把现金放在自家的保险柜里没有利息一样,资金只有进入到流通领域,通过投资和经营才能实现增值。作为一种必需的生产要素,资金投入生产过程的条件是要取得相应的报酬。经过一段时间的运用之后,资金投入时的价值加上它在运用过程中应得的报酬,其自身的价值得到了增加。

从资金的所有者的角度来看,资金的所有者把资金的使用权转让给使用者时,要求获得一定的报酬;从使用者的角度来看,投资的目的就是获得资本的增值;从消费者的角度来看,未来存在通货膨胀以及其他的风险,牺牲现在的消费总是要求获得补偿的。

3. 资金的时间价值的几种定义

(1)从量的角度——是指同等数量的资金在不同时点上价值量的差额。

(2)从财务管理资金运作的角度——是指货币经历一定时间的投资和再投资所增加的价值。

(3)从数学函数对应关系的角度——是指资金数额在特定利润率条件下,对时间指数的变化关系。

(4)从本质上来看——资金的时间价值是社会平均资金收益率。由于存在着竞争,市场经济各部门的利润率趋向于平均化。每个企业投资某项目,至少要求取得社会平均收益率,否则不如投资于另外的项目或行业,这个平均收益率就构成了资金时间价值的基础。因此资金的时间价值成为评价投资方案的基本标准。

4. 资金的时间价值的构成

资金的时间价值通常可以分为三个部分:

(1)时间价值:即纯粹的时间价值,随着时间的变化而发生的价值增值。

(2)风险价值:现在投入的资金,今后能否确保回收。

(3)通货膨胀:资金会由于通货膨胀而发生贬值。

本书提到的资金的时间价值将是指纯粹的时间价值。即"扣除了资金在运作过程中的风险报酬和通货膨胀后的那一部分平均收益"。

5. 资金的时间价值的表示方式

资金的时间价值可以有两种表示方式：一种是用绝对值表示——资金价值的绝对增加额，即资金的初始投入额与时间价值率的乘积，如利息。另一种是用相对值表示——利息与原始资金的百分比，即回报率、利润率、收益率或利息率等。

现实生活中通常以政府债券利率或银行的贴现率来表示纯粹的资金时间价值。比如，在美国是以 30 年期长期政府债券利率作为社会基准利率，而我国通常用一年期银行存款利率作为社会基准利率。

6. 影响资金的时间价值大小的几个因素

影响资金时间价值的因素是多方面的，主要包括以下几个方面：

(1) 资金投入量

资金的投入量就是通常讲的本金，本金投入越大，相同时间和计算方式下得到的收益就越大。比如说现在存入银行 1000 元钱，假如银行一年期存款利率为 5%，那么一年以后可以得到利息 50 元；如果现在存入银行 2000 元，那么一年以后可以得到利息 100 元。

(2) 资金的投入（或支取）方式

按资金投入额和间隔期，资金的投入（或支取）方式可以分为五种：一次性全额投入、等额分期有序投入、不等额分期有序投入、等额分期无序投入、不等额分期无序投入。还是这 1000 元，现在全部存入银行，按每年 5% 的复利计算，两年以后可以得到利息 102.5 元；也可以现在存入银行 500 元，一年以后再存入银行 500 元，这样两年以后得到利息 76.25 元；当然，现在存入 300 元，一年以后存入 700 元也是一种投入方式，两年以后得到利息 65.75 元，这与前两种投入方式得到的利息数额都不同。可见，不同的投入方式，会获得不同的利息收入，资金的时间价值受到资金投入方式的影响。

(3) 利率

利率即利息率，是指借贷期间所形成的利息额与本金的比率。利率是重要的经济杠杆，市场经济无法离开利率的调节作用。现实生活中的利率都是以某种具体形式存在的，如 6 个月的贷款利率，1 年期的定期存款利率等。在我国，所公布的利率种类有几百种之多。利率对资金时间价值的影响是显而易见的，1000 元按照 3% 的年利率存入银行，一年后可获得利息 30 元，如果利率降为 2%，就只能获得 20 元的利息。

Tip:名义利率与实际利率

对于利率,按照不同的标准可以有多种分类方法。其中有一种分类方法是把利率分为名义利率和实际利率。

名义利率是指不考虑物价上涨对利息收入影响时的利率,通常所说的年利率就是名义利率。在信用关系中,债权人不仅要承担到期无法收回本金的风险,而且要承担购买力的风险,即由于通货膨胀而使得债权人的真实收益下降的风险。名义利率与实际利率的区分就是从这个角度产生的。

实际利率是指剔除了通货膨胀率后储户或投资者得到利息回报的真实利率。例如,假定某年度物价没有发生变化,某人从银行取得一年期的100万元贷款,年利息额为5万元,则名义利率与实际利率相同,都是5%。但在现实生活中,物价变动是普遍的。如果某一年的通货膨胀率为10%,这一年年初的100万元按购买力计算,相当于当年年底的110万元,或者年底的100万元相当于年初的90.91万元。为了避免通货膨胀给本金带来的损失,假设债权人依然要获得5%的真实利率收益,那么债权人要以多大的名义利率贷出他手中的货币呢?

乍一看,债权人应以15%的名义利率贷出货币,即名义利率应是真实利率与通货膨胀率的和。一般而言,如果仅是粗略的估计,这种方式是可以的,但实际上这并不是一个很精确的计算方法。因为在这种计算方法中,债权人并没有完全免除通货膨胀的侵蚀。更具体地说,只是本金部分免除了通货膨胀的侵蚀,而其利息部分没有免除通货膨胀的风险。正确的公式应为:

$$(1+r)=(1+i)(1+p)$$

其中:r 表示名义利率;i 表示实际利率;p 表示通货膨胀率。

按照这样的算法,我们实际上可以计算出,如果上例中,投资者依然想获得5%的真实收益的话,在通货膨胀率为10%的情况下,他必须要以15.5%的名义利率贷出他手中的资金,而不是15%。

实际上,名义利率与实际利率间的关系可能更加复杂,原因是通货膨胀的变化可能非常复杂,从而使得真实利率的获得与识别也复杂起来。

7. 计息方式

计息方式分为单利与复利。其中单利指不论期限长短仅按本金计算利息,本金产生的利息不加入本金重复计算利息。复利是指每经过一个计息期要将所生成的利息加入本金再计利息,逐期滚算,俗称利滚利。比如将1000元存入银行,年利率为5%,如果按单利计息,两年后可以得到利息100元;如果按照复利计息,两年以后则得到利息102.5元。可见,在复利计息方式下,生成的利息要再加入本金计息,所以得到的收益更大。

复利同单利相比,复利反映了利息的本质。为什么复利反映利息的本质呢?理由很简单。在一个国家只要有单利的存在,债权人就会通过计算而在单利与复利方面做出选择。债权人可以尽量缩短货币贷放的时期,当贷放期结束时,就可以把当期的本息收入一并贷放给其他债务人,而当下一个贷放期结束时,他又可以将这一期的本息收入再重新贷放。这时,他所获得的利息就是复利的利息,这是任何人都无权干涉的。

实际上,在我国一直执行单利政策过程中,始终没有忘记复利的因素。这一点从我国的利率表中就可以反映出来。我国的存款利率一直是单利,现在执行的利率表也是单利。我国的利率表一直有这样的原则:对同样的金额来讲,在一定期限内,按单利方法计算的定期存款利息必须大于按复利方法计算出来的活期储蓄利息;按单利方法计算的长期定期存款利息必须大于按复利方法计算出来的期限较短的定期存款利息。这一原则就遵循了复利原则,即利息的本质应当是复利的。如果单利计算的长期定期存款利息,低于按复利计算的期限较短的定期存款利息,那人们只会存短期定期存款,谁会牺牲更大的流动性而选择收益较低的投资机会呢?

7.2.2.2 资金的时间价值的计算

1. 时点价值

由于在不同的时点,单位货币的价值不相等,所以不同时点的货币收入不宜直接进行比较。为了解决不同时点的资金的可比性问题,需要将不同时点的资金进行等效换算,即将各个时点的价值折算为设定的基准时点的价值,这就是资金的时点价值。确切地讲,资金的时点价值就是某一时点上的资金相对于同一资金在其他时点的等效值。这里,我们介绍几个相关的基本概念。

(1)终值——现在一定量的资金在未来某一时点上按复利计算的价值。

(2)现值——未来某一时点上的一定量的资金按复利折算为现在的价值。

(3)年金——是指等额、定期的系列收支,例如,分期付款赊购、分期偿还贷款、发放养老金、分期支付工程款、每年相同的销售收入等,都属于年金收付形式。

(4)先付——在每一期间开始时发生。

(5)后付——在每一期间终了时发生。

期末与期初是有区别的,二者的区别在于收付款项发生的时间不同。比如在计算只有一个期间的资金的现值时,如果资金在这期的期初发生,则该期初的资金不需要折现,如果资金是在期末发生则需要折现,二者折现期数相差一期。

2. 用现金流量图的方法进行资金等值的计算

现金流量图是把投资项目计算期内各时点的净现金流量用时间坐标轴表示出来的一种示意图。如图 7-3 所示,水平线是时间标度,每一格表示一个时间单位。通常以年为单位。时间标度均表示年末。"0"表示"现在"这个时点,"1"表示第一年年底,同时也是表示第二年年初。现金流量用箭头表示,向上箭头表示现金流入,即正现金流量,如第二年年末有一笔 1400 元收入;向下箭头表示现金流出,即表示负现金流量,如第四年年末有一笔 1000 元支出。

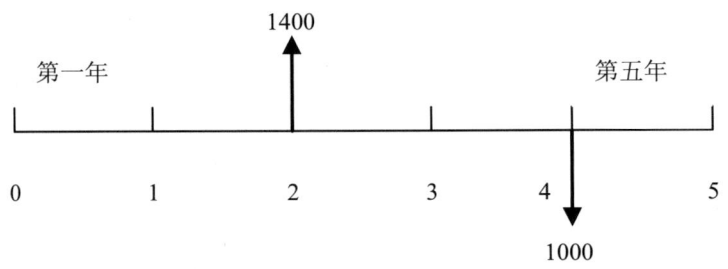

图 7-3 现金流量图

现在,我们对资金时间价值的计算所涉及的基本概念已经有了基本的认识,下面将逐步介绍资金时间价值计算的具体方法。

(1)一次性收付款项的现值和终值计算——一次性全额投入

1)复利终值计算。

假如某人存入银行 5000 元,按年利率 2%,经过一年时间能得到多少钱?这当然是个简单的问题,计算过程如下。

$$F = P + P \times i$$
$$= P \times (1+i)$$
$$= 5000 \times (1+2\%)$$
$$= 5100(元)$$

其中:

P——现值(本金);

i——折现率或利率;

F——终值或本利和。

若此人并不提出现金,而将 5100 元继续存入银行,则第二年本利和为:

$$F = [P \times (1+i)](1+i)$$
$$= P \times (1+i)^2$$

$$= 5000 \times (1+2\%)^2$$
$$= 5202(元)$$

同理,以此类推,第 n 年的期终金额为:
$$F = P \times (1+i)^n$$

上式是计算复利终值的一般公式,$(1+i)^n$ 是复利终值系数,其规定符号为 $(F/P, i, n)$,如 $(F/P, 2\%, 3)$ 表示利率为 2% 的 3 期复利终值的系数。复利终值公式可以写成 $F = P(F/P, i, n)$。

【例 7.1】 某人有 1000 元,计划投入报酬率为 6% 的投资机会,经过 5 年能获得多少钱?

$F = 1000(1+6\%)^5$

$= 1000(F/P, 6\%, 5)$

$= 1338.23(元)$

2) 复利现值计算。

复利现值是复利终值的对称概念。很明显,求 P 的过程就是求 F 的逆运算。根据复利终值的计算公式 $F = P \times (1+i)^n$,复利现值的计算公式为:
$$P = F \times (1+i)^{-n}$$

其中:

F——本利和(终值);

P——本金(现值);

i——年利率;

n——年数。

$(1+i)^{-n}$ 被称为复利现值系数,规定其符号为 $(P/F, i, n)$,现值公式可记为 $P = F(P/F, i, n)$,例如 $(P/F, 2\%, 3)$,表示利率为 2% 时 3 期的复利现值系数。

我们把一次收付系列资金时间价值的计算总结成表 7-2,以方便大家的掌握和比较。

表 7-2 一次收付系列资金时间价值的计算

计算类型	已知	求	计算公式	计算系数	表示方法
一次性收付系列终值	P	F	$F = P(1+i)^n$	一次收付终值系数	$(F/P, i, n)$
一次性收付系列现值	F	P	$P = F(1+i)^{-n}$	一次收付现值系数	$(P/F, i, n)$

【例 7.2】 某公司有一笔价值 425 万元的债务需要在 20 年后偿还,假如折现率为 8%,这笔债务的现值是多少?

由题意 $F = 425$ 万元,$n = 20$ 年,$i = 8\%$,得:

$P = F(P/F, i, n) = 425 \times (P/F, 8\%, 20) = 91.18(万元)$

(2) 均匀序列收付款项的现值和终值计算——等额分期有序投入

均匀序列是多次支付形式中（现金流入或流出在多个时点上发生）的一种形式。它的特点是：具有由 n 个等额且连续的 A（被称为等额年值，或年金）组成的现金流序列——均匀序列现金流。我们下边要研究的就是这一均匀序列现金流的终值、现值及它们的关系问题。

1）普通年金。

年金是指等额、定期的系列收支，不同于"企业年金"或"职业年金"。普通年金又叫后付年金，是指收付款项发生在各期期末的年金。在没有特别说明时，"年金"都是指普通年金。普通年金的收付形式如图 7-4 所示。

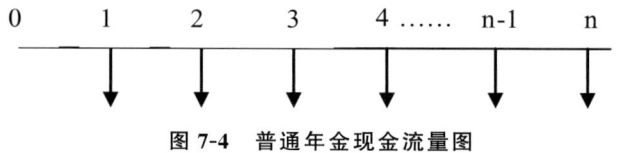

图 7-4　普通年金现金流量图

①普通年金终值。普通年金的终值是指最后一次支付的本利和，也是每次支付的复利终值之和。

例如：为了购买大件商品，某人计划在今后的 5 年内每年年末存入 2000 元，年利率为 10%，第 5 年年末可得到多少钱？根据复利终值的公式我们可以计算每笔存款的终值，再将每笔存款的终值相加，即可求得第 5 年年末的存款总额。即：

$$F = 2000 \times (1+10\%)^4 + 2000 \times (1+10\%)^3 + 2000 \times (1+10\%)^2 + 2000 \times (1+10\%) + 2000$$

$$= 12210.2(元)$$

由上面的例子可以看出，系列收付款项的终值计算过程，实际上是将多时点资金数列逐一换算为未来某一时间的终值再求和的过程。它是一次性投入系列已知现值求终值的发展，即分别将不同时点的投入的现值按一定的复利率 i 和该投入的实际存续期间逐一换算为第 n 年年末的终值，再将它们加起来，便得到系列存款的终值。

如果年金的期数很多，用上述方法计算显然相当烦琐，我们可以根据其中的规律找到一个简便的方法：

$$F = A + A(1+i) + A(1+i)^2 + \cdots + A(1+i)^{n-2} + A(1+i)^{n-1}$$

$$= A[1 + (1+i) + (1+i)^2 + \cdots + (1+i)^{n-2} + (1+i)^{n-1}]$$

再利用等比级数求和公式，整理后可得计算普通年金终值的一般表达式：

$$F = A\left[\frac{(1+i)^n - 1}{i}\right]$$

其中：

A——每年年末存入或收到的现金；

i——年利率或折现率；

n——年金持续的时间；

F——年金在第 n 年年末的终值。

系数 $\frac{(1+i)^n-1}{i}$ 表示普通年金为 1 元、利率为 i、经过 n 期的普通年金终值，用符号 $(F/A,i,n)$ 表示，以上公式也可表示为 $F=A(F/A,i,n)$。

【例 7.3】 公司从税后利润中每年提取 2 万元作为职工福利基金存入银行，若存款利率为 6%，5 年后职工可得多少福利基金？

$$F=A\left[\frac{(1+i)^n-1}{i}\right]$$
$$=A(F/A,i,n)$$
$$=20000\times 5.63709$$
$$=112741.80(元)$$

②偿债基金。偿债基金是指为使年金终值达到既定的金额每年年末应支付的年金数额，可理解为：为了在第 n 年偿还一笔资金 F，作为偿债基金每年应当存入等额的 A 是多少。偿债基金是普通年金的逆运算。即已知终值 F，折现率 i，求从第 1 到第 n 年年末的 n 个等额年值 A。

由年金终值的公式 $F=A\left[\frac{(1+i)^n-1}{i}\right]$，可得：

$$A=F\left[\frac{i}{(1+i)^n-1}\right]$$

式中，系数 $\frac{i}{(1+i)^n-1}$ 称为均匀序列偿债基金系数，其符号规定为 $(A/F,i,n)$。均匀序列偿债基金公式可记为 $A=F(A/F,i,n)$。

【例 7.4】 企业拟在 7 年内每年年末存入银行一笔资金，以便在第 7 年年末归还一笔到期值为 1500 万元的长期负债，要求计算在存款利率为 6% 的条件下，企业每年至少应存多少钱？

已知 $F=1500,i=6\%,n=7$

$$A=F\left[\frac{i}{(1+i)^n-1}\right]$$
$$=F(A/F,i,n)$$
$$=1500\times 0.11914$$
$$=178.71(万元)$$

③普通年金现值。普通年金的现值是指为在每期期末获得相等金额的款项，现在需

要投入的金额。

例如：某房东在今后的三年内，每年可收取租金 10000 元，假设银行利率为 10%，折合成现值应为多少钱？根据前面讲到的一次全额投入求现值的方法，完全可以解决这一问题，只要把每年收取的租金按照对应的年数分别折成现值，然后求和即可。

$$P = 10000 \times (1+10\%)^{-3} + 10000 \times (1+10\%)^{-2} + 10000 \times (1+10\%)^{-1}$$
$$= 24868.52(元)$$

由此我们可以推导出计算普通年金现值的一般公式：

$$P = A(1+i)^{-1} + A(1+i)^{-2} + \cdots\cdots + A(1+i)^{-n}$$

$$P = A\left[\frac{(1+i)^n - 1}{i(1+i)^n}\right]$$

$$P = A\left[\frac{1-(1+i)^{-n}}{i}\right]$$

该公式表示在利率为 i 的情况下，n 个年金 A 与 n 期期初 P 的等价关系，它适用于已知 A 求 P 的情况。

上式中 $\left[\frac{1-(1+i)^{-n}}{i}\right]$ 是普通年金为 1 元、利率为 i、经过 n 期的年金现值。使 n 次年金 A 与现值 P 等价的等值系数，称为年金现值系数，也称为等额序列现值系数，用符号 $(P/A, i, n)$ 表示。普通年金现值的公式也可表示为 $P = A(P/A, i, n)$。

【例 7.5】 企业打算连续 5 年在每年年末取出 10 万元用于扶持某项事业，要求计算在年利率为 10% 的条件下，现在至少应一次存入银行多少现金？

根据题意 $A=10, i=10\%, n=5$

$$P = A\left[\frac{1-(1+i)^{-n}}{i}\right]$$
$$= A(P/A, i, n)$$
$$= 10 \times 3.790$$
$$= 37.9(万元)$$

④资本回收。这类问题中最为典型的就是分期偿还贷款的问题，比如说某人从银行贷款 30 万元买房子，银行提供贷款的月利率是 2%，贷款期限为 5 年，那么这个人每月应该还款多少呢？很明显，这是已知 P 求 A 的过程，对上方公式进行逆运算可得到：

$$A = P\left[\frac{i(1+i)^n}{(1+i)^n - 1}\right]$$

该公式表示在利率为 i 的情况下，现值 P 与 n 个年金 A 的等价关系，因此它适用于已知 P 求 A 的情况。

公式中，$\left[\frac{i(1+i)^n}{(1+i)^n - 1}\right]$ 是使现值 P 与年金 A 等价的等值系数，称为资本回收系数，

也称资金还原系数,其符号规定为$(A/P,i,n)$,故均匀序列资金回收公式可记为:$A=P(A/P,i,n)$。

【例 7.6】 企业拟投资 1000 万元建设一个预计运营期为 10 年的技术改造项目,若企业的预期资金收益率为 10%,要求计算企业每年年末至少要从这个项目获得多少收益才是合算的?

根据题意,$P=1000,n=10,i=10\%$

$$A = P\left[\frac{i(1+i)^n}{(1+i)^n-1}\right]$$
$$= P(A/P,10\%,10)$$
$$= 1000 \times 0.16275$$
$$= 162.75(万元)$$

【例 7.7】 某消费者购买一辆价值 25000 元的车,首付 10%,其余部分银行按 12% 的年利率(月利率 1%)给他贷款 60 个月,他的月供是多少?

他的借款总额是 $0.9 \times 25000 = 22500$,这是今天的价值,月利率为 1%,连续计复利 60 次:

$$A = 22500 \times \left[\frac{0.01(1+0.01)^{60}}{(1+0.01)^{60}-1}\right]$$
$$A = 500.5(元/月)$$

2)预付年金。

预付年金是指从第一期起,在一定时间内每期期初等额收付的系列款项,又称先付年金或即付年金。预付年金与普通年金的共同点是:都是从第一期就开始发生。预付年金的支付形式如图 7-5 所示。

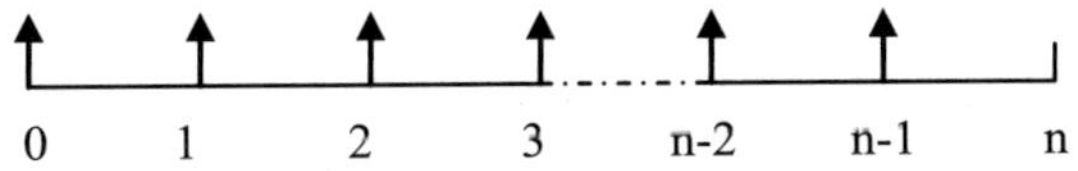

图 7-5 预付年金现金流量图

①预付年金终值。预付年金终值的计算公式为。

$$F = A(1+i) + A(1+i)^2 + \cdots\cdots + A(1+i)^n$$
$$= A\left[\frac{(1+i)^{n+1}-1}{i}-1\right]$$

其中 $\left[\frac{(1+i)^{n+1}-1}{i}-1\right]$ 是预付年金系数,或称 1 元的预付年金终值,它和普通年金终值系数相比,期数加 1,系数减 1,可以记作 $[(F/A,i,n+1)-1]$。

另外,由图 7-5 我们可以看到,预付年金终值比普通年金多计一期利息,因此,预付年金的终值也可以用普通年金的终值乘以 $(1+i)$ 求得。这样,预付年金的终值就有两种计算方法：

预付年金的终值＝相同期限的普通年金终值×(1+i)

预付年金的终值＝预付年金 $A \times \left[\dfrac{(1+i)^{n+1}-1}{i}-1\right]$

【例 7.8】 某人每年年初存入银行 5000 元，年利率为 10％，8 年后的本利和是多少？

$F = 5000(F/A, 10\%, 8)(1+10\%) = 62897.39$（元）

②预付年金现值。预付年金现值的计算公式为：

$$P = A + A(1+i)^{-1} + A(1+i)^{-2} + \cdots\cdots + A(1+i)^{-(n-1)}$$

$$= A\left[\dfrac{1-(1+i)^{-(n-1)}}{i}+1\right]$$

其中 $\left[\dfrac{1-(1+i)^{-(n-1)}}{i}+1\right]$ 是预付年金的现值系数，或称 1 元的预付年金现值。它和普通年金现值系数相比，期数减 1，系数加 1。可用符号$[(P/A, i, n-1)+1]$表示。

根据图 7-5 所示，预付年金现值比普通年金少折现一期，预付年金的现值也可以用相同期限的普通年金现值乘以(1+i)求得，这样，预付年金现值也有两种计算方法：

预付年金的现值＝相同期限的普通年金现值×(1+i)

预付年金的现值＝预付年金 $A \times \left[\dfrac{1-(1+i)^{-(n-1)}}{i}+1\right]$

【例 7.9】 某公司租一仓库，租期 5 年，每年年初需付租金 12000 元，贴现率为 8％，问该公司现在应筹集多少资金？

方法一：先计算 5 年期贴现率为 8％的普通年金的现值，再乘以(1+8％)，得出预付年金的现值。

$P = 12000(P/A, 8\%, 5)(1+8\%) = 51745.52$（元）

方法二：在第一年年初支付的租金 12000 元，就是现在时点的价值，不需要折现，只需要后面 4 年的租金按照普通年金折现即可，如图 7-6 所示。

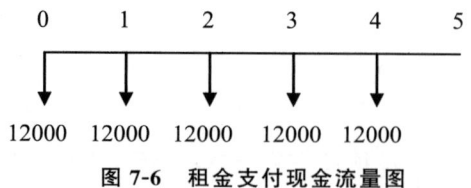

图 7-6 租金支付现金流量图

$P = 12000 + 12000(P/A, 8\%, 4) = 51745.52$（元）

3）递延年金。

递延年金是指第一次支付发生在第二期或第二期以后的系列等额收付款项。

①递延年金终值。递延年金终值大小与递延期无关,计算方法与普通年金终值类似。如图 7-7 所示,前两期没有发生支付,第一次支付发生在第三期期末,连续支付四次,假设利率为 10%,从第三期期末每期支付 100 元,计算如下:

$$F = A \times (F/A, i, n)$$
$$= 100(F/A, 10\%, 4)$$
$$= 464.1(元)$$

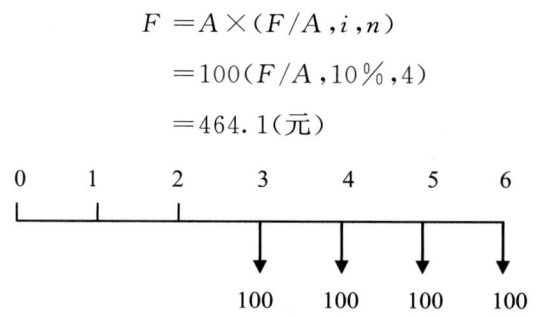

图 7-7 递延年金现金流量图

②递延年金现值。递延年金现值的计算有两种方法。第一种,是把递延年金视为 n 期的普通年金,求出递延期末的现值(即图 7-7 中 2 的位置),然后再将此现值调整到第一期初(即图 7-7 中 0 的位置)。计算过程如下:

$$P_2 = A(P/A, i, n)$$
$$= 100(P/A, 10\%, 4)$$
$$= 316.99(元)$$
$$P_0 = P_2(1+i)^{-m}$$
$$= 316.99(P/F, 10\%, 2)$$
$$= 261.98(元)$$

如果假设递延期为 s 期,我们可以得到递延年金现值的一般公式为:

$$P = A(P/A, i, n-s)(P/F, i, s)$$

第二种,是假设递延期中也进行年金支付,先求出整期的年金现值,然后扣除实际并未支付年金的递延期的年金现值,即可得出结果。

同样根据图 7-7,计算如下:

$$P_6 = A(P/A, i, n)$$
$$= 100(P/A, 10\%, 6)$$
$$= 435.53(元)$$
$$P_2 = 100(P/A, 10\%, 2)$$
$$= 173.55(元)$$

$$P_4 = P_6 - P_2 = 261.98(元)$$

假设递延期为 s,我们可以得到另一个递延年金现值的一般公式:

$$P = A[(P/A, i, n) - (P/A, i, s)]$$

【例 7.10】 某公司拟购置一处房产,付款条件是:从第 7 年开始,每年年初支付 10 万元,连续支付 10 次,共 100 万元,假设折现率为 10%,则相当于该公司现在一次付款的金额为多少万元?

根据题意画出现金流量图,如图 7-8 所示:

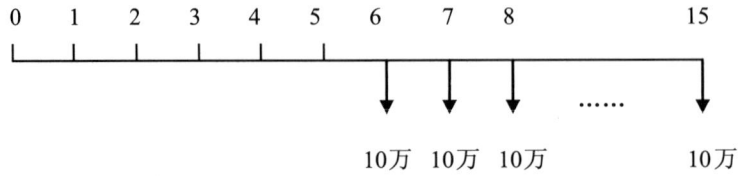

图 7-8 款项支付现金流量图

方法一:$P = 10[(P/A, 10\%, 15) - (P/A, 10\%, 5)]$
$= 38.16(元)$

方法二:$P = 10(P/A, 10\%, 10)(P/F, 10\%, 5)$
$= 38.16(元)$

4)永续年金。

永续年金是一种在普通年金的基础上发展演变起来的特殊形式的年金,它是无限期的定额支付的普通年金。一个著名的例子是无限期的政府债券。它最早产生于拿破仑战争中,当时英国政府没有资金偿还即将到期的债务,于是发行无限期债券,许诺支付 2.5% 的利率(高于市场利率)但永不偿还本金。这就是所谓的无限期债券(简称英国政府债券)。如果在 1805 年你持有这种债券 100 英镑,你将每年得到 2.5 英镑的利息。

永续年金没有到期日,所以也就没有终值。永续年金的现值可以通过普通年金的现值公式推导得出:

$$P = A\left[\frac{1-(1+i)^{-n}}{i}\right]$$

当 $n \to \infty$ 时,$(1+i)^{-n}$ 的极限为零。

整理得永续年金现值公式:

$$P = \frac{A}{i}$$

上面介绍了等额分付系列资金时间价值的计算问题,我们将其整理成表 7-3,便于大家比较和理解。

表 7-3 均匀系列收付资金时间价值的计算

计算类型	已知	求	计算公式	计算系数	表示方法
年金终值	A	F	$F = A \times \left[\dfrac{(1+i)^n - 1}{i}\right]$	等额支付系列终值系数	$(F/A, i, n)$
偿债基金	F	A	$A = F \times \left[\dfrac{i}{(1+i)^n - 1}\right]$	等额支付系列偿债基金系数	$(A/F, i, n)$
年金现值	A	P	$P = A \times \left[\dfrac{(1+i)^n - 1}{i(1+i)^n}\right]$	等额支付系列现值系数	$(P/A, i, n)$
资金回收	P	A	$A = P \times \left[\dfrac{i(1+i)^n}{(1+i)^n - 1}\right]$	等额支付系列资金回收系数	$(A/P, i, n)$
预付年金终值	A	F	$F = A \times \left[\dfrac{(1+i)^{n+1} - 1}{i} - 1\right]$	等额支付年金终值系数	$[(F/A, i, n+1) - 1]$
预付年金现值	A	P	$P = A \times \left[\dfrac{1-(1+i)^{-(n-1)}}{i} + 1\right]$	等额支付先付年金现值系数	$[P/A, i, (n-1)+1]$
递延年金终值	A	F	与普通年金类似	——	——
递延年金现值	A	P	$P = A(P/A, i, n-s)(P/F, i, s)$ $P = A[(P/A, i, n) - (P/A, i, s)]$	——	——
永续年金现值	A	P	$P = \dfrac{A}{i}$	——	——

(3) 非均匀序列收付款项的终值和现值计算——不等额分期有序投入

在实际的项目投资活动中,均匀序列的收付款项是不多见的,未来各期预期现金流量常常是不规则的,这就形成了非均匀序列的收付款项。如果收付款项不规则的程度很高,在计算其现金流量的终值和现值时,只能逐项进行相应计算并累加得到结果。

7.2.3 投资基准折现率的确定

7.2.3.1 投资基准折现率的概念

1. 折现率选取对项目财务评价的重要意义

折现率是将未来收益转换为现值的比率,是项目经济评价中的一项重要的投资决策参数,是影响投资方案中净现金流量现值大小的重要指标。

不论项目评价采用净现值法还是内部收益率法,在计算投资项目经济效益或取舍方案时,都是以预定的折现率作为前提条件的。折现率定得太高,可能会使项目净现金流量现值过小,使许多经济效益好的方案被拒绝;如果定得太低,可能会使项目净现金流量现值偏大,会出现过多可接受的方案。故折现率的变化,不仅直接影响投资项目经济效益的计算结果,而且在进行方案比较时还可能导致方案优劣顺序的改变。

2. 折现率选取的理论基础

从理论基础看,折现率是投资者所要求的最低投资收益率,是使用资金的最低代价,也是资金作为一种生产要素因承担风险而取得的风险报酬。具体来讲:

折现率(最低投资报酬率)＝无风险报酬率＋风险报酬率

其中:无风险报酬是指资金作为一种生产要素所应得到的收益,它形成的基础是社会平均收益率。无风险报酬率是由资金的时间价值与通货膨胀率之和构成的。资金的时间价值,是指同一现金流量在不同时点上的价值量的差额,是货币在使用过程中随时间的推移而发生的增值。通常情况下,货币的时间价值被认为是没有风险和没有通货膨胀条件下的社会平均利润率。而通货膨胀率实质是对货币贬值的补偿,用以保证货币收入的实际购买力不因通货膨胀而降低,并不为投资者带来收益。

风险报酬是指资金在不确定因素下,由于所处行业不同,承担风险大小不同而取得的额外报酬。

在项目投资评价中,折现率的确定是以资金成本为测算依据的。根据资金成本的用途不同,这种资金成本可分为历史资金成本和边际资金成本。历史资金成本是指根据企业原先或现有的资本结构计算的资金成本,是企业过去筹集的或目前使用的资金的加权平均资金成本;而企业或投资者进行投资决策和项目投资评价中所考虑的应是边际资金成本。

3. 常见的折现率确定方法

在我国,折现率的选择常见的有以下几种方法:

(1)以银行贴现率或银行贷款利率为折现率

银行贴现率原是商业银行向中央银行借款应付的利率,通常是银行根据市场利率和要贴现的票据的信誉程度来确定的。银行贷款利率是企业或个人向商业银行借款应付的利率。

银行贴现率和银行贷款利率并没有考虑具体评估对象的风险情况,所以不能简单地把银行贴现率和银行贷款利率直接作为项目经济效益评价和企业价值评估的折现率。

(2)以企业的平均资本成本作为折现率

企业是许多项目的集合体,接受来源不同的资本,企业的平均资本成本是众多项目的资本成本的加权平均数,不能反映项目风险的差异。因此,以企业的资本成本作为项目的资本成本,其前提条件是投资项目与企业以前的投资项目具有相同的风险,或相同的最低收益率。否则,就应为项目确定一个单独的收益标准。

(3)以行业基准收益率为折现率

行业基准收益率是我国常用的项目评价标准,是同行业内企业的平均收益率,相当于西方国家在进行项目评价时采用的市场平均盈利率。

由于行业基准收益率的确定对单个的企业或投资者来说非常困难,我国的行业基准收益率都是由政府出面组织专家研究,由国家发改委和建设部先后于 1987 年、1993 年和 2006 年联合发布了《建设项目经济评价方法与参数》(简称《方法与参数》)第一版、第二版和第三版,在全国范围内得到了广泛应用。《方法与参数》不仅成为各类规划、设计单位、咨询公司进行投资项目经济效益评价的指导标准,也是各级政府审批项目可行性研究报告、各级金融机构审批贷款项目的重要依据。

行业基准收益率既反映了企业的平均收益状况和投资风险,又反映了投资者的收益要求和资本市场的评价。采用行业基准收益率,使投资项目的评价在国内外的资本市场上有一个共同的评价标准,使项目投资可以跨越行业和地域限制,在更广泛的空间进行招商引资。

7.2.3.2 资本成本的计算

在项目投资的效益评价中,折现率通常以项目的资本成本作为确定依据。资金来源渠道不同,资本成本的确定方法也就不同。资金的来源渠道可分为单个资金来源渠道和多种资金来源渠道。在不同资金来源渠道下,资本成本确定的一般方法如下。

1. 单个资金来源渠道下的资本成本的确定

在单个资金来源渠道下,资金可分为借贷资本与权益资本。其中借贷资本包括银行贷款、发行债券;权益资本通常指普通股成本。单个资金来源渠道下的资本成本通常以个别资金成本表示。

(1)借贷资金

1)银行借款:

①银行贷款的税前资金成本 $K_d=i$,i 为贷款的年利率。

②在实际中,由于贷款利息被计入税前成本中,可产生抵减所得税的作用,因而从借款的角度来看,可以看作降低了银行借款的成本,税后资金成本为:

$$K_d=i(1-t)$$

其中,t 为所得税税率;i 为贷款的年利率。

③考虑银行借款筹资费率和第三方担保费率的资金成本:

$$K_d = \frac{(i + V_d)(1-t)}{1-f}$$

其中，$V_d = \frac{V}{P \times n} \times 100\%$，$V_d$ 为担保费率，V 为担保费用总额，P 为贷款总额，n 为担保年限，f 为银行借款筹资费率。

2) 债券成本：

① 发行债券的主要成本主要来自债券利息和筹资费用，计算公式：

$$K_B = \frac{i(1-t)}{1-f}$$

其中，f 为债券筹资费用率，i 为债券利率，t 所得税税率。

② 如果债券是折价或溢价发行，则发行的差额应按年进行摊销，计算公式：

$$K_B = \frac{[I + (B_0 - B_1) \times 1/n](1-t)}{B_1 - F}$$

其中，B_0 为债券的票面价值，B_1 为发行价，n 为债券的偿还年限，F 为债券发行的筹资费，I 为债券年利息，t 为所得税税率。

(2) 权益资金

权益资金指企业为项目筹集的资本金，在项目总额中必须具有一定比例的资本金。这是借款申请的基本条件之一。权益资金的筹集方式有：

1) 增发股票：

① 优先股成本。优先股是由企业税后利润支付的，其成本是每年股息与企业发行优先股的净收益之比。计算公式：

$$K_P = \frac{D_P}{P_P(1-f)}$$

其中，D_P 为每年股息总额，P_P 为优先股票面价值，f 为优先股发行的筹资费率。

② 普通股资金成本。普通股资金成本是股东期望得到的最低收益率。普通股的资金成本有以下两种计算方法。

第一，红利法。计算公式：

$$K_S = \frac{D_0(1+G)}{P_0(1-f)} + G$$

其中，D_0 为基期预计年股利额，P_0 为普通股筹资额，f 为普通股筹资费率，G 为预计每股红利的年增长率。

第二，资本资产定价模型（CAPM 模型）法。资本资产定价模型法是在项目评价中被广泛接受和使用的一种确定项目贴现率的方法。根据 CAPM 模型，投资者在做出投资决策时，只需考虑无风险利率以及项目与系统性风险（即该项目与资本市场上其他投资机会相比较所具有的带有共性的风险)关联程度。

一般来讲,一个具体项目的资本资产定价模型的计算公式表示如下:

$$R_i = R_f + 风险溢价$$
$$= R_f + \beta_i \times (R_m - R_f)$$

其中:

R_i——在给定 β 系数条件下项目 i 的合理预期投资收益率,也即项目 i 的风险调整贴现率;

R_f——无风险投资收益率;

β_i——项目 i 的风险调整系数,代表该项目对资本市场系统风险变化的关联程度;

R_m——资本市场的平均投资收益率。

2)吸收直接投资

投资者以货币资金、实物等方式向合资项目出资形成法人资产,这种筹资方式虽然不需要归还本金,但经营者有责任保证向股东按出资比例分配利润。

3)企业再投资。企业再投资的资金包括法定盈余公积金和未分配利润,或企业提取的折旧费、摊销费和符合会计制度规定可以用于再投资的其他资金。这些资金作为公司权益的一部分,属于公司,但没有以股利形式发放出去,表面上使用这些资金是不需要支付成本的,但实际上也有股东和企业所期望的收益率的问题。企业再投资的资金成本可以参照普通股的资金成本来计算。

4)捐赠资金的资金成本。确定捐赠资金的资金成本可以采用两种方式:

①如果接受捐赠的资金属于所有者权益,其资金成本为企业再投资的资金成本。

②如果从接受捐赠可以减少企业负债的角度考虑,其资金成本可以视为债务资金成本。

2. 多种资金来源方式下折现率确定

在超过一种资金来源方式下,折现率由边际加权资金成本计算,其计算公式为:

$$K_w = \sum_{i=1}^{n} K_i W_i$$

其中:K_w——综合资金成本;

K_i——第 i 种个别资金成本;

W_i——第 i 种个别资金占全部资金的比重(权数)。

【例 7.11】 某项目投资建成后的所得税税率为 33%,其投资总金额为 8400 万元,资金构成如下:向银行贷款 3000 万元,利率 8%,担保费用 90 万元,担保期 3 年;发行债券 2000 万元,筹资费率为 2%,债券利率为 12%;发行普通股 200 万股,每股价格12元,当时每股股利为0.75元,每年预期增长4%;接受海外捐赠现金50万美元,合人民币400万元;企业再投资资金600万元。试计算该项目的各个资金成本分别是多少?

银行贷款资金成本:

$$K_d = (8\% + \frac{90}{3000} \times 100\%)(1-33\%) = 6.03\%$$

$$W_d = \frac{3000}{8400} = 35.7\%$$

发行债券资金成本:

$$K_B = \frac{12\% \times (1-33\%)}{1-2\%} = 8.2\%$$

$$W_B = \frac{2000}{8400} = 23.8\%$$

发行普通股资金成本:

$$K_e = \frac{0.75 \times (1+4\%)}{12} \times 100\% + 4\% = 10.5\%$$

$$W_e = \frac{2400}{8400} = 28.6\%$$

海外捐赠资金成本可以参照债券的资金成本:

$$K_{捐} = 8.2\%$$

$$W_{捐} = \frac{400}{8400} = 4.8\%$$

企业再投资资金的资金成本可以参照普通股资金成本:

$$K_r = 10.5\%$$

$$W_r = \frac{600}{8400} = 7.1\%$$

综合资金成本:

$$K_w = 6.03\% \times 35.7\% + 8.2\% \times 23.8\% + 10.5\% \times 28.6\% + 8.2\% \times 4.8\% + 10.5\% \times 7.1\% = 8.25\%$$

7.2.4 总投资构成及估算方式

7.2.4.1 总投资概念

1. 总投资概念

总投资是指投资项目从前期准备工作开始,到项目全部建成投产为止所发生的全部投资费用。

2. 总投资构成

(1) 按拟建项目存在形式划分

$$总投资＝建设投资＋建设期利息＋流动资金$$

项目总投资的构成如图 7-9 所示。

$$总投资\begin{cases}建设投资\\建设期利息\\流动资金(或称周转资金)\end{cases}$$

图 7-9　项目总投资构成

(2) 按资金来源划分：

$$总投资＝自有资金＋借贷资金$$

> **Tip：总投资与规模总投资**
>
> 　　项目总投资包括建设投资、建设期利息(含其他融资费用)和流动资金，又被称为项目投入总资金，也是项目评价中所要用到的总投资概念。当需要向有关政府部门报批项目时(外商投资项目除外)，还需计算规模总投资。按国发〔1996〕35 号文件《关于固定资产投资项目试行资本金制度的通知》中，总投资概念又被定义为建设投资与铺底流动资金之和。目前国家考核建设规模的总投资为建设投资、建设期利息(含其他融资费用)与 30% 的流动资金(即铺底流动资金)之和。实际应用时应注意两种总投资的区别，在本书中提到项目总投资均指用于项目评价的总投资。

7.2.4.2　建设投资估算方法

建设投资是指建设项目从开始筹建到竣工验收、再到交付使用所需的全部费用。按照费用的归集形式，建设投资可按照概算法或形成资产法进行分类。

依照概算法分类，建设投资可分为工程费用、预备费用和工程建设其他费用，其中预备费用包括基本预备费用和涨价预备费用，而工程费用又可分为设备购置费、建筑工程费和安装工程费。

依照形成资产法分类，建设投资可分为形成无形资产的费用、形成固定资产的费用、形成其他资产的费用和预备费用。建设投资的构成如图 7-10 所示。

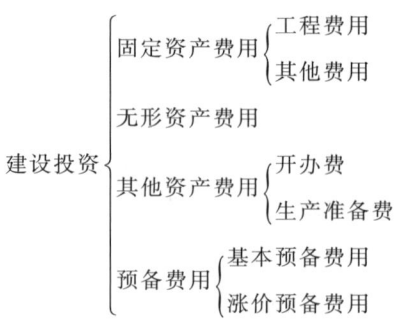

图 7-10 建设投资构成

1. 固定资产费用的构成与估算

（1）固定资产费用构成

固定资产费用是指项目投产时将直接形成固定资产的建设投资，包括工程费用和工程建设其他费用。

> **Tip：关于固定资产投资口径**[1]
>
> 按项目评价中总投资形成的资产分类，总投资形成的资产包括固定资产、无形资产和其他资产。其中，固定资产口径包括工程费用、工程建设其他费用，预备费和建设期利息。

1）工程费用。是指直接形成固定资产的工程项目费用，具体包括建筑安装工程费用和设备及工器具的购置费用。

①建筑安装工程费用。建筑安装工程费用由直接费、间接费、利润和税金[1]组成。

直接费由直接工程费与措施费组成。其中直接工程费是指施工过程中耗费的构成工程实体的各项费用，包括人工费、材料费、施工机械使用费；措施费是指为完成工程项目施工，发生于该工程施工前和施工过程中的非工程实体项目的费用，包括环境保护费、文明施工费、安全施工费、临时设施费、夜间施工费、二次搬运费、大型机械设备进出场及安拆费等费用。

间接费用由规费和企业管理费组成。其中，规费是指政府和有关权力部门规定必须缴纳的费用（简称规费），包括工程排污费、工程定额测定费、社会保障费、住房公积金、危险作业意外伤害保险费；企业管理费是指建筑安装企业组织施工生产和经营管理所需费用，包括管理人员工资、办公费、差旅交通费、劳动保险费、职工教育经费等。

---

[1] 根据建标〔2003〕206号《建筑安装工程费用项目组成》文件规定。

利润是指施工企业完成所承包工程获得的盈利。

税金是指国家税法规定的应计入建筑安装工程造价内的营业税、城市维护建设税及教育费附加等。

②设备及工器具购置费。设备是指按规定列入建设项目设计文件所附清单、其使用年限和单位价值符合国家规定的固定资产条件的各种机电设备、仪器仪表、起重运输、动力、通信等设备。设备购置费的计算则以建设项目设计文件所附设备清单列明的设备规格、型号、数量、来源及价格分别计算。工器具购置费是指建设项目为保证投产初期正常生产所必需的，不构成固定资产的设备。如仪器仪表、工具、量具、模具、卡具、刀具，以及生产用工作台、工具柜（箱）等及低值易耗品的购置费用，不包括应列入设备费的设备备品、备件及随设备到货的专用工具、附具的费用。

2)其他工程建设费用。它是指不直接用于工程项目但与工程项目建设相关的、应列入固定资产投资中的有关费用。具体包括土地、青苗等补偿费和安置拆迁费,生产人员培训费,联合试运转费,勘察设计费,施工机械迁移费,供电贴费等。

(2)固定资产费用估算所需要的资料和数据

对项目固定资产投资进行估算时,要广泛收集、调查了解各种有关的文件、规定、条例等,需要收集、调查的基本依据和规定主要包括:有关工程概算编制办法,工程有关费用的取费办法和取费依据的规定,设备和材料的计价、计费、计税依据等资料。

(3)固定资产费用估算方法

对项目固定资产投资进行估算分析时,通常可采用比例估算法、系数估算法与详细估算法三种方式。

1)比例估算法。以拟建项目中最主要的、投资比例较大且与生产能力直接相关的工艺设备投资（包括安装费和运杂费）为基数,根据同类已建项目的相关统计数据,求得拟建项目的各专业工程费占工艺设备费的百分比,进而计算各专业设备的投资。然后,将各部分投资进行汇总求和,这就是该项目的固定资产投资额。计算步骤为:先计算已有同类已建项目的主要设备投资占固定资产投资的比例,再估算拟建项目主要设备投资额,即可按比例求出拟建项目固定资产投资。其表达式为:

$$固定资产投资 = \frac{1}{K} \sum_{i=1}^{n} 第 i 种设备的数量 \times 第 i 种设备的单价$$

其中:K——已建项目主要设备投资占拟建项目固定资产投资比例;

n——设备种类。

2)系数估算法。

①朗格系数法。固定资产投资与设备费之比为朗格系数:

$$C = E \times \left(1 + \sum K_i\right) K_c$$

式中：C——固定资产投资；

E——主要设备费用；

K_i——管线、仪表、建筑物等项费用的估算系数；

K_c——管理费、合同费、应急费等间接费在内的总估算系数。

这种方法比较简单，但没有考虑设备规格、材质的差异，所以精确度不高。

②设备与厂房系数法。对于一个项目来说，设备投资和厂房土建投资占据整个项目投资的绝大部分。如果设计方案已经确定了生产设备，则可以确定设备的重量以及厂房的高度和面积，所以设备投资和厂房建设投资可以分别估算。对于项目其他费用，与设备关系较大的，可按照设备系数计算；与厂房土建关系较大的，则可按照厂房土建的投资系数计算。两种投资加起来，可以计算出整个项目的固定资产投资，在预可行性研究阶段采用这个方法比较合适。

$$C = E_1 \times (1 + f_{11} \times p_{11} + f_{12} \times p_{12} + \cdots) + E_2 \times (1 + f_{21} \times p_{21} + f_{22} \times p_{22} + \cdots) + I$$

式中：C——拟建项目固定资产投资额；

E_1——拟建项目设备费；

P_{11}、$P_{12}\cdots$——已建项目中建筑安装费及其他工程费等与设备费的比例；

f_{11}、$f_{12}\cdots$——由于时间因素引起的定额、价格、费用标准等变化的综合调整系数；

E_2——拟建项目厂房费；

P_{21}、$P_{22}\cdots$——已建项目中相关工程与厂房费的比例；

f_{21}、$f_{22}\cdots$——由于时间因素引起的定额、价格、费用标准等变化的综合调整系数；

I——拟建项目的其他费用。

【例 7.12】 某项目工艺设备及安装费用估计为 2600 万元，厂房土建费用估计为 4200 万元，其他各专业工程投资系数如下：

工艺设备 1	厂房土建（含设备基础）1
起重设备 0.09	给排水工程 0.04
加热炉及烟道 0.12	采暖通风 0.03
气化冷却 0.01	工业管道 0.01
余热锅炉 0.04	电器照明 0.01
供电及转动 0.18	
自动化仪表 0.02	
系数合计：1.46	系数合计：1.09

解：根据上面所述方法，则该项目的总投资为：

$2600 \times 1.46 + 4200 \times 1.09 = 8374$（万元）

3）详细估算法。是指先将构成固定资产投资的各个组成部分分项进行估算,然后汇总为固定资产投资总额的一种估算方法。采用该方法各分项指标估算如下：

①建筑工程费估算。建筑工程费一般可根据投资项目建筑面积与相应的概算指标加以估算,其计算公式如下：

$$建筑工程费 = 项目建筑面积 \times 每平方米造价$$

式中,项目建筑面积根据生产能力来确定,每平方米造价根据有关部门制定的概算指标或经验数据来确定。

②安装工程费估算。安装工程费一般可根据设备购入价与相应的安装费率,或设备重量与相应的安装费加以估算,其计算公式如下：

$$安装工程费 = 设备原价 \times 安装费率$$

$$或 = 设备重量(单位:吨) \times 每吨设备安装费$$

式中,设备购入价、设备重量可通过向供货方了解而取得,安装费率、每吨设备安装费可根据国家有关规定或经验数据加以确定。

③设备及工器具购置费估算。设备购置费由设备价格、设备运杂费和成套设备订货手续费（发生时计列）组成。其计算公式如下：

$$设备购置费用 = 设备原价 + 运杂费 + 手续费$$

设备购置费具体包括：

设备价格:设备价格采用制造厂报价或出厂价格（含增值税和附加）及产品市场价格。

备品备件购置费:根据不同行业情况确定,一般可按设备价格的比例估算。

成套设备订货手续费:指设备成套公司根据发包单位按设计委托的成套设备供应清单进行承包供应,所收取的费用（如不用成套供应,可不计列）。

设备运杂费:是指设备从制造厂交货地点或调拨地点到达施工工地、仓库或堆放场地所发生的一切运杂费,包括运输费、包装费、装卸费、搬运费、保险费及仓库保管费等。

设备运杂费费率计算:根据建设项目所在不同地区规定的运杂费率,按设备价格（原价）的百分比计算。

工具器具购置费:一般以设备购置费为计算基数,按照部门或行业规定的工器具及办公家具购置费率计算。

④其他费用估算。其他费用,可按有关规定和取费标准进行估算,或按实际可能发生的费用进行估算。

2. 无形资产费用

无形资产是指企业拥有或控制的没有实物形态的可辨认非货币性资产。无形资产主要包括：专利权、非专利技术、商标权、著作权、土地使用权、特许权等。

> **Tip：关于商誉**
> 商誉是企业合并成本大于合并取得的被购买方各项可辨认资产、负债公允价值份额的差额，其存在无法与企业自身分离，不具有可辨认性，不属于企业会计准则所规范的无形资产。

在项目总投资中，无形资产投资价值一般按其取得时的实际成本计价。取得时的实际成本应按以下规定确定：

(1)针对投资者投入的无形资产，应按照投资者各方制定的价值进行计价。

(2)针对从企业外部购入的无形资产，应按照实际支付的价款进行计价。

(3)针对自行开发并按法律程序申请取得的无形资产，应按照开发过程中估算的直接参与开发人员的工资及福利费、材料费用、开发过程中发生的租金、聘请律师费、注册费和借款等费用作为无形资产的实际成本进行计价。在研究过程中产生的费用，直接计入当期损益。

(4)针对接受捐赠的无形资产，应按照所附单据并参照其预计未来现金流量现值或同类无形资产市价进行计价。

(5)针对企业接受的债务人以应收债权换入无形资产的，或以非现金资产抵偿债务方式取得的无形资产，应按照应收债权的账面价值加上应支付的相关税费作为实际成本。对于涉及补价的，按照以下规定处理：收到补价的，按照应收债权的账面价值减去补价，再加上应支付的相关税费作为实际成本；支付补价的，按照应收债权的账面价值加上应支付的相关税费和补价作为实际成本。

(6)针对以非货币性交易换入的无形资产，应按照换出资产的账面价值加上应支付的相关税费作为实际成本。对于涉及补价的，按照以下规定处理：收到补价的，按换出资产的账面价值减去收到的补价，再加上相关税费和应确认的收益作为实际成本；支付补价的，按换出资产的账面价值加上相关税费和补价作为实际成本。

由于在项目开发阶段，投资者缺乏详细的资料，难以对无形资产投资作准确的估算，故需要在综合各种因素基础上，运用诸如重置成本法、收益现值法等专门的方法来作出大致正确的估算。

> **Tip：关于无形资产占注册资本比例**
> 根据《公司法》第27条规定："对作为出资的非货币财产应当评估作价，核实财产，不得高估或者低估作价。法律、行政法规对评估作价有规定的，从其规定。全体

股东的货币出资金额不得低于有限责任公司注册资本的百分之三十。"可以看出，无形资产投资比例不得高于注册资本的70%。具体实施中，各地方对无形资产入资比例有特殊规定，例：根据北京市《改革市场准入制度优化经济发展环境若干意见》规定：投资人以高新技术成果出资，应当出具经全体投资人一致确认的高新技术成果说明书。以高新技术成果作价出资占企业注册资本（金）的比例，可以由投资各方协商约定。高新技术成果属国有资产的，应当按照国家有关国有资产管理的规定办理。在《中关村科技园区企业登记注册管理办法》第十三条、第十四条中规定：以高新技术成果出资设立公司和股份合作企业的，对其高新技术成果出资所占注册资本（金）和股权的比例不作限制，由出资人在企业章程中约定。企业注册资本（金）中以高新技术成果出资的，对高新技术成果应当经法定评估机构评估。出资人以高新技术成果出资，应当出具高新技术成果说明书；该项高新技术成果应当由企业的全体出资人一致确认，并应当在章程中写明。经全体出资人确认的高新技术成果可以作为注册资本（金）登记注册。

3. 其他资产费用

其他资产费用是指除了长期投资、无形资产、固定资产和流动资产以外的其他资产。依照相关规定，除购置和建造固定资产以外的所有在筹建期间产生的费用，应先归集于长期待摊费用，等到企业开始生产经营时计入当期损益。构成其他资产原值的费用主要包括生产准备费、开办费、出国人员费、图纸资料翻译复制费等。

开办费是指企业在筹建期间发生的，除应计入有关固定资产和无形资产价值的费用之外，其他实际发生的各类费用。具体包括项目筹建期间的咨询调查费、人员工资、办公费、培训费、差旅费、印刷费、广告费、注册登记费，以及不计入固定资产和无形资产的汇兑损益及利息支出等。

开办费是构成企业总投资费用的一部分，应在项目竣工投产后，按会计制度相关规定列出成本项目。

> **Tip：关于开办费摊销**
>
> 原行业会计制度规定，企业发生的开办费应当从生产经营的当月起不超过五年的期限内分期平均摊。根据会计制度财会〔2000〕25号《企业会计制度》第五十条规定，"除购建固定资产以外，所有筹建期间所发生的费用，先在长期待摊费用中归集，待企业开始生产经营当月起一次记入开始生产经营当月的损益。如果企业长期待摊的费用项目不能使以后会计期间受益的，应当将尚未摊销的该项目的摊余价值全部转入当期损益"。需要注意的是，按新制度执行开办费摊销时限时，需注意纳税调整。《企业所得税暂行条例实施细则》第三十四条规定，企业在筹建期发生的开办费，应当从开始生产、经营月份的次月起，在不短于5年的期限内分期扣除。因此，企业在生产经营的当月一次性摊销的开办费应从生产经营的次月起分5年平均扣除。

4. 预备费用

（1）预备费用的定义

预备费用亦称不可预见费，它包括基本预备费和涨价预备费。

基本预备费：指项目在投资估算及可行性研究中难以预料的工程和费用。包括：①一般自然灾害造成的损失和采取措施预防自然灾害所产生的费用；②在可行性研究范围内，技术设计、初步设计和施工等过程中所增加的费用，还有由于局部地基处理和设计变更等产生的费用；③在竣工验收时，为鉴定工程质量对隐蔽工程进行必要的挖掘和修复所产生的费用。

涨价预备费：指建设项目在建设过程中由于价格上涨引起工程造价变化的预留费用。包括：①设备、材料价格上涨；②人工费、施工机械费用上涨。根据国家发改委的规定并结合公司项目的实际，一般建设项目，当投资额度不大、项目不复杂、建设期较短时，可以暂不计算涨价预备费用；当项目复杂、投资较大、建设期较长时，可以考虑计算涨价预备费用；在撰写项目建议书、预可行性研究报告、进行规划等前期工作时，应该计算涨价预备费用。

（2）预备费用的估算

预备费可按建筑工程费、设备购置费、安装工程费和其他费用之和的百分比估算。一般要略高于设计概算编制办法规定的比率。预备费率一般为5%~20%。

基本预备费＝（建筑工程费＋设备及工器具购置费＋安装工程费＋其他费用）×基本预备费率

涨价预备费一般以建筑工程费、设备及工器具购置费、安装工程费之和为计算基数。计算公式为：

$$PC = \sum_{t=1}^{n} I_t \left[(1+f)^t - 1 \right]$$

其中：

PC——涨价预备费；

I_t——第 t 年的建筑工程费、设备及工器具购置费、安装工程费之和；

f——建设期价格上涨指数，如政府部门有规定的按规定执行，没有规定的由投资项目评价人员预测；

n——建设期。

【例 7.13】 某拟建项目，建筑面积为 5000 平方米，每平方米造价 1000 元；需购建设备 10 台，每台原价 20000 元，设备运输费共计 10000 元；预计安装费率为 8%。要求估算预备费需求额。

解：(1) 建筑工程费 = 5000×1000 = 500(万元)

(2) 设备购置费 = 10×20000+10000 = 21(万元)

(3) 安装工程费 = 10×20000×8% = 1.6(万元)

(4) 预备费 = (500+21+1.6)×5% = 26.13(万元)

建设投资估算完成以后，可编制建设投资估算表见表 7-4。

表 7-4 建设投资估算表（形成资产法）

序号	项目	建筑工程费	设备购置费	安装工程费	其他费用	合计
1	固定资产费用					
1.1	工程费用					
1.1.1						
1.1.2						
	……					
1.2	其他费用					
1.2.1						
	……					
2	无形资产费用					
2.1						
	……					
3	其他资产费用					
3.1						
	……					
4	预备费					
4.1	涨价预备费					
4.2	基本预备费					
5	建设投资合计					

7.2.4.3 建设期借款利息

建设期利息是指项目在建设期因使用外部资金而支付的利息。通常,在项目正式投产前,提供贷款的金融机构一般不要求企业在建设期支付借款利息,而是将建设期间的借款利息转入本金,即借款利息资本化。

筹建期间的借款利息和汇兑损益,凡与购建固定资产或无形资产有关的计入相应的资产原值,其余计入开办费。

估算利息时一般可套用银行的现行借款利率,至于国外借款,则可根据借款协议书或意向书规定的利率进行估算。

在计算建设期利息时,为了简化计算,通常假定借款均在每年年中支出,借款当年按半年计息,其余各年按全年计息,其计算公式如下:

$$各年应计利息 = \left(年初借款本息累计 + \frac{本年借款额}{2}\right) \times 有效年利率$$

> **Tip:关于利息资本化的处理**
>
> 根据《企业会计准则第 17 号——借款费用》规定,借款费用包括借款利息、折价或者溢价的摊销、辅助费用以及因外币借款而发生的汇兑差额等。因投资项目不同,利息资本化的财务处理也不一致。

7.2.4.4 流动资金估算方法

流动资金是指在完成投资项目基本建设所需资金外,为维持项目生产经营的正常运转需筹措的一笔资金,即在库存—生产—销售环节所占用的资金。在投资评价中,流动资金指运营期内长期占用并周转使用的营运资金,不包括运营中需要的临时性营运资金。

流动资金对于项目投资具有重要的作用,它是维持项目正常运营所必需的周转资金。流动资金的量应符合项目资金需求,流动资金过多,将造成资金的浪费;同时,增加资金使用成本。流动资金过少,将使项目在运转中发生资金支付困难,影响项目正常运作。故流动资金的测算应准确、适当。

除此以外,流动资金测算的大小对于项目现金流量的测算也有一定的影响,流动资金量的多少直接影响到现金流入量的多少,进而对项目净现金流量产生一定影响。故在项目测算中,流动资金测算的准确性对项目评价具有重要作用。

1. 流动资金的构成

流动资金＝流动资产－流动负债

通常,流动资产是指以下五个项目所占用的资金总和:

(1)原料、辅助材料、燃料、供应品、包装材料、零备件及小工具的储备;

(2)加工过程中的在制品;

(3)产成品的库存;

(4)以赊销方式销售的商品、在途占用的商品、在财务结算过程中占用的商品;

(5)预发工资、预备办公费及其他准备金。

其具体构成如图 7-11 所示。

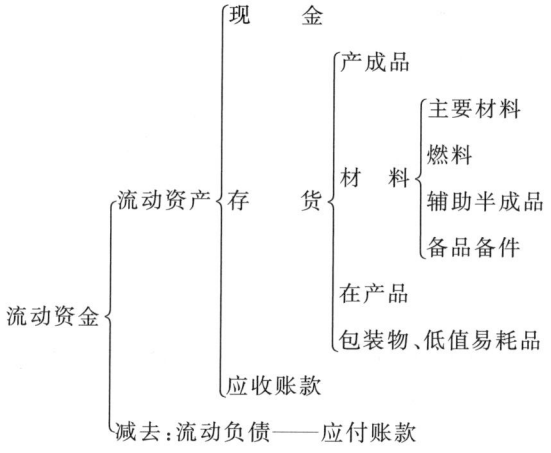

图 7-11 流动资金构成

2. 流动资金估算方式

项目从投产到达产,会经历一个过程。随着年产量的增加,企业占用的流动资金亦相应增加。因此,当年净增流动资金等于当年占用流动资金与上年占用流动资金之差值。

流动资金需要量一般是参照现有类似生产企业的相关指标估算。根据项目特点和掌握资料的粗细程度,可以采用扩大指标估算法或分项详细估算法。

(1)扩大指标估算法

1)按产值(或销售收入)资金率估算。一般加工工业项目多采用产值(或销售收入)资金率进行估算,即:

$$流动资金需求量＝项目年总产值(或销售收入)\times 总产值资金率$$

2)按经营成本(或总成本)资金率估算。由于经营成本(或总成本)是一项综合性指标,能反映项目的物质消耗、生产技术和经营管理水平以及自然资源条件的差异等实际状况,一些采掘工业项目常采用经营成本(或总成本)资金率估算流动资金。

流动资金需求量＝项目年经营成本(或总成本)×经营成本资金率

3)按固定资产价值资金率估算。这种方法较多地用于固定资产与流动资金有着比较稳定的比例关系的项目,例如火电厂可按固定资产价值资金率估算流动资金。

流动资金需求量＝固定资产价值×固定资产价值资金率

其中:固定资产价值资金率是流动资金占固定资产价值总额的百分比。

4)按单位产量资金率估算。有些项目如煤矿,按吨煤资金率估算流动资金。

流动资金需要量＝年生产能力×单位产量资金率

(2)分项详细估算法

采用分项详细估算法计算流动资金需要量时,首先必须确定流动资产和流动负债的年最低周转次数,其次应计算全年的总成本费用,包括生产成本和期间费用。最后再利用有关成本表中的相关数据除以周转次数,即可得出流动资产和流动负债的相应数据。这是比较接近实际而又复杂的方法,其操作步骤如下:

步骤一:编制本项目运营期内各年的产品总成本费用表;

步骤二:确定流动资金和流动负债各子项的周转次数;

步骤三:利用公式流动资金＝流动资产－流动负债,计算项目在运营期内每年的流动资金占用量;

步骤四:利用公式当年净增流动资金＝当年流动资金占用量－上年流动资金占用量,计算当年净增流动资金。

采用分项详细估算法计算流动资金需要量的有关公式如下:

1)现金需要量估算。项目流动资金中的现金是指为维持正常生产运营必须预留的货币资金,计算公式为:

$$现金 = \frac{年工资及福利费＋年其他费用}{现金周转次数}$$

年其他费用＝制造费用＋管理费用＋营业费用－(以上三项费用中所含的工资及福利费、折旧费、摊销费、修理费)

2)应收账款估算。应收账款是指企业对外销售商品、提供劳务尚未收回的资金,计算公式为:

$$应收账款 = 年经营成本 \times \frac{赊销期(月数)}{12}$$

3)存货的估算。存货是指企业在日常生产经营过程中持有以备出售,或者仍然处在生产过程,或者在生产或提供劳务过程中将消耗的材料或物料等,包括各类材料、商品、在产品、半成品和产成品等。计算公式为:

存货＝外购原材料、燃料＋其他材料＋在产品＋产成品其中：

$$外购原材料、燃料 = \frac{年外购原材料、燃料费用}{分项周转次数}$$

$$其他材料 = \frac{年其他材料费用}{其他材料周转次数}$$

$$在产品 = \frac{年外购原材料、燃料动力费用 + 年工资及福利费 + 年修理费 + 年其他制造费用}{在产品周转次数}$$

$$产成品 = \frac{年经营成本}{产成品周转次数}$$

4）应付账款估算：

$$应付账款 = 外购原材料、燃料动力及其他材料费用 \times \frac{赊购期（月数）}{12}$$

Tip：流动资金数的两种表示方法

投资总额中的流动资金数计算有两种不同的计算方法，一种是铺底流动资金计算法，即只计算投资期的流动资金而不计算投资后序年份的流动资金增加量。另一种计算方法是计算投资期的流动资金和投资后序年份的流动资金增加量，称为总流动资金计算法。

【例 7.14】 预测某商业项目运营期五年内各年的产品销售收入、总成本见表 7-5、表 7-6。

表 7-5 各年产品销售收入　　　　　　　　　　　　　　　　　　　单位：万元

运营期				
1	2	3	4	5
27828.58	28663.43	29523.34	30409.04	31321.31

表 7-6 总成本表　　　　　　　　　　　　　　　　　　　　　　　单位：万元

序号	项目	运营期				
		1	2	3	4	5
1	销售成本	21147.38	21781.80	22435.25	23108.31	23801.56
2	经营费用	5414.72	5660.69	5851.97	6052.30	6262.13
3	管理费用	284.99	297.93	308.00	318.54	329.59
4	财务费用	61.95	63.49	64.45	65.50	66.64

续表

序号	项目	运营期				
		1	2	3	4	5
5	总成本	26909.03	27803.92	28659.67	29544.64	30459.92
5.1	折旧费	243.00	243.00	243.00	243.00	243.00
5.2	开办费摊销	18.80	18.80	18.80	18.80	18.80
5.3	利息支出	61.95	63.49	64.45	65.50	66.64
6	经营成本	26,585.28	27,478.62	28,333.42	29,217.35	30,131.47

预测现金周转率12次，应付账款周转率6次，应收账款周转率为9次，存货周转率为15次，同时假设：①全年销售收入的70%为赊销方式；②全年销售成本的50%为赊购方式；③全年各项原料、在产品、产成品总额为年销售成本；④预计现金余额为总成本扣除应付款及非现金成本后的余额。试算该项目运营期五年的流动资金需求量。

首先，根据总成本费用预测数据，估计各子项所需流动资金，该项目测算中对基本公式调整如下：

应收账款＝年销售收入×70%÷应收账款周转率

存货＝年销售成本÷存货周转次数

现金余额＝（总成本－销售成本－折旧与摊销－财务费用）÷现金周转率

应付账款＝销售成本×50%÷应付账款周转率

其次，利用公式流动资金＝流动资产－流动负债，计算该项目在运营期内每年的流动资金占用量。结果见表7-7。

表7-7 流动资金估算表　　　　　　　　　　　　　　　　　单位：万元

序号	项目	周转次数	运营期					计算公式
			1	2	3	4	5	
1	流动资产		4027.43	4156.23	4283.46	4414.79	4550.37	1.1＋1.2＋1.3
1.1	应收账款	9	2164.45	2229.38	2296.26	2365.15	2436.10	销售收入×70%÷周转次数
1.2	存货	15	1409.83	1452.12	1495.68	1540.55	1586.77	销售成本÷15
1.3	现金	12	453.16	474.74	491.51	509.09	527.49	（总成本－应付款－折旧摊销－财务费用）÷12
2	流动负债		1762.28	1815.15	1869.60	1925.69	1983.46	2.1
2.1	应付账款	6	1762.28	1815.15	1869.60	1925.69	1983.46	销售成本×50%÷6

续表

序号	项目	周转次数	运营期					计算公式
			1	2	3	4	5	
3	流动资金		2265.15	2341.08	2413.85	2489.10	2566.90	1—2
4	流动资金本年增加额		2265.15	75.93	72.77	75.24	77.81	
5	流动资金需求量		2566.90					流动资金本年增加额之和

> **Tip：关于流动资金投入时间**
> 首次安排流动资金投入时，时间上应当提前于生产经营开始期。在运营期所需流动资金，应于需要流动资金的当年年初安排。

7.2.5 资金来源构成及还款估算

筹措足额资金是保证投资项目顺利进行的基本前提。在投资项目总投资估算基础上，需要进一步考虑投资资金的筹措方式，包括资金来源、资金使用进度安排及还款方式，以确保投资项目能够顺利进行，同时使资金成本最小。

7.2.5.1 资金来源渠道

一般来讲，投资项目总投资资金来源包括自有资金与借贷资金两条基本渠道，其具体组成如图 7-12 所示。

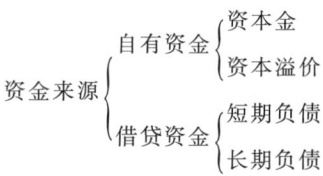

图 7-12 资金来源构成

1. 自有资金

自有资金是指投资者缴付的出资额，包括资本金及资本溢价。

投资项目资本金，也称注册资本，按国发〔1996〕35 号《关于固定资产投资项目试行资本金制度的通知》，是指在投资项目总投资中，由投资者认缴的出资额，对投资项目来说是非债务性资金，项目法人不承担这部分资金的任何利息和债务；投资者可按其出资的比例依法享有所有者权益，也可转让其出资，但不得以任何方式抽回。投资项目资本金于新建项目设立企业法人时在工商管理部门进行登记。根据投资主体不同,注册资本可分为国家资本金、法人资本金、个人资本金及外商资本金等。资本金的投入既可以是货币资金,也可以是实物资产及无形资产。

资本溢价指在资金筹集过程中,投资者缴付的出资超出资本金的差额。

2. 借贷资金

借贷资金是公司通过发行公司债或者信贷、借贷方式而筹措的资金。它虽然也是公司借以从事生产经营的物质条件,也能对外取得经营信用,但其并非公司的积极财产。

按借贷资金的种类,可划分为:通过国内外银行贷款、国际金融组织贷款、外国政府贷款、出口信贷、发行债券等方式。

(1)银行贷款是指银行采取有偿的方式向建设单位提供的资金。银行贷款是项目筹资的主要渠道。银行贷款按贷款人的不同又分为国内银行贷款和国外银行贷款。利息是贷款银行所获得的主要报酬,利息水平取决于利率水平,同时,因贷款国别、货币币种和贷款期限的不同而有所差异。国外银行在提供中长期贷款时,除收取利息外,还要收取一些其他费用,主要有管理费、代理费、承担费、杂费等。

(2)国际金融组织贷款主要是指国际货币基金组织、世界银行、国际开发协会、国际金融公司、国际家业发展基金、亚洲开发银行等组织提供的贷款。其中,国际开发协会主要是向低收入国家提供无息贷款,期限最长可达 50 年;国际金融公司主要向发展中国家的私人企业提供贷款或投资,期限较短($7 \sim 15$ 年),利率高于世界银行,低于商业银行;其余贷款期限可长达 30 年,利率低于资本市场利率。就我国而言,主要吸收的是国际货币基金组织、世界银行和亚洲开发银行的贷款。

(3)外国政府贷款是指外国政府通过财政预算,每年拨出一定款项,经政府签订协议,直接提供的贷款。外国政府贷款是友好国家经济交往的重要形式,具有经济援助性质,其利率较低或为零,其期限一般较长,并具有特定的使用范围。例如,日本的政府贷款,其利率为 $1.25\% \sim 5.75\%$,期限为 $15 \sim 30$ 年(其中含宽限期 $5 \sim 10$ 年),主要用于能源、交通、邮电、工矿、农业、渔业等方面的建设项目以及基础设施建设项目。

(4)出口信贷是指商品出口国官方金融机构或商业银行以优惠利率向本国出口商、进口方银行或进口商提供的贷款,其利差由政府进行补贴。出口信贷又分为卖方信贷、买方信贷等。其中,卖方信贷是指出口国银行向本国出口商提供的一种信贷,以便于出口商将设备等产品赊卖给外国进口者,买方可用延期付款或补偿贸易等方式向卖方偿还贷款。买方信贷是指由出口商国家的银行向进口商或进口商国家的银行提供的信贷,用以支付进口贷款的一种贷款形式。

(5)发行债券主要是指发行企业债券。它是企业允诺在某一特定的未来日期偿还本金，并按规定的利率支付利息而开出的书面凭证。企业债券大致可分为抵押债券和信用债券两类。

按借贷资金的方式不同，可划分为股东贷款及项目融资，如图7-13所示。

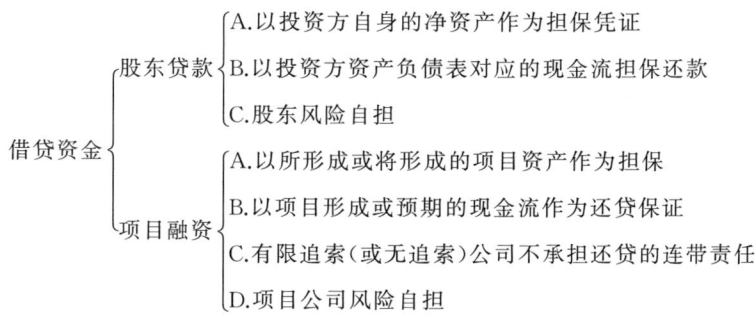

图 7-13　按方式划分借贷资金

股东贷款，指的是以公司名义进行的贷款。可以在短时期内解决公司资金方面的问题，相对于增资来说，在时间和程序上都方便很多。

项目融资是一种特殊的融资方式，是依靠项目自身的未来现金流量为担保条件而进行的融资。项目融资具有下列几个特点：第一，至少有项目发起人、项目公司、资金提供方三方参与。第二，资金提供方主要依靠项目自身的资产和未来现金流量作为资金偿还的保证。第三，项目融资是一种无追索权或有限追索权的融资方式，即如果将来项目无力偿还借贷资金，债权人只能获得项目本身的收入与资产，而对项目发起人的其他资产却无权染指。

7.2.5.2　还款方式

借款还本付息包括建设投资借款还本付息和流动资金借款还本付息。由于流动资金还本付息比较简单，所以一般只编制建设投资借款还本付息估算表。按照建设投资借款用途，可再细分为固定资产借款还本付息估算表及无形资产借款还本付息估算表。

固定资产借款与其他借款相比，其特点是借款金额大且比较集中，而还款一般要待投产后，偿还期限较长。在建设期，一般是只借不还，有的宽限期长于建设期，允许在此期不还本。至于借款期间的利息，原则上应按期结清，经贷款单位允许的，也可以挂账，待投产后一并还本付息。

还款期间还本付息的计算，主要有等额本息法、等额本金法和不等额还本付息三种方式。至于采取何种方式，取决于贷款机构与投资人之间的还款协议要求。

1. 等额本息法

等额本息法是指在指定期限内每期偿还相等的本金和利息总额。计算公式：

$$\text{每期还本付息} = L_a(A/L_a, i, n)$$

其中，L_a 为贷款总额，i 为贷款每期利率，n 为贷款期数。

$$\text{每期应付利息} = \text{期初借款本金余额} \times \text{每期借款利率}$$

$$\text{每期应偿还本金} = \text{每期等额还本付息额} - \text{每期应付利息}$$

这种还款方式，各期还本付息额是相等的，但每期偿还本金额及支付的利息是不等的，利息将随偿还本金后欠款减少而逐年减少，偿还本金部分则由于利息逐年减少而逐年加大。因此，这种还款方式适用于投产初期效益相对较差，即税后利润较少，而后期效益较好的投资项目。

2. 等额本金法

等额本金法是从开始偿还本金（含建设期利息）的年份起，在指定期限内每期偿还等额本金，并按每期期初所欠本金额计算利息的一种还本付息方法。计算公式：

$$\text{每期偿还等额本金}: A = L_a/n$$

$$\text{每期应付利息} = \text{期初借款本金余额} \times \text{当期借款利率}$$

这种还款方式每期偿还本金额固定，总的还本付息额负担较等额还本付息少，但投产期初还本付息相对较大，适合于投产初期效益较好的项目。

> **Tip**：这种方式以项目本身还款能力来确定还本额。一般来讲，偿还借款本金可来源于折旧、摊销、税后可分配利润。因此，投资项目自身最大还款能力为上述三项来源总额。采用这种还款方式，在还款期内，所有税后可分配利润均用于还款，投资者不能分配利润。

【例 7.15】 某项目总投资 1000 万元，其中 800 万元来源于借贷资金，借款利率 5.85%，借款期五年，试算此笔借贷资金每年还本、付息额。银行存款利息为 5%。

（1）等额本息法（见表 7-8）

表 7-8 等额本息法还本付息计算表

项目＼年份	1	2	3	4	5	合计	计算方法
A.年初借款累计	800.00	657.66	506.99	347.50	178.69		上年的 E
B.还本付息额	189.14	189.14	189.14	189.14	189.14	945.71	资本回收
C.本年应还本金额	142.34	150.67	159.48	168.81	178.69	800.00	B−D
D.本年应还利息额	46.80	38.47	29.66	20.33	10.45	145.71	$A \times i$
E.年末借款累计	657.66	506.99	347.50	178.69	0.00		A−C

(2)等额本金法(见表7-9)

表7-9　等额本金法还本付息计算表

项目＼年份	1	2	3	4	5	合计	计算方法
A.年初借款累计	800.00	640.00	480.00	320.00	160.00		上年的E
B.还本付息额	206.80	197.44	188.08	178.72	169.36	940.40	C＋D
C.本年应还本金额	160.00	160.00	160.00	160.00	160.00	800.00	800÷5
D.本年应还利息额	46.80	37.44	28.08	18.72	9.36	140.40	A×i
E.年末借款累计	640.00	480.00	320.00	160.00	0.00		A－C

> **Tip：关于还款资金来源**
>
> 借贷资金利息的偿还,在建设期产生的利息资本化,计入固定资产原值、开发成本或其他规定科目,在生产经营期产生的利息费用化,计入总成本。偿还借款本金(包括建设期利息)的资金来源是:计提的折旧费和摊销费、税后可分配利润、企业筹措的短期借款或自有资金。运用这些资金的一般顺序是:首先使用计提的折旧及摊销费,不足则用税后可分配利润垫付,若仍不足,则有必要通过筹措短期借款或自有资金偿还。

7.2.6　总成本费用构成及估算方式

7.2.6.1　总成本费用的构成

投资项目的总成本费用指项目建成投产后,在一定时期为生产和销售产品而发生的全部成本和费用的总和。从要素投入角度分析,总成本费用包括外购原材料、外购燃料、外购动力、工资及福利费用、折旧费、修理费、摊销费、利息支出及其他费用等九大类,如图7-14所示。

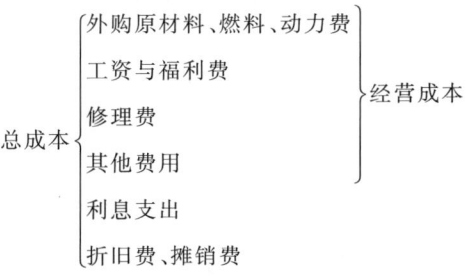

图7-14　总成本费用构成

其中:经营成本指总成本费用扣除了财务费用(利息支出)、折旧和摊销后的现金成本。包括项目投产后在生产经营过程中发生的物料、人力和能源投入等费用,反映了项目的生产管理水平。同类投资项目的经营成本具有可比性。用公式表示为:

经营成本＝总成本费用－折旧费－摊销费－财务费用(利息支出)

经营成本的估算与融资方案无关,其另一种计算公式为:

经营成本＝外购材料费＋外购燃料和动力费＋人工工资及福利费
　　　　＋外部提供的劳务及服务费＋修理费＋其他制造费
　　　　＋其他管理费＋其他营业(销售)费

7.2.6.2　总成本费用的分类

不同投资项目,因考虑的出发点及用途不同,对于总成本费用也有不同的分类标准。

1. 按行业划分,其总成本费用的常见形式

(1)工业项目

总成本费用＝生产成本＋财务费用＋管理费用＋销售费用

其中:生产成本由直接成本与制造费用组成。直接成本包括产品中的直接材料和直接人工,制造费用属于间接成本。

1)直接材料,是指构成产品实体,或有助于形成产品的各种材料。细类主要有:主要材料、原料、辅助材料、备用配件、外购半成品、燃料、动力、包装物以及其他材料。

2)直接人工,是指直接从事产品制造的生产工人的工资费用。主要有:工资、奖金、津贴、补贴和福利。

3)制造费用,是指企业各生产单位为组织和管理生产而发生的各项费用。细类主要有:生产单位管理人员工资、职工福利费、生产用固定资产折旧费、资源有偿使用费、租赁费、修理费、物料消耗、低值易耗品、劳保费、季节性修理期内的停工损失以及其他制造费用。

(2)商业项目

总成本费用＝销售成本＋财务费用＋管理费用＋经营费用

(3)服务项目

总成本费用＝各项营业支出＋财务费用＋管理费用

2. 按成本要素投入

总成本费用＝外购原材料费用＋外购燃料和动力费用＋工资
　　　　＋提取的职工福利费用＋折旧费＋修理费
　　　　＋摊销费＋利息支出＋其他费用

(1)外购原材料费用,指为进行生产经营活动而耗用的一切外购原材料及主要材料、外购的半成品、辅助材料、包装物、修理备用件、低值易耗品等费用。

(2)外购燃料及动力费用,指为进行生产经营活动而耗用的,从外单位购进的各种固体、液体、气体燃料和各种动力,如电、气等费用。

(3)工资,指应计入成本、费用的全部职工的工资。

(4)提取的职工福利费,指按规定的工资总额的一定百分比从成本、费用中提取的福利费。

(5)修理费,指为修理固定资产而发生的各种修理费用。

(6)折旧费,指按规定从成本、费用中计提的固定资产折旧费用。

(7)摊销费,指按规定,将无形资产及其他资产在规定摊销年限内进行摊销的费用。

(8)利息支出,指计入财务费用的借款利息支出扣除利息收入后的净支出,汇兑净损失等。

(9)其他支出,指以上各项费用要素之外的其他费用支出,如办公费、差旅费、劳动保护费、保险费、业务费、运输费、装卸费、包装费、展览费、广告费、工会经费、待业保险费、职工教育经费、排污费、咨询费、绿化费、诉讼费、研究开发费、技术转让费、业务招待费、劳动保险费等。

3. 按成本的形态划分

$$总成本费用=现金成本+非现金成本$$

其中:现金成本=经营成本+财务费用(利息支出)

非现金成本=折旧+摊销

因此,总成本费用=经营成本+财务费用+折旧+摊销

> **Tip:关于经营成本**
> 在投资项目分析中,经营成本专门用于现金流量分析。之所以扣除财务费用及非现金成本,一方面由于初始投资已在其发生时作为现金流出,因此不能再以折旧、摊销等非现金成本计为现金流出,否则会发生重复计算;另一方面,扣除财务费用是为了剔除融资方式不同对于同行业项目本身管理水平的影响。

4. 按成本的性质划分

$$总成本费用=固定成本+变动成本$$

固定成本指与产量变化没有直接联系的相对稳定的那一部分成本。如:固定资产折旧费、管理费用等。变动成本指随产量变化而变化的成本。如:原料、燃料、动力、计件工资等。

将总成本费用按是否随产量变化而分成固定成本和变动成本,有利于分析来自市场和生

产经营中产生的各种不确定性因素对项目收益的影响,为计算项目盈亏平衡点,制定经营决策打下基础。

> **Tip:关于固定成本与变动成本的划分**
>
> 实际上,对于固定成本和变动成本的划分是相对的。即这样的划分仅对一定范围有效;两者有时难以区分。例如:电力费用的支出,用来开动机器制造产品的电力消耗随产量变化而变化;而用来照明和取暖的电力,无论产量多少,照明和供暖的电力都是需要的,与生产量无关。这时,一种方法是可将各项费用明细分解为固定成本与变动成本;另一种方法是按所占权重较高的为准,若固定成本部分居多,则全部按固定成本估算,反之,则全部按变动成本估算。具体采用的方式有:高低点法、概算法和最小二乘法。

7.2.6.3 总成本费用估算

通常,总成本费用的估算有两种方式,一是按费用要素估算,即要素成本法,其估算表见表7-10;二是按行业成本项目估算,即项目成本估算法,其估算表见表7-11。

表7-10 总成本费用估算表

序号	项目	运营期				
		1	2	3	……	n
1	外购原材料					
2	外购燃料及动力					
3	工资及福利费					
4	修理费					
5	其他费用					
6	经营成本(1+2+3+4+5)					
7	折旧费					
8	摊销费					
9	利息支出					
10	总成本费用合计(6+7+8+9)					
	其中:固定成本					
	可变成本					

表 7-11 总成本费用估算表

序号	项目	运营期				
		1	2	3	……	n
1	生产成本(1.1＋1.2＋1.3＋1.4＋1.5)					
1.1	原材料					
1.2	燃料					
1.3	外购动力					
1.4	工资					
1.5	制造费用					
2	销售费用					
3	管理费用					
4	财务费用					
5	总成本费用(1＋2＋3＋4)					
5.1	其中:折旧费					
5.2	无形资产摊销					
5.3	开办费摊销					
5.4	利息支出					
6	经营成本(5－5.1－5.2－5.3－5.4)					
7	固定成本					
8	可变成本					

按要素成本估算,各项成本费用分项估算如下。

1. 外购原材料估算

原材料成本是总成本费用的重要组成部分,其估算公式如下:

$$原材料成本＝全年产量×单位产品原材料成本$$

其中:全年产量根据测定的设计生产能力和投产期各年的生产负荷确定。单位产品原材料成本是依据原材料消耗定额和单价确定的。

2. 外购燃料、动力的估算

外购燃料和动力是为进行生产经营活动耗用的,从外单位购进的各种固体、液体、气体燃料和动力等。其估算公式如下:

$$燃料动力成本＝全年产量×单位产品燃料和动力成本$$

3. 工资及职工福利费的估算

工资是指按项目职工定员数和人均年工资额计算的年工资总额。职工福利费是按工资总额的 14% 提取的,主要用于职工困难补助,职工及其供养的直系亲属的医药费,本单位医疗部门医务工作人员、职工食堂、浴室工作人员、幼儿园工作人员的工资,以及按照国家规定由职工福利基金开支的其他支出。不包括职工集体福利设施的支出。其估算公式如下：

$$年工资成本 = 职工定员数 \times 人均年工资额$$

> **Tip：关于职工福利费**
>
> 根据2007年1月1日起在上市公司施行的新会计准则第9号——《职工薪酬准则》，职工薪酬是指企业为获得职工提供的服务而给予各种形式的报酬以及其他相关支出。职工薪酬包括：(一)职工工资、奖金、津贴和补贴；(二)职工福利费；(三)医疗保险费、养老保险费、失业保险费、工伤保险费和生育保险费等社会保险费；(四)住房公积金；(五)工会经费和职工教育经费；(六)非货币性福利；(七)因解除与职工的劳动关系给予的补偿；(八)其他与获得职工提供的服务相关的支出。新会计准则中的"职工薪酬"涵盖了职工福利费，即取消按14%比例提取职工福利费的要求，据实列支。

4. 修理费估算

修理费是指企业所发生的各种修理固定资产的费用。其估算公式如下：

$$修理费 = 固定资产原值 \times 修理费用率$$

为简化计算，也可按折旧额的一定比率计提修理费，这一比率可参照同类企业的经验数据加以确定。

5. 折旧费估算

固定资产在其有效使用期内，尽管仍保留其自身的实物形态，但因物质磨损及无形(指技术进步引起的资产价值下降)磨损，其原始价值会减少。固定资产折旧，就是按使用年限或产量应转移到产品成本中的固定资产原值减少的那一部分。计提折旧，是回收固定资产投资的一种方式。按规定，企业把已发生的资本性支出转移到产品生产成本中，然后通过产品的销售，逐步回收初始资产性投资。

企业在会计核算过程中，首先应按财政部制定的分行业财务制度规定的折旧年限，作为计提折旧的依据，但最短不得低于国税发〔2000〕84号《关于印发〈企业所得税税前扣除办法〉的通知》中第二十五条规定：除另有规定者外，固定资产计提折旧的最低年限如下：(1)房屋、建筑物为20年；(2)火车、轮船、机器、机械和其他生产设备为10年；(3)电子设备和火车、轮船以外的运输工具以及与生产经营有关的器具、工具、家具等为5年。

固定资产原价按规定提足折旧后余留部分，称为残值。固定资产在计算折旧前，应当估计残值，从固定资产原价中减除。根据国税发〔2003〕70号文规定，企业新购置的固定资产在计算可扣除的固定资产折旧额时,固定资产残值比例统一确定为5%。在上述文件下发之日前购置的固定资产,企业已按不高于5%的比例自行确定的残值比例,不再进行调整。

我国现行税法规定,企业的固定资产,应当从投入使用月份的次月起计算折旧;停止使用的固定资产,应当从停止使用月份的次月起,停止计算折旧。

按我国现行制度,计提折旧可采用平均年限法、工作量法、双倍余额递减法、年数总和法等四种方法。

(1)平均年限法

平均年限法又称直线法,是将固定资产的折旧均匀分布到各期的一种方法。采用这种方法计算的每期折旧费是等额的。其计算公式如下:

$$年折旧率 = \frac{1-预计残值率}{预计使用寿命(年)} \times 100\%$$

$$年折旧额 = 固定资产原值 \times 年折旧率$$

(2)工作量法

工作量法是根据实际工作量计提折旧额的一种方法,其计算公式如下:

$$每一工作量折旧额 = \frac{固定资产原值 \times (1-净残值率)}{预计总工作量}$$

$$年折旧额 = 项目固定资产当年工作量 \times 每一工作量折旧额$$

(3)双倍余额递减法

双倍余额递减法是在先不考虑固定资产残值的情况下,根据每期期初固定资产账面余额和以双倍的直线法折旧率计算固定资产折旧的一种方法。其计算公式如下:

$$年折旧率 = \frac{2}{预计使用寿命(年)} \times 100\%$$

$$年折旧额 = 固定资产账面净值 \times 年折旧率$$

式中,固定资产账面净值是指固定资产账面原值减去累计折旧额之后的余额。实行双倍余额递减法计提折旧的固定资产,应当在其固定资产折旧年限到期以前的2年内,将固定资产净值扣除预计残值后的余额平均摊销。

(4)年数总和法

年数总和法是指将固定资产的原值减去残值后的净额乘以一个逐年递减的分数计算每年折旧额的一种方法。这里所指的分数,其分子代表固定资产尚可使用的年限,其分母代表使用年数的逐年数字之和。其计算公式如下:

$$年折旧率 = \frac{尚可使用年限}{预计使用寿命的年数总和} \times 100\%$$

$$年折旧额 = (固定资产原值 - 预计净残值) \times 年折旧率$$

【例7.16】 某项目引进一条生产线,其中设备价值500万元,预计使用五年,净残值率5%,按平均年限法折旧;另购买电子仪器价值100万元,预计使用五年,净残值率10%,按年数总和法折旧。请计算该项目在运营期折旧总额及期末账面余值(见表7-12)。

表 7-12 折旧额计算表   单位:万元

序号	项目	原值	折旧率	计算期 1	2	3	4	5	合计	残值	计算方法
1	设备	500	5%								
1.1	折旧费	0		95	95	95	95	95	475		平均年限
1.2	净值	500		405	310	215	120	25		25	
2	仪器	100	10%								
2.1	折旧费	0		30	24	18	12	6	90		年数总和
2.2	净值	100		70	46	28	16	10		10	
	合计	600									1+2
	折旧费	0		125	119	113	107	101	565		1.1+2.1
	净值	600		475	356	243	136	35		35	1.2+2.2

Tip:关于折旧方式的选择

根据我国现行税法及国税函〔2006〕452号《国家税务总局关于固定资产折旧方法有关问题的批复》规定,固定资产的折旧,可以采用直线法与工作量法计算,需要采用其他折旧方法的,需逐级上报国家税务总局批准。目前符合税法规定的其他可采用的折旧方法还包括加速折旧法,但有一定使用范围。根据国税发〔2003〕113号《关于下放管理的固定资产加速折旧审批项目后续管理工作的通知》第一条规定:允许实行加速折旧的企业或固定资产包括:(1)对在国民经济中具有重要地位、技术进步快的电子生产企业、船舶工业企业、生产"母机"的机械企业、飞机制造企业、化工生产企业、医药生产企业的机器设备;(2)对促进科技进步、环境保护和国家鼓励投资项目的关键设备,以及常年处于震动、超强度使用或受酸、碱等强烈腐蚀的机器设备;(3)证券公司电子类设备;(4)集成电路生产企业的生产性设备;(5)外购的达到固定资产标准或构成无形资产的软件。

企业应当根据固定资产的性质和使用情况合理确定固定资产的使用寿命和预计净残值。企业应当根据与固定资产有关的经济利益的预期实现方式,合理选择固定资产折旧方式。

6. 摊销估算

摊销费是指无形资产及其他资产在一定期限内分期摊销的费用。

无形资产和其他资产的原始价值要在规定的年限转移到产品的成本中,企业通过计提摊销费收回无形资产和其他资产的资本支出。

无形资产的应摊销金额应当在使用寿命内系统合理摊销,摊销方法应反映企业预期消耗该项无形资产所产生的未来经济利益的方式。无法可靠确定消耗方式的,应当采用直线法摊销。其计算公式如下:

$$无形资产摊销额 = \frac{无形资产原值}{摊销年限}$$

> **Tip:无形资产的摊销**
>
> 无形资产应摊销金额＝入账价值－残值－已提减值准备。企业一般应假定残值为零,但存在两个例外:(1)有第三方承诺在无形资产使用寿命结束时购买该无形资产;(2)可以根据活跃市场得到残值信息,并且该市场在无形资产使用寿命结束时很可能存在。

其他资产主要包括开办费,按相关制度规定在投产当年一次摊销。

无形资产及其他资产的摊销可编制"无形资产和其他资产摊销估算表",见表7-13。

表7-13 无形资产和其他资产摊销估算表

序号	项目	合计	经营期				
			1	2	3	……	n
1	无形资产						
	原值						
	本年摊销额						
	净值						
2	其他资产						
	原值						
	本年摊销额						
	净值						
	……						
3	合计						
	原值						
	本年摊销额						
	净值						

7. 利息支出

利息支出是指企业计入财务费用的借款利息扣除利息收入后的净支出,包括生产期间流动资金借款利息及生产期间建设投资借款利息(不包括建设期建设投资借款利息)及汇兑净损益等。

一般流动资金借款利息按单利计算,而建设投资借款按复利计算。实际进行投资项目估算时,按照对生产经营期借款的假设条件而确定。

8. 其他费用估算

其他费用是指制造费用、管理费用、财务费用、销售费用中分别扣除工资及福利费、折旧费、修理费、摊销费、利息支出后的其余部分。其他费用一般可根据成本费用中前七项之和的一定比率计算,其比率可按同类企业经验数据加以确定。

7.2.7 收益构成及估算方式

7.2.7.1 营业(销售)收入估算

在基础数据中,营业(销售)收入是决定项目投资数据分析的关键因素。正确地预测营业收入,是做好项目投资数据分析的重要前提。

营业(销售)收入是指投资项目在生产经营中,由于销售商品、提供劳务等业务为项目带来的经济利益的总流入。

营业(销售)收入,按收入的性质,可以分为商品销售收入、劳务收入和他人使用本企业的资产等而取得的收入;按企业经营业务的主次分类,可分为主营业务收入和其他业务收入。不同行业的主营业务收入包括的内容不同。工业性企业的主营业务收入主要包括销售产品、自制半成品、代制代修品、提供工业性作业等所取得的收入;商品流通企业的主营业务收入主要包括销售商品取得的收入;旅游企业的主营业务收入包括客房收入、餐饮收入等。营业(销售)收入的计算公式如下:

$$营业(销售)收入 = 年销售量 \times 销售单价$$

需要指出的是,在进行项目数据分析时,不考虑库存,通常假定年销售量即为年产量。

7.2.7.2 税金估算

在投资项目效益分析中,涉及现行税制中的多数税种,这些税种均属于投资项目的费用支出。按现行会计制度规定,税金及附加主要有从销售收入中直接扣除或外加的税金、进入产品成本费用的税金及从利润中扣除的税金。

从营业(销售)收入中直接扣除或外加的税金主要有:营业税、消费税、城市维护建设税、资源税、教育费附加及增值税。进入产品成本费用的税金主要有:房产税、土地使用税、车船使用税、印花税费以及进口原材料、备品备件的关税及增值税。从利润中扣除的税金主要指所得税。

各种税金在投资项目数据分析中的估算如下。

1. 营业税估算

营业税是指在我国境内提供应税劳务、转让无形资产或者销售不动产的单位、个人，就其营业额征收的一种税。包括我国境内交通运输业、建筑业、金融保险、邮政电信、文化体育、娱乐业、服务业、转让无形资产、销售不动产等业务的单位和个人。其应纳税额计算公式为：

$$应纳税额 = 营业额 \times 税率$$

2. 消费税估算

消费税是在普遍征收增值税的基础上，根据消费政策、产业政策要求，有选择地对一部分消费品的生产、委托加工及进口再征收的一种税，用以调节生产、引导消费和间接调节收入分配等功能。应税消费品包括烟、酒、酒精、化妆品、贵重首饰、珠宝玉石、焰火、汽车轮胎、摩托车、小汽车、高尔夫球及球具、高档手表、游艇、木制一次性筷子、实木地板、成品油等产品。

消费税税率有从价定率与从量定额两种，黄酒、啤酒、汽油、柴油为从量定额，其他消费品均为从价定率，税率自3%到56%不等。其应纳税额计算公式为：

(1) 从量定额法

$$应纳税额 = 销售（进口）数量 \times 单位税额$$

(2) 从价定率法

$$应纳税额 = 销售额 \times 消费税税率$$
$$= \frac{含增值税的销售额}{1 + 增值税率或征收率} \times 消费税税率$$

> **Tip：关于消费税**
>
> 进行项目数据分析时，对销售应税消费品时发生的消费税计入销售税金；涉及进口应税消费品时，若进口货物是固定资产的，其消费税随货价一同计入固定资产投资；若该进口货物是用于生产的，则此消费税应随货价一起计入总成本费用。涉及生产环节的应税消费品用于在建工程的，应交纳的消费税计入在建工程；用于职工福利部门等非生产机构时，应交纳的消费税计入应付福利费科目。

3. 城市维护建设税估算

城市维护建设税又称城建税，是对从事生产经营活动的单位和个人，以其实际缴纳增值税、消费税和营业税的税额为计税依据，按纳税人所在地适用的不同税率计算征收的一种税。从性质上说，城建税是一种地方附加税。

城建税采用地区差别比例税率:在市区的税率为7%;在县城、镇的税率为5%;非市区县城、镇的税率为1%。其计算公式如下:

应纳城市维护建设税=(纳税人实际缴纳的增值税+营业税+消费税税额)×适用税率

4. 教育费附加估算

教育费附加以各单位和个人实际缴纳的增值税、营业税、消费税的税额为计征依据,教育费附加率为3%。用以作为发展地方性教育事业,扩大地方教育经费的资金来源。

教育费附加=(纳税人实际缴纳的增值税+营业税+消费税税额)×税率

5. 增值税估算

增值税是价外税,是指对销售收入中的增值额部分征收的一种税。增值额是指企业销售收入减去相应的外购材料、商品等成本的差额,它是企业生产经营过程中投入的有形动产增加的价值。

应纳增值税=当期销项税额-当期进项税额

(1)当销售收入不含税销售额

销项税额=销售额×税率

进项税额=购进货物或应税劳务时已交纳的增值税

(2)当销售收入为含税销售额,或购入货物的费用为含税费用

$$销项税额 = \frac{销售额}{1+税率} \times 税率$$

$$进项税额 = \frac{外购原材料、动力、燃料等}{1+税率} \times 税率$$

增值税征收范围包括销售货物、进口货物和提供加工、修理修配劳务。增值税的纳税人分成两类:一类是一般纳税人,其适用的税率主要有13%与17%两种,其进项税额可抵扣销项税额;另一类是小规模纳税人,其适用的税率为4%与6%,其进项税税额不能抵扣销项税额。

在投资项目数据分析中,增值税作为价外税,不包括在营业税金及附加中,故增值税本身不在投资项目现金流量分析中;在投资项目数据分析中单独计算增值税,是作为城建税及教育费附加的计征基数。

6. 所得税估算

企业生产、经营所得和其他所得,依照有关所得税暂行条例及细则的规定要交纳所得税。所得税税率有法定税率和优惠税率两种。所得税法规定法定税率为25%,内资企业和外资企业一致,国家重点扶持的高新技术企业为15%,小型微利企业为20%,非居

民企业为20%。其应税所得额为每一纳税年度的应税收入减去准予扣除项目后的余额。计算公式如下：

$$所得税 = 应纳税所得额 \times 所得税税率$$

7.2.7.3 利润估算

利润是企业一定时期的经营成果，是企业的收入减去有关的成本与费用后的差额。企业的利润总额减去应交所得税后的差额，即为企业的净利润，亦称税后利润。

利润分配是企业根据国家有关规定和投资者的决议，对企业净利润所作的分配。根据现行规定，企业的净利润可按照以下顺序分配：

(1) 弥补以前年度亏损

(2) 提取法定公积金

法定公积金按照税后利润的10%提取，法定公积金累计额达到注册资金的50%以上时，可不再提取。

(3) 提取任意公积金

任意公积金按公司章程或股东会决议自税后利润中提取。

(4) 可供投资者分配的利润

税后利润扣除上述三项剩余部分为未分配利润，可作为企业偿还借款本金的来源之一。

利润及其分配的估算可通过编制"利润及其分配估算表"来反映，其格式见表7-14。

表7-14 利润及其分配估算表

序号	项目	合计	运营期				
			1	2	3	…	n
1	营业（销售）收入						
2	营业税金及附加						
3	总成本费用						
4	补贴收入						
5	利润总额(1−2−3+4)						
6	弥补以前年度亏损						
7	应纳税所得额(5−6)						
8	所得税						
9	税后利润(5−8)						
10	期初未分配利润						
11	可供分配的利润(9+10)						
12	提取法定公积金						
13	提取任意公积金						

续表

序号	项目	合计	运营期				
			1	2	3	…	n
14	可供投资者分配的利润（11－12－13）						
15	应付利润（股利）						

7.2.8 资金平衡表

资金平衡表反映项目计算期内各年使用的资金来源与数量和项目资金运用及数量之间的平衡关系，是用于选择资金筹措方案，制定适宜的借款及偿还计划，编制资产负债表的依据。

7.2.8.1 资金平衡表的作用

第一，为项目编制资金筹措计划。编制该表时，首先要计算项目计算期内各年的资金来源与运用状况，然后通过资金来源与运用的差额反映项目各年资金盈余或短缺的情况，以明确表明；在建设期内，为保证按预定进度建成项目所需总投资的数量及来源；在生产期为抵补各时期经营成本及其他支出除使用销售收入外，在某个时间还应筹措的临时贷款的数量。

第二，反映往来于项目内部与外部的资金总体平衡关系。通常，投资项目在其计算期各年资金来源与运用可大致包括以下几部分，见表7-15。

表 7-15　资金来源与运用表

资金来源		资金运用
税前利润、计提的折旧和摊销费	资金盈余	建设投资、流动资金
自有资金		偿还借款本金
银行借款		所得税
回收流动资金、固定资产余值		投资方实际分配利润

第三，反映各项资产、负债和所有者权益的增加或减少的金额，并说明增减的原因。

第四，为编制资产负债表提供数据，是沟通利润表与资产负债表的桥梁。

7.2.8.2 资金平衡表的编制

资金平衡表能全面反映项目的资金流动全貌。编制该表时，首先要计算项目计算期内各年的资金来源与资金运用，然后通过资金来源与资金运用的差额反映项目各年的资金盈余或短缺情况。其编制格式见表7-16。

表 7-16　资金平衡表

序号	项目	合计	计算期			
			1	2	……	n
1	资金来源					
1.1	销售利润					
1.2	折旧费					
1.3	摊销费					
1.4	自有建设投资资金					
1.5	自有流动资金					
1.6	建设投资借款					
1.7	流动资金借款					
1.8	回收固定资产残值					
1.9	回收流动资金					
2	资金运用					
2.1	建设投资					
2.2	流动资金					
2.3	建设期利息					
2.4	所得税					
2.5	偿还建设投资借款本金					
2.6	偿还流动资金借款本金					
2.7	分配回收固定资产残值					
2.8	分配回收自有流动资金					
2.9	投资方实际分配利润					
3	盈余资金					
3.1	余留折旧与摊销					
3.2	提取法定公积金、任意公积金					
3.3	未分配利润					
4	累计盈余资金					

在编表中，各主要项目数据来源如下：

(1)税前利润、折旧费、摊销费数据分别取自损益表、固定资产折旧费估算表及无形资产和其他资产摊销估算表。

(2)建设投资借款、流动资金借款、其他短期借款和自有资金项目的数据均取自资金筹措表。

(3)回收固定资产余值及回收流动资金。固定资产余值回收额为固定资产折旧费用估算表中固定资产期末净值合计，流动资金回收额为项目全部流动资金。

(4)建设投资、建设期利息、流动资金需求取自于资金筹措表。

(5)所得税、投资方实际分配利润取自损益表。

(6)长期借款本金偿还取自借款还本付息表中本年还本数;流动资金借款本金偿还一般于项目计算期末一次性偿还,数额取自流动资金需求量表。

(7)盈余资金为资金来源与资金运用的差额,亦是各年余留折旧与摊销、提取法定公积金、任意公积金与未分配利润之和。

(8)累计盈余资金为各年盈余资金与以前年度盈余资金之和,是资产负债表中银行存款数据的来源依据。

> **Tip:关于财务平衡表的累计盈余资金**
>
> 财务平衡表中的累计盈余资金不应出现负数,出现负数意味着当期资金发生短缺,项目无法维持下去,必须在当期筹措短期借款或增加自有资金加以弥补。如果实际能从银行透支,可以出现负数,但必须在这一累计值变成正值以前的各期中,在资金运用栏中增加"银行透支利息"科目。

7.2.9 资产负债表

资产负债表综合反映项目计算期内各年末资产、负债和所有者权益的增减变化及对应关系,用以考察项目资产、负债、所有者权益的结构是否合理,并进行清偿能力分析。报表格式见表 7-17。

表 7-17 资产负债表

序号	项目	合计	运营期				
			1	2	3	……	n
1	资产合计						
1.1	流动资产						
1.1.1	流动资产需求量						
1.1.2	银行存款						
1.2	固定资产净值						
1.3	无形资产净值						
1.4	其他资产净值						
2	负债合计						
2.1	流动负债						
2.1.1	应付账款						

续表

序号	项目	合计	运营期				
			1	2	3	……	n
2.1.2	流动资金借款						
2.2	建设投资借款						
3	所有者权益						
3.1	自有资金						
3.2	累计提取公积金						
3.3	累计未分配利润						
4	负债及所有者权益合计						

其中,各项数据取值依据如下:

(1)资产由流动资产、固定资产净值、无形及其他资产净值组成。

①流动资产总额由流动资产与银行存款两项组成。流动资产为应收账款、存货、现金之和,取自流动资金估算表;银行存款为累计盈余资金,取自资金平衡表。

②固定资产净值、无形资产及其他资产净值分别从固定资产折旧估算表、无形及其他资产摊销估算表中净值栏取得。

(2)负债包括流动负债和长期负债。

①流动负债中的应付账款数据可由流动资金估算表直接取得。流动资金借款由流动资金借款还款估算表中年末借款累计数直接取得。

②长期负债中长期借款由长期借款还款估算表中年末借款累计数直接取得。

(3)所有者权益包括自有资金、提取的法定公积金及任意公积金、累计未分配利润。其中,提取的法定公积金及任意公积金、累计未分配利润可直接由损益表取得。

7.2.10 投资项目现金流量表的基本概念

现金流量是指投资项目在其计算期内因资本循环而引起的各项现金流入量与流出量。

在投资项目财务评价中,现金流量测算的准确性,对项目评价结论具有不可忽视的作用。通过现金流量测算,可以了解项目建设和经营全过程,各年现金流入与流出的情况,以及各年现金盈亏的情况,进而了解项目总的盈余情况。通过现金流量的测算,可以直接计算项目净现值或内部收益率及项目投资回收期的长短,对投资项目可行性作出经济评价。因此,选择正确和适用的现金流量测算方法,对项目评价具有重要意义。

7.2.10.1 投资项目现金流量的特点

1. 现金流量里的现金概念

现金流量表中的现金指货币及货币等价物的变现价值。无论项目在其计算期内估算所产生的收益或成本的形态是什么,在项目评价中均以其变现价值——货币体现出来。例如,项目经营中出现的机器设备、存货等物品,在现金流量估算中均以变现价值作为现金流量的计算依据。

2. 投资项目现金流量估算表不同于会计现金流量表

会计现金流量表反映了企业在一定时间内现金流入和流出的情况,以表明企业偿债能力以及获得现金和现金等价物的能力。对企业经营而言,除了创造利润作为其存在的使命外,能够创造现金收益是反映企业能否维持正常经营的必要条件。通过对现金流入来源分析,可以对企业创造现金的能力作出评价,并可对企业未来获取现金的能力作出预测。二者区别见表7-18。

表7-18 投资项目现金流量表和会计现金流量表的区别

	投资项目现金流量表	会计现金流量表
目的	项目决策	现金来源
期间特征	项目计算期	会计年度
表格结构	现金流入、流出、净流量组成现金流量	经营、筹资、投资活动组成现金流量
数据资料	估算,变现值	真实历史数据

(1)目的不同。投资项目现金流量表反映的是特定投资项目的现金流量,其目的是通过估算项目在计算期产生的收益净流量总量,为投资提供决策依据。而会计现金流量表反映特定企业的现金流量,其目的是通过分析企业现金流量的来源,表明企业维持正常生产经营的资金来源方式,从而为企业下一步经营决策提供预警提示。

(2)期间特征不同。投资项目现金流量表的期间特征包括整个项目的计算期,而会计现金流量表的期间特征仅为一个会计年度。

(3)表格结构不同。投资项目现金流量表包括现金流入、现金流出和净现金流量三项内容;会计现金流量表则分为投资活动的现金流量、筹资活动的现金流量和经营活动的现金流量三大类内容,每类又分为现金流入和现金流出。

(4)数据资料不同。投资项目现金流量表中各项数据来自对未来的估算值,并且每项均为项目变现价值,;而会计现金流量表中的数据则取自真实的历史数据。

3. 现金流量范畴区别于会计收益

会计收益以权责发生制作为计算原则,将折旧、摊销等非现金项目按其所在会计期间不同而予以分配,以成本、费用的形式抵偿当期收益,使得收益与成本支出时间相配比。在项目投资测算中,非现金的成本、费用形式对当期收益流量并未产生影响,因此,在项目测算中,现金流量只计算与项目相关的现金收支,而不计算非现金收支,即不能包含会计收益中的非现金费用,如折旧费、无形资产摊销等。

7.2.10.2 投资项目现金流量编制原则

进行投资项目的现金流量预测是投资项目数据编制和录入阶段的关键环节,也是投资方案进行科学数据分析的前提。在现金流量的编制与预测中应把握三个基本原则。

1. 现金收付原则

进行投资项目数据分析时,我们首先以现金流量作为计算项目投资效益评价指标的主要依据。现金流入量体现项目收益,现金流出量体现项目成本及费用支出。在投资项目决策中,成本费用遵循收付实现制原则,按项目在计算期产生的现金流入和流出的数量计入现金流量表中,而不受权责发生制的影响。折旧和摊销由于不是付现成本,所以在现金流量表中不予计入。

2. 增量原则

增量原则又称相关原则、边际原则或有无原则。根据这一原则,增量的现金流量,是指由于接受或放弃某个投资项目所引起的现金流量的改变量,即有该项目投资和没有该项目投资所造成的现金流量的差额。我们在考虑增量原则时应注意以下几个问题。

(1)机会成本。机会成本是指在进行项目的投资决策时,在同等风险条件下,选择一个最优方案而放弃其他次优方案所失去的潜在利益或收入。机会成本不是指实际的货币开支,而是指本来可以得到,但实际没有得到的潜在收益。典型的机会成本有两个特点:1)机会成本不是指实际的货币支出;2)机会成本是除此项方案之外的最好的方案收益。在投资决策中考虑机会成本可以使我们能够真正评价企业投资究竟是否最为有利,到底是最大限度地获得了经济效益,还是并没有做到。虽然机会成本不涉及项目的现金收支,但我们仍不应在投资项目测算时忽略它。例如,对于项目计划利用的拟出租闲置仓库,应把预计放弃或损失的租金收入视为机会成本,计入项目未来现金流量中的现金流出。

(2)沉没成本。沉没成本是过去已经发生的支出,无法由现在的决策而改变,与当前的投资项目决策无关的成本。沉没成本是一种历史成本,对现有决策而言是不可控成本,不会影响当前行为或未来决策。从这个意义上说,在投资项目编制现金流量表时应排除沉没成本的干扰。因此,按照增量原则,沉没成本不是相关成本,不应计入项目未来的现金流出,因为无论有无项目,沉没成本都已发生,无论作出何种决策都无法收回。例如某航空公司已经投入数十亿元巨资,用于研究民用飞机发展干线飞机项目,耗时六载,最终决定放弃该项目而发展支线飞机。不管该项目已经投入了多少人力、物力、财力,对于发展或不发展干线飞机的决策而言,开始投入的数十亿元资金都是无法挽回的沉没成本。

> **Tip:关于沉没成本的理解**
>
> 可以从以下角度理解沉没成本:(1)从成本的可追溯性来说,沉没成本可以是直接成本,也可能是间接成本。如果沉没成本可追溯到个别产品或部门,则属于直接成本;如果由几个产品或部门共同引起,则属于间接成本。(2)从成本的形态看,沉没成本可以是固定成本,也可能是变动成本。企业在停止某种产品生产时,沉没成本中通常既包括机器设备等固定成本,也包括原材料、零部件等变动成本。通常情况下,固定成本比变动成本更容易沉没。(3)从数量角度看,沉没成本可以是整体成本,也可以是部分成本。例如中途弃用的机器设备,如果能变卖出售获得部分价值,那么其账面价值不会全部沉没,只有变现价值低于账面价值的部分才是沉没成本。一般来说,资产的流动性、通用性、兼容性越强,其沉没的部分就越少。固定资产、研究开发、专用性资产等都是容易沉没的,分工和专业化也往往与一定的沉没成本相对应。此外,资产的沉没性也具有时间性,会随着时间的推移而不断转化。以具有一定通用性的固定资产为例,在尚未使用或达到折旧期限之后弃用,可能只有很少一部分会成为沉没成本,而中途弃用沉没的程度则会较高。

(3)附加效应。附加效应是投资项目可能带来的对投资者的其他利益的影响。在预测项目的现金流量时,要考虑项目投资对投资者的所有经营活动的其他影响,要以整体效果为基础进行分析,不能孤立地考察某一个项目。例如,某企业为提高产品质量或性能而推出换代产品时,或者为了增加花色品种而增加同类产品的产量时,由于市场的总容量有限,企业现有产品的销售收入可能会受影响而下降。因此,增量销售收入应是项目本身产品的销售收入减去企业现有产品损失的销售额后的余额。损失的销售收入是否计入投资项目现金流量应慎重考虑。如果在无此项目情况下,企业现有产品销售收入预测亦会下降,则此类损失的销售额应属于不相关成本,不计入项目现金流量,否则应按附加效应,计入投资项目现金流量。

(4)营运资本的变化。项目投资在运营期,存货和应收账款等流动资产的需求随之增加,同时预收、应付账款等流动负债也会增加。这些与项目相关的新增流动资产与流动负债的差额应计入项目现金流量。

3. 税后原则

当从投资人角度出发进行投资项目经济效益评价时,只有缴纳所得税后的收益才是与投资者的收益相关的。因此,用于项目经济效益评价的现金流量应是税后的现金流量。

> **Tip:所得税前指标**
> 在实务中,亦存在以所得税前的净现金流量为基础计算的相关指标,即所得税前指标。当我们从项目本身角度出发,考察由项目本身方案设计所决定的财务盈利能力时,所得税前指标是投资盈利能力的完整体现。它不受所得税政策变化的影响,体现了方案本身的合理性。所得税前指标特别适用于投资项目方案设计中的方案比选。

7.2.10.3 投资项目现金流量估算主要内容

1. 从其内容上看,现金流量包括现金流入、现金流出和净现金流量

(1)现金流入量

现金流入量是指项目引起的企业现金收入的增加额,通常包括:

1)项目投产后每年可增加的营业收入;

2)项目报废时的残值收入或中途转让时的变现收入;

3)项目结束时收回的原来投放在各种流动资产上的营运资金,与第2)项统称为回收额;

4)其他现金流入。

(2)现金流出量

现金流出量是指项目引起的现金支出的增加额,通常包括:

1)在固定资产、无形资产、其他资产上的建设投资。

2)维持运营投资。某些项目在运营期需要投入一定的固定资产投资才能得以维持正常运营,例如设备更新费用、油田的开发费用等。该投资是否能予以资本化,取决于其是否能为企业带来经济利益且该固定资产的成本是否能够可靠地计量。如果该投资投入后延长了固定资产的使用寿命,或使产品质量实质性提高,或成本实质性降低等,使可能流入企业的经济利益增加,那么该固定资产投资应予以资本化,即应计入固定资产原值,并计提折旧。否则该投资只能费用化,不形成新的固定资产原值。

3)项目建成投产后为开展正常经营活动而需投放在流动资产(原材料、在产品、产成

品和应收账款等)上的营运资金。

4)为制造和销售产品所发生的各种经营成本。

5)各种税款。指项目投产后依法缴纳的、单独列示的各项税款,包括营业税及其附加、所得税等。

6)其他现金流出。

(3)净现金流量

项目的净现金流量,是指在项目计算期内每年现金流入量扣减现金流出量后的差额。项目正常生产运营期的净现金流量为:

$$净现金流量＝现金流入量－现金流出量$$

2. 从产生的时间上看,投资项目的现金流量一般由初始现金流量、营业现金流量和终结现金流量三部分构成

(1)初始现金流量。初始现金流量是指为使项目建成并投入使用而发生的有关现金流量,是项目的投资支出。它由以下几个部分构成:

①建设投资,指在建设期内按一定生产经营规模和建设内容进行的固定资产、无形资产和开办费投资等项投资的总称,它是建设期发生的主要现金流出量。

②流动资产投资,指为使项目投入正常运转,除建设投资外,企业通常还需要注入部分流动资金,即进行流动资产投资。如对原材料、在产品、产成品和现金等方面的投资。

上述两项合称为项目的原始投资额。

③维持运营投资。

④原有固定资产变价收入和清理费用。如果投资项目是固定资产的更新,则初始现金流量还包括原有固定资产的变价收入和清理费用。如果原有固定资产清理起来很困难,清理费用会很高,同时固定资产的变卖价格不理想,则总的现金流量可能为负值。这一点在西方发达国家表现得尤为突出。有些发达国家的企业宁可投资建新厂,安装新设备,也不对老企业进行大规模技术改造。

(2)营业现金流量。营业现金流量是指项目投入运行后,在整个经营寿命期间内因生产经营活动而产生的现金流量。这些现金流量通常是按照会计年度计算的,由以下几个部分组成:

①产品销售或提供服务所得到的现金流入量。

②经营成本支出。如原材料购置费用、职工工资支出、燃料动力费用支出、销售费用支出、期间费用等。

③税金支出。

如果各年销售收入均为现金收入,则营业净现金流量可用公式计算:

年营业净现金流量＝年销售收入－经营成本－税金支出

（3）终结现金流量。终结现金流量是指投资项目终结时所发生的各种现金流量。主要包括：

①固定资产余值的变价收入；

②投资时垫支的流动资金的收回；

③为结束项目而发生的各种清理费用支出。

3. 现金流量中应注意的问题

（1）营业收入的估算。营业收入应按项目在运营期内有关产品（产出物）的各年预计单价（不含增值税）和预测销售量进行估算。在按总价法核算现金折扣和销售折让的情况下，营业收入是指不包括折扣和折让的净额。此外，作为运营期现金流入量的主要项目，本应按当期现销收入额与回收以前期应收账款的合计数确认，但为简化核算，可假定正常经营年度内每期发生的赊销额与回收的应收账款大体相等。

（2）回收固定资产残值的估算。固定资产原值为固定资产投资与建设期资本化利息之和。与会计核算不一致的地方在于：回收固定资产残值指其残值的变现价值。在投资项目测算中，我们需根据固定资产账面残值与变现价值的关系进行现金流量估算：

1）如果固定资产的账面价值与变现价值一致，则对于新建项目来说，只要按主要固定资产的原值扣除已折旧价值的余值即可；在生产运营期内提前回收的固定资产残值可根据其预计净残值估算。对于更新改造项目，往往需要估算两次：第一次估算在建设起点发生的回收余值，即根据提前变卖的旧设备的可变现净值（未扣除相关的营业税）来确认；第二次仿照新建项目的办法估算在终结点发生的回收余值（即新设备的净残值）。

2）如果固定资产账面价值大于变现价值，则：

固定资产残值＝固定资产变现价值－清理费用＋变现损失价值
×所得税税率（即变现损失抵税效应）

3）如果固定资产账面价值小于变现价值，则：

固定资产残值＝固定资产变现价值－清理费用－变现超额收益×所得税税率

（3）回收垫支流动资金的估算。假定在运营期不发生提前回收流动资金的情况，则在终结点一次回收的流动资金应等于各年垫支的流动资金投资额的合计数。

（4）建设投资的估算。固定资产投资又称固定资产原始投资，主要应当根据项目规模和投资计划所确定的各项建筑工程费用、设备购置成本、安装工程费用和其他费用来估算。对于无形资产投资和开办费投资，应根据需要和可能，逐项按有关的资产评估方法和计价标准进行估算。

（5）流动资金投资的估算。首先应根据与项目有关的运营期每年流动资产需用额和该年流动负债需用额的差来确定本年流动资金需用额,然后用本年流动资金需用额减去截至上年末的流动资金占用额(即以前年度已经投入的流动资金累计数)确定本年的流动资金增加额。实际上这项投资行为既可以发生在建设期末,又可能发生在试产期,也会因生产运营期内资金周转速度的提高而发生某年流动资金增加额为负值的情况,即提前回收流动资金。流动资金投资的估算可按下式进行:

运营期某年流动资金需用额＝该年流动资产需用额－该年流动负债需用额

本年流动资金增加额＝本年流动资金需用额－截至上年末的流动资金占用额

(6)经营成本的估算。与项目相关的某年经营成本等于当年的总成本费用(含期间费用)扣除该年折旧额、无形资产和开办费的摊销额等非付现成本项目后的差额。项目每年的总成本费用可在运营期内一个标准年份的正常产销量和预计消耗水平的基础上进行测算;年折旧额、年摊销额可根据项目的固定资产原值、无形资产和开办费投资,以及这些项目的折旧或摊销年限进行估算。用公式表示为:

某年经营成本＝该年总成本费用－该年非付现成本－该年利息支出

(7)各项税款的估算。进行项目投资决策时,通常估算的税种包括营业税、所得税、消费税等,这些税作为现金流出项目。如果在确定现金流入量时,已将增值税销项税额与进项税额之差列入"其他现金流入量"项目,则在本项内容中就应当包括应交增值税;否则,就不应包括这一项。

7.2.11 现金流量表的编制

按投资项目是从项目本身角度出发还是从投资人角度出发,投资项目现金流量表可分为全部投资现金流量表与自有资金现金流量表两种基本形式。

7.2.11.1 全部投资现金流量[①]分析

当从项目本身角度出发,考察项目本身的获利能力时,即考察项目的技术、工程方案是否得当;厂址选择是否合适;生产规模和产品方案是否合理;考察总体方案设计的合理性时,在设计项目现金流量测算中,应使用全部投资的加权平均成本作为折现率,同时,不考虑利息费用对本项目的影响,从而排除因资金来源不同对项目效益的影响。如果同时把利息作为现金流出,一方面,因为折现率的设计中已综合考虑的资金成本,如果再扣除利息费用,必然造成了利息费用的双重计算,造成净现金流量统计口径与折现率统计口径的不一致;另一方面,势必将本来相同的项目方案置于不同的资金条件影响下,难以正确分析项目方案本身设计的合理性,影响了不同方案投资决策的选择。

---

① 杨青.《投资评价》[M]. 北京 中国经济出版社. 2000.10.

1. 全部投资情况下现金流量的编制

全部投资情况下现金流量的测算应主要包括以下几方面：

(1)现金流入项目

1)营业收入,是销售产品或提供服务所获得的收入,是现金流量表中现金流入的主体。

2)补贴收入,某些项目应按有关规定估算企业可能得到的补贴收入,包括先征后返的增值税、按销量或工作量等依据国家规定的补贴额计算并按期给予的定额补贴,以及属于财政扶持而给予的其他形式的补贴。补贴收入同营业收入一样,应列入利润与利润分配表、项目投资现金流量表和项目资本金现金流量表。

3)回收固定资产余值,固定资产余值回收额为固定资产折旧费估算表中固定资产期末净值合计,并扣除固定资产投资借款建设期利息的影响。

4)回收全部流动资金,流动资金额为项目全部流动资金,即包含项目自有流动资金及借贷流动资金。

(2)现金流出项目

1)全部建设投资,包括建设投资中自有资金筹措额及借贷额。

2)全部流动资金总额,包括流动资金中自有资金筹措额及借贷额。

3)经营成本,指总成本中扣除利息费用及非付现成本(包括折旧、摊销)后的现金成本。

4)营业税金及附加,包括营业税、消费税、城市维护建设费和教育费附加。

5)维持运营投资。

(3)所得税

所得税应扣除利息费用的影响：

$$所得税 = 损益表中的所得税 + 利息费用 \times 税率$$

> **Tip:全部投资现金流量表中所得税的确定**
>
> 为了方便,我们定义：
>
> S——总销售收入 C——总成本
> C_s——经营成本 D——折旧及摊销
> I——利息费用 T——税率
> TAX——损益表中所得税
> TAX'——现金流出项目中所得税
> EBT——税前利润
>
> 根据损益表中所得税(TAX)计算,得：
>
> $$\begin{aligned} TAX &= EBT \times T \\ &= (S-C) \times T \\ &= [S-(C_s+D+I)] \times T \end{aligned} \quad (1)$$

同时:$TAX' = [S-(C_s+D)] \times T$
$= TAX + I \times T$

由此可以看出，虽然利息费用在会计操作中作为现金流出而最终流出企业，但它同时创造了 $I \times T$ 的现金流入效应。因为利息费用是在税前计算的，起到了类似于折旧的抵税作用。这便说明在计算全部投资的现金流量中，不可简单利用会计报表提供的数据，不经处理地将利息支出从净现金流量中直接扣除。

全部投资现金流量估算表一般编制格式见表7-19。

表7-19 全部投资现金流量估算表

序号	项目	合计	计算期				
			1	2	3	……	n
1	现金流入						
1.1	营业收入						
1.2	补贴收入						
1.3	回收固定资产余值						
1.4	回收全部流动资金						
2	现金流出						
2.1	全部建设投资						
2.2	全部流动资金						
2.3	经营成本						
2.4	营业税金及附加						
2.5	维持运营投资						
3	所得税前现金流量(1-2)						
4	累计所得税前净现金流量						
5	所得税						
6	所得税后净现金流量(3-5)						
7	累计所得税后净现金流量						

2. 自有资金现金流量表

当从投资者角度出发，考察项目投入的自有资金的盈利能力时，在设计项目现金流量测算中，应站在项目投资主体角度考虑项目的现金流量问题，在现金流量测算中使用投资人的股权资本的资金成本作为折现率，同时，考虑利息费用对项目的影响，在现金流出项目中包含利息费用，因为此时的利息费用是项目投资人使用借贷资金的成本，而且在折现率中并不包含这一项，故利息费用应计入现金流出项目，不会产生"双重计算"问题。

自有资金情况下现金流量的测算的主要内容包括：

(1)现金流入项目

1)营业收入，与全部投资测算口径一致。

2)补贴收入，与全部投资测算口径一致。

3)回收固定资产余值，按固定资产折旧费用估算表中固定资产期末净值计算，不扣除建设期建设投资贷款利息影响。

4) 回收流动资金,流动资金额仅包括流动资金中自有部分。

(2) 现金流出项目

1) 建设投资总额中自有资金筹措金额。

2) 流动资金总额中自有资金筹措金额。

3) 经营成本,与全投资测算口径一致。

4) 维持营运投资。

5) 营业税金及附加,与全投资测算口径一致。

6) 偿还建设投资借款本金及全部借款利息。

7) 所得税。

自有资金现金流量估算表编制格式见表 7-20。

表 7-20 自有资金现金流量估算表

	项目	合计	计算期				
			1	2	3	……	n
1	现金流入						
1.1	营业收入						
1.2	补贴收入						
1.3	回收固定资产余值						
1.4	回收自有流动资金						
2	现金流出						
2.1	自有建设投资						
2.2	维持运营投资						
2.3	经营成本						
2.4	营业税金及附加						
2.5	偿还建设投资借款本金及全部借款利息						
3	所得税前现金净流量(1—2)						
4	所得税						
5	所得税后净现金流量(3—4)						

案例分析:某供水项目

案例说明:

(1) 项目概况

某地通过招商引资,引进某化工集团建设 50 万吨合成氨项目,该项目需解决 784 万 m^3 生产、生活用水。

为了创造良好的投资环境,确保和推进该项目的顺利建设,经现场勘测,需在老保河及其上游修建老保河及鹿角坝水库,提供项目的生产生活用水,同时还可解决当地农田灌溉及人畜饮用水的需求。两水库的兴建,对于该地区全面建设小康社会进程具有重大的历史意义和现实意义,建议与该项目同步实施兴建。

依据原国家计委和原建设部1993年4月发布的《建设项目经济评价方法与参数》（第二版）、水利部颁发的《水利建设项目经济评价规范》（SL72—94）以及国家现行财税制度等对本项目进行财务评价。

(2) 主要参数

项目基准点在2005年初，建设期1年，在第2年初达到设计效益，计算期31年。社会折现率取12%，财务基准收益率8%。

项目的财务评价如下：

1) 财务预测

① 总投资估算

A. 建设投资估算

工程总投资12543.52万元。

鹿角坝水库主体工程中建筑工程5242.85万元；安装工程138.1万元；临时工程345.04万元；水库淹没处理补偿费1325.73万元。

老保河水库主体工程中建筑工程2019.85万元；安装工程199.99万元；临时工程85.09万元；水库淹没处理补偿费749.90万元。

其他费用2436.97万元。

B. 建设期利息

本项目的建设期利息经计算，共计为230.3万元，计入总投资中。

C. 流动资金估算

本项目流动资金为42万元，为自有资金。流动资金从第1年起开始投入使用，形成流动资产，在计算期末一次回收。

本项目总投资中，固定资产投资加上建设期利息形成的固定资产价值为12773.82万元，流动资产为42万元。

② 资金规划与筹措

根据编制的估算投资，本项目固定资产投资为12543.52万元。其中，自有资金5017.4万元（40%），贷款7526.12万元（60%），贷款年利率6.12%。从第2年起，按最大还款能力偿还，贷款在建设期发生的利息计入本金，生产期利息计入成本。

③ 债务的偿还

本项目借款总额为7526万元，建设期利息230万元，用未分配利润、折旧费和摊销费偿还，项目投产后按借款偿还条件，在10.6年内可以还清借款本息，偿还能力可行。

2) 成本估算

本项目总成本费用由折旧费、利息支出及经营成本等组成。其中，经营成本包括修理费、职工工资及福利费、电费和水资源费用等。

A. 折旧费

固定资产价值折旧形成折旧费,按平均年限法计算,折旧年限取 30 年,净残值率取 4%。年折旧费为 245.3 万元。

B.修理费

工程修理费按固定资产的 1.5%计,为 188.15 万元。

C.职工工资及福利费

职工工资取 10000 元/(人·年),职工人数 12 人。福利费及劳保统筹等取工资总额的 40%,职工工资及福利费共计 16.8 万元。

D.电费

泵站年耗用电量 106.5 万 kw·h,单价 0.35 元/kw·h,生产期年平均外购电费用为 37.3 万元。

E.水资源费用

水资源费按 0.01 元/m³ 计,年供水量 905.51 万 m³,费用为 9.06 万元。

⑤销售收入

A.工业、城镇、人饮:两个工程根据投资组成情况、满足财务基准收益率以及项目建成后的运营要求等测定价格,贷款还完前,即 1~15 年以供水成本价格 1.8 元/吨计,工业、城镇、人饮年供水量为 913.87 万 m³,两个工程年供水收入为 1644.97 万元,从第 16 年起以供水成本价格 1.6 元/吨计,两个工程年供水收入为 1522.2 万元。

B.灌溉:年灌溉 92.9 万 m³,按 0.18 元/m³ 计收水费,年灌溉收入为 16.72 万元。

C.其他效益:项目建成后,还可发展旅游,年效益初估为 30 万元。

两个工程 1~15 年生产期年销售收入为 1691.7 万元,16~31 年生产期年销售收入为 1568.9 万元。

(3)综合评价

当项目建成后,除上述直接经济效益外,还有环保、旅游等间接效益,对促进当地工业的发展,缓解就业紧张,改善当地的经济状况以及提高人民生活水平等,均具有极大的推动作用,其社会效益显著。

本项目的财务评价指标,全部投资所得税前和所得税后的财务内部收益率分别为 10.2%和 8.2%,大于基准收益率 8%;财务净现值 FNPV 分别为 2635 万元和 220 万元,大于零;静态投资回收期 Pt 分别为 10.3 年和 11.9 年。自有资金财务内部收益率为 8.7%,财务净现值为 546 万元。评价指标表明,项目具有较好的经济效益,财务评价可行。

综上所述,本项目财务评价有较好的经济效益,项目经济评价可行,有关部门应抓紧抓好,力争早日建成投产,尽快发挥效益。

表 7-21~表 7-29 分别为建设投资估算表、建设期利息估算表、投资计划与资金筹措表、销售收入销售税金及附加和增值税估算表、总成本费用估算清、借款偿还计划表、项目投资现金流量表、自有资金现金流量表、损益和利润分配表。

数据估算表

表 7-21 建设投资估算表

单位：万元

序号	工程或费用名称	建筑工程费	设备购置费	安装工程费	其他费用	合计	其中：外币	比例
1	固定资产费用							
1.1	工程费用							
1.1.1	鹿角坝水库主体工程	5242.85		138.1	1670.77	7051.72		
1.1.2	老保河水库主体工程	2019.85		199.99	834.99	3054.83		
1.1.3	工程费用3					12543.52		
1.2	固定资产其他费用				2436.97	2436.97		
2	无形资产费用							
3	其他资产费用							
4	预备费							
4.1	基本预备费							
4.2	涨价预备费							
5	建设投资合计							
	比例（%）							

表 7-22 建设期利息估算表

单位：万元

序号	项目	合计	建设期
			1
1	借款		230
1.1	建设期利息		
1.1.1	期初借款余额		
1.1.2	当期借款		
1.1.3	当期应付利息		
1.1.4	期末借款余额		
1.2	其他融资费用		
1.3	小计(1.1+1.2)		
2	债券		230
2.1	建设期利息		
2.1.1	期初借款余额		
2.1.2	当期借款		
2.1.3	当期应付利息		
2.1.4	期末借款余额		
2.2	其他融资费用		
2.3	小计(2.1+2.2)		
3	合计(1.3+2.3)		230
3.1	建设期利息合计(1.1+2.1)		
3.2	其他融资费用合计(1.2+2.2)		

表 7-23 投资计划与资金筹措表

单位：万元

序号	项目	合计	建设期	运营期
			1	2
1	总投资	12774		
1.1	建设投资	12544		
1.2	建设期利息	230		
1.3	流动资金			
2	资金筹措			
2.1	项目资本金	5017		
2.1.1	用于建设投资	5017		42
2.1.2	用于流动资金投资			42
2.1.3	用于建设期利息			272
2.2	借款	7526		
2.2.1	用于建设投资	7526		
2.2.2	用于流动资金投资			230
2.2.3	用于建设期利息			230
2.3	其他资金			

第 7 章 实业量化投资 | 239

表 7-24 销售收入销售税金及附加和增值税估算表

单位：万元

序号	项目	合计	\multicolumn{16}{c}{运营期}
			2	3	4	5	6	7	8	9	10	11	12	13	14	15	16~29	30	31
1	营业(销售)收入		1692	1692	1692	1692	1692	1692	1692	1692	1692	1692	1692	1692	1692	1692	1569	1569	1569
1.1	单价																		
	销售量																		
	销项税率(%)																		
	销项税额																		
2	营业(销售)税金及附加		23	23	23	23	23	23	23	23	23	23	23	23	23	23	21.3	21.3	21.3
2.1	营业税		11.5	11.5	11.5	11.5	11.5	11.5	11.5	11.5	11.5	11.5	11.5	11.5	11.5	11.5	10.65	10.65	10.65
2.2	消费税																		
2.3	城市维护建设费		8.05	8.05	8.05	8.05	8.05	8.05	8.05	8.05	8.05	8.05	8.05	8.05	8.05	8.05	7.46	7.46	7.46
2.4	教育费附加		3.45	3.45	3.45	3.45	3.45	3.45	3.45	3.45	3.45	3.45	3.45	3.45	3.45	3.45	3.2	3.2	3.2
3	增值税																		
	销项税额																		
	进项税额																		

表 7-25 总成本费用估算表

单位：万元

序号	项目	合计	运营期												
			2	3	4	5	6	7	8	9	10	11	12	13~29	30	31
1	外购原材料费		46.4	46.4	46.4	46.4	46.4	46.4	46.4	46.4	46.4	46.4	46.4	46.4	46.4	46.4
2	外购燃料及动力费															
3	工资及福利费		16.8	16.8	16.8	16.8	16.8	16.8	16.8	16.8	16.8	16.8	16.8	16.8	16.8	16.8
4	修理费		188	188	188	188	188	188	188	188	188	188	188	188	188	188
5	其他费用		62.7	62.7	62.7	62.7	62.7	62.7	62.7	62.7	62.7	62.7	62.7	62.7	62.7	62.7
6	经营成本（1+2+3+4+5）		314	314	314	314	314	314	314	314	314	314	314	314	314	314
7	折旧费		245.3	245.3	245.3	245.3	245.3	245.3	245.3	245.3	245.3	245.3	245.3	245.3	245.3	245.3
8	摊销费															
9	利息支出		475	427	376	323	274	223	177	129	79.9	29				
10	总成本费用合计（6+7+8+9）		1034	986	935	882	833	782	736	688	639	588	559	559	559	559
	其中：可变成本		46.4	46.4	46.4	46.4	46.4	46.4	46.4	46.4	46.4	46.4				
	固定成本		988	940	889	836	787	735	689	642	593	542	10260	10260	10260	10260
11	付现成本		788.9	740.9	689.9	636.9	587.9	536.9	490.9	442.9	393.8	342.9	313.9	313.9	313.9	313.9

表 7-26 借款偿还计划表   单位:万元

序号	项目		合计	运营期								
			2	3	4	5	6	7	8	9	10	11
1	借款											
1.1	年初本息余额		7756	6971	6145	5276	4473	3635	2885	2108	1304	472
1.2	本年借款											
1.3	本年应付利息		475	427	376	323	274	223	177	129	79.9	29
1.4	本年还本付息											
	其中:还本		785	826	869	803	838	750	777	804	832	474
		付息	475	427	376	323	274	223	177	129	79.9	29
1.5	年末本息余额		6971	6145	5276	4473	3635	2885	2108	1304	472	0

表 7-27 项目投资现金流量表

单位：万元

序号	项目	合计	建设期	运营期											
			1	2	4	5	6	7	8	9	10	11	12~15	16~30	31
1	现金流入			1692	1692	1692	1692	1692	1692	1692	1692	1692	1692	1692	7027
1.1	营业（销售）收入			1692	1692	1692	1692	1692	1692	1692	1692	1692	1692	1569	1569
1.2	回收固定资产余值															5416
1.3	回收流动资金															42
1.4	其他现金流入															
2	现金流出		12544	379	337	337	337	337	337	337	337	337	337	335.3	335.3
2.1	建设投资		12544													
2.2	流动资金			42												
2.3	经营成本			314	314	314	314	314	314	314	314	314	314	314	314
2.4	营业税及附加			23	23	23	23	23	23	23	23	23	23	21.3	21.3
2.5	维持运营投资															
2.6	其他现金流出															
3	营业税前现金流量（1－2）		−12544	1313	1355	1355	1355	1355	1355	1355	1355	1355	1355	1234	6692
4	调整所得税					130	138	293	308	324	340	357	366	326	326
5	所得税后净现金流量（3－4）		−12544	1313	1355	1225	1217	1062	1047	1031	1015	998	989	907	6366

表 7-28 自有资金现金流量表

单位：万元

序号	项目	合计	建设期	运营期											
			1	2	3	4	5	6	7	8	9	10	11	12~15	16~30
1	现金流入			1692	1692	1692	1692	1692	1692	1692	1692	1692	1692	1692	1569
1.1	营业(销售)收入	7027		1692	1692	1692	1692	1692	1692	1692	1692	1692	1692	1692	1569
1.2	回收固定资产余值	5416													
1.3	回收流动资金	42													
1.4	其他现金流入															
2	现金流出		5017	1638	1589	1582	1593	1587	1603	1598	1593	1588	1196	703	661
2.1	项目资本金	5017	5017	42												
2.2	借款本金偿还			785	826	869	803	838	750	777	804	832	474		
2.3	借款利息支付			475	427	376	323	274	223	177	129	79.9	29		
2.4	经营成本			314	314	314	314	314	314	314	314	314	314	314	314
2.5	营业税金及附加			23	23	23	23	23	23	23	23	23	23	23	21.3
2.6	所得税						130	138	293	308	324	340	357	366	326
2.7	维持运营投资			53.2	102	110	98.5	105	89.1	93.8	98.5	103	496	989	907
2.8	其他现金流出															
3	净现金流量(1-2)	6366	-5017	53.2	102	110	98.5	105	89.1	93.8	98.5	103	496	989	907

表 7-29 损益和利润分配表

单位：万元

序号	项目	合计	2	3	4	5	6	7	8	9	10	11	12	13	14	15	16~29	30	31
1	营业（销售）收入		1692	1692	1692	1692	1692	1692	1692	1692	1692	1692	1692	1692	1692	1692	1569	1569	1569
2	营业税金及附加		23	23	23	23	23	23	23	23	23	23	23	23	23	23	21	21	21
3	总成本费用		1034	986	935	882	833	782	736	688	639	588	559	559	559	559			
4	补贴收入																		
5	利润总额（1-2-3+4）		635	683	733	786	836	887	933	980	1030	1080	1109	1109	1109	1109	989	989	989
6	弥补以前年度亏损		635	683	733	786	836	887	933	980	1030	1080	1109	1109	1109	1109	989	989	989
7	应纳税所得额（5-6）																		
8	所得税税率（%）					17	17												
9	所得税					130	138	293	308	324	340	357	366	366	366	366	326	326	326
10	净利润（5-8）		635	683	733	656	698	594	625	656	690	723	743	743	743	743	662	662	662
11	期初未分配利润							33	33	33	33	33	33	33	33	33	33	33	33
12	可供分配的利润（9+10）		635	683	734	657	698	594	625	657	690	724	744	744	744	744	662	662	662
13	提取法定盈余公积金		63	68	73	66	70	59	63	66	69	72	74	74	74	74	66	66	66
14	可供投资者分配的利润（11-12）		571	615	660	591	628	535	563	591	621	652	669	669	669	669	596	596	596
15	应付优先股股利																		
16	提取任意盈余公积金		32	34	37	33	35	30	31	33	35	36	37	37	37	37	33	33	33
17	应付普通股股利（13-14-15）		540	580	624	558	593	505	531	559	587	616	632	632	632	632	563	563	563
18	各方投资利润分配（13-14-15-17）		540	580	624	558	593	505	531	559	587	616	632	632	632	632	563	563	563

7.3 实业投资数据分析

7.3.1 经济效益指标分析

在投资决策指标体系中,根据指标是否有效地考虑了资金的时间价值,可以分为静态指标与动态指标。

7.3.1.1 静态指标

静态指标也称为非贴现指标,是指未考虑投资项目现金流量的时间价值的投资决策指标。主要包括静态投资回收期和投资报酬率两个指标。

1. 静态投资回收期(Payback Period)

(1)静态投资回收期的含义

静态投资回收期也称为投资返本期,是指用项目的净收益补偿原始投资额所需要的年限。这个指标反映了投资的回收速度,同时也能部分描述项目的风险。投资回收期越短,投资的回收速度越快,项目的风险也越小。投资回收期一般从投资项目开始年份(0年)计算。其计算公式为:

$$\sum_{t=1}^{n} C_t - C_0 = 0$$

这是投资回收期的一般性计算表达式。式中的 C_t 为 t 时期的净现金流量,C_0 为原始投资额,则满足上述公式的 n 值,为静态投资回收期。

【例 7.17】 投资项目 A、B 的初始投资额及各期现金流量见表 7-30。

表 7-30 项目 A、B 各期现金流量   单位:万元

项目	0	1	2	3	4	5	6	7	……
A	-2000	700	700	700	200	200	200	200	200
B	-2000	600	600	600	900	900	900	900	900

计算项目 A 和项目 B 的投资回收期。

项目 A 前两年累计回收了资金 1400 万元的资金,比初始投资额 2000 万元还少 600 万元,需待第三年收回,其投资回收期为:

$$N_A = 2 + (2000 - 1400) \div 700 = 2.86(年)$$

项目 B 前三年共回收资金 1800 万元，比初始投资额 2000 万元还少 200 万元，需待第四年收回，其投资回收期为：

$$N_B = 3 + (2000 - 1800) \div 900 = 3.22 (年)$$

> **Tip：关于投资回收期的分类**
>
> 投资回收期，还可按是否包含建设期划分。但是如果需要知道项目投产后几年能收回投资，则此时应该采用不含建设期的投资回收期；投资回收期按投资项目不同类型的资本投入，可以划分为全投资的投资回收期、自有资本投资回收期、中方股本的投资回收期和外方股本的投资回收期。在讨论投资回收期时，一定要清楚可供回收投资的净现金流量构成的合理性。简单地讲，全投资所对应的净现金流量等于项目经营取得的息前税后利润与折旧、摊销费之和；自有资本所对应的净现金流量等于项目经营取得的税后利润与折旧、摊销费之和扣除应偿还贷款本金后余值；中方（外方）股本对应的净现金流量为中方（外方）按合同获取的利润及其他收入，这里需注意不能将企业当年余留的折旧作为利润计入回收股本的净现金流量中。

(2)静态投资回收期的评价准则

通常情况下，静态投资回收期越短越好，表明能在较短的时间内收回原始投资。或者，当计算所得的回收期小于或等于国家（或部门）规定的基准回收期 n_0 时，表明项目经济性较好，项目可行。如果计算所得的投资回收期大于基准投资回收期时，说明项目的经济性较差，项目不可行。由此，静态投资回收期的评价准则为 $n \leq n_0$，投资项目可行。

(3)静态投资回收期的优点

静态投资回收期法不宜作为评价投资项目经济效益指标的主要方法，但这种方法简单易用、具有一定的评价风险能力，可为投资者进行粗略的项目筛选。如果一个项目不能收回初始投资，就会被拒绝而不需要更进一步的考虑。如果项目通过筛选，将会运用更复杂的方法进行更进一步的分析。

(4)静态投资回收期的局限性

1)静态投资回收期忽视了资金的时间价值，而将发生在不同时间间隔的现金流量等同对待，这显然是对价值的曲解。

2)静态投资回收期是以投资回收速度作为项目取舍标准的，它只把回收期内的净收益与投资进行比较，而没有考虑回收期以后的盈利情况。因此，静态投资回收期不能全面反映项目的经济效益。如果投资者的目标是选择纯经济效益最高的方案，那么使用静态投资回收期就可能导致错误的决策。

3)静态投资回收期在评价投资方案的风险方面虽然可以发挥一定的作用,但这种作用是有限的。投资存在风险,时间越长,风险越大,从这个意义上说,静态投资回收期可以作为一种度量风险的工具,即投资回收越快,意味着亏本的可能性越小。但是,投资的目的不是回收资金,而是为了充分发挥投资的效益并获得盈利。投资的风险不仅表现在能否收回资金上,更表现在能否实现预期的盈利上。由于静态投资回收期的计算不包括投资回收以后方案的收支与盈利,所以它不能反映投资的全部风险。

2. 投资报酬率(Return On Investment)

投资报酬率又称投资效果系数,等于年净收益除以投资总额,表示单位投资每年可获得的净收益。即:

$$ROI = \frac{NB}{K}$$

式中:NB 为年净收益,以等额年净收益、年平均净收益或达产年份(正常年份)的净收益表示;K 为投资额,可以用初始投资或投资总额表示。若 $ROI \geqslant E$(标准投资效果系数),则方案可行;若 $ROI \leqslant E$,则方案不可行。

> **Tip:关于收益与投资的范畴**
> 关于收益与投资的范畴,因项目投资针对的对象不同而不同,只要从实质上能够反映出投资项目的投资经济效果,即项目从投资开始到投入生产后所提供的使用价值与为此而耗费、占用的全部投资之间的关系即可。若针对全部资本(包括了自有资金及借贷资金),投资报酬率体现为息前税后利润与全部投资的比例;若针对自有资本,投资报酬率体现为税后利润与自有资本之比。

7.3.1.2 动态指标

动态指标也称为贴现指标,它是考虑资金时间价值在内的投资决策指标。动态指标主要包括净现值、内部收益率、获利指数等。

1. 净现值(Net Present Value)

(1)净现值的含义

财务和经济评价上的一个基础性原则是基于价值做出决策时,应考虑未来的现金流量的现值。而净现值指标就是将这个原则引入到项目的分析当中。在用净现值指标进行项目的经济效益评价时,计算投资项目在计算期内各年净现金流量现值的和,即为项目的净现值。"净"字暗含了正的现金流量(流入)对负的现金流量(流出)的补偿。用公式表示为：

$$NPV = \sum_{t=0}^{n} \frac{NCF_t}{(1+i)^t}$$

式中的 t 表示计算期数，通常以年计算；NCF_t 表示第 t 期时发生的净现金流量；i 表示与净现金流量相适应的折现率。

【例 7.18】 表 7-31 是项目 A 在计算期内各年的净现金流量，该项目的折现率为 10%。

表 7-31　项目 A 各年净现金流量　　　　　单位：万元

项目	0	1	2	3
A	−2000	700	900	900

则项目 A 的净现值为：

$$NPV = -2000 + \frac{700}{(1+10\%)^1} + \frac{900}{(1+10\%)^2} + \frac{900}{(1+10\%)^3} = 56.35$$

净现值实质表明投资项目在满足投资者最低投资报酬率要求下，项目的费用流量不断为收益流量所回收的程度。

(2)决策标准

净现值大于零，即 $NPV>0$，表明投资项目的收益流量不仅能够回收其费用，满足折现率所规定的盈利要求，还可以得到以现值表示的超额利润，投资项目可行。NPV 越大，表明项目的经济盈利性越高，公司价值越高，为股东创造的财富越多。

净现值小于零，即 $NPV<0$，表明投资费用直到项目寿命期终了仍未被完全回收，项目的收益流量尚不能完全补偿项目费用流量及满足折现率对项目占用资金的盈利要求，项目不可行。

净现值等于零，即 $NPV=0$，表明项目实现的收益正好能够补偿项目费用流量及满足折现率对项目占用资金的盈利要求，项目盈亏平衡，选择可行或不可行均不影响项目总体价值。

(3)净现值指标的优点

1)考虑了投资项目资金流量的时间价值，较合理地反映了投资项目的真正的经济价值。

2)净现值指标考虑了投资项目在其计算期内的全部现金流量。

3)考虑了项目的风险因素。选择适当的折现率从而能够体现项目的投资风险。风险越高，折现率越大，代表投资者所要求的最低投资报酬率也越高。

4)净现值法以现金流量为中心而不是以会计收益为中心，从而不会因为采用不同的会计惯例而影响投资决策。

(4) 净现值指标的局限性

1) 净现值法是一个效益型的指标,它可以找到盈利额度最大的项目,但无法直接反映投资的效率。在某些需要比较投资效率的情况下,必须配合其他方法或指标使用。

2) 净现值的大小受到折现率选择的影响。当折现率选取过高时,投资项目净现值小于零,使得投资人拒绝一个本来可以接受的项目;反之,折现率选取过低,投资项目净现值大于零,使得投资人接受一个本来应该拒绝的项目。而折现率的适当选择本身就是一项很复杂的工作。另外,不同项目的现金流量序列特性对折现率的敏感程度不一样,这也会影响净现值的大小。关于这一点本书将在下面章节讲到项目比选时,特别是介绍"费希尔"交点时再进一步讨论。

2. 内部收益率(Internal Rate of Return)

(1) 内部收益率的含义

内部收益率是投资项目在计算期内,使投资项目现金流入现值之和等于现金流出现值之和的折现率,即使得投资项目净现值为零时的折现率。如果投资者的初始投入为 I_0,投资寿命期为 n,各期净现金流量为 NCF_t,内部收益率为 IRR,意味着在初期投入资金 I_0 后,从 1 至 n 期分别可以得到 NCF_1 至 NCF_n 的净现金流量,并在 n 期耗尽所有的初始投资,即在投资期结束时,将期初的投资全部收回,而且在项目结束之前始终会存在着未回收的初始投资。

一个项目的内部收益率代表了在整个项目的生命周期之内,初始投资为投资者带来的真实报酬率的大小,同时也反映了项目的真实盈利能力。用公式表示为:

$$NPV = \sum_{t=0}^{n} \frac{NCF_t}{(1+IRR)^t} = 0$$

其中,NCF_t 表示第 t 年的净现金流量,IRR 表示内部收益率,n 表示项目计算期。

(2) 内部收益率的计算

由于很难通过求解数学方程来计算一个项目的内部收益率,因此在实际手工计算当中,通常使用插值法来求得内部收益率的近似值。下面介绍如何应用这种方法求出内部收益率。

对于一个常规项目而言,其净现值 NPV 与折现率 i 在数学上是一个单调递减的函数关系,随着折现率 i 的增大,净现值 NPV 会减小,当曲线与横轴相交时,交点的横坐标就是内部收益率 IRR。其函数图形如图 7-15 所示,横轴表示折现率,纵轴表示净现值。

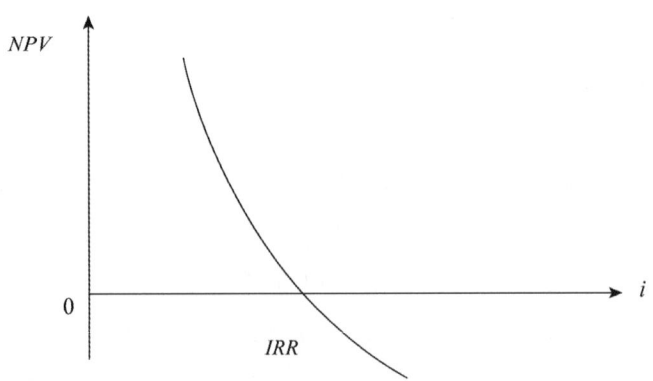

图 7-15　净现值与折现率的函数关系图

插值法的原理就是通过试算，找出一个 i_1，计算相应的 NPV_1，并使得 NPV_1 大于 0，但非常接近于 0；同时通过试算，找出一个 i_2，再计算相应的 NPV_2，并使得 NPV_2 小于 0，但同样也非常接近于 0。由于曲线是一条光滑的连续曲线，在 IRR 点附近很小的一段区间内，曲线可以近似地用一段直线段来代替。把这一小段区域放大，如图 7-16 所示。

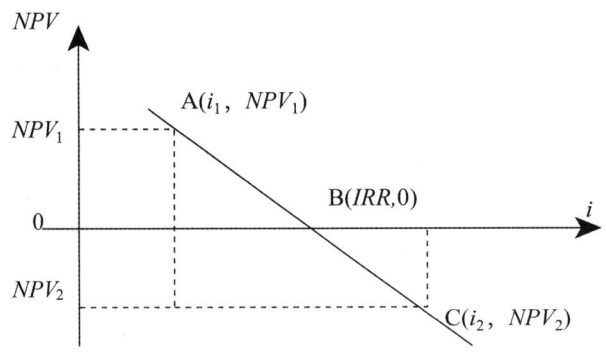

图 7-16　插值法求解 IRR

在图 7-16 中可以找到三个点，分别为 $A(i_1, NPV_1)$，$B(IRR, 0)$，$C(i_2, NPV_2)$，运用三角形相似的几何原理，可以得到下面的方程：

$$\frac{NPV_1}{NPV_1 - NPV_2} = \frac{IRR - i_1}{i_2 - i_1}$$

由于 $A(i_1, NPV_1)$、$C(i_2, NPV_2)$ 两个点的坐标都已在前面通过试算得出，所以求解上面方程中的未知数 IRR 即可。注意此时算出的 IRR 为一个近似值，其计算精度与试算 NPV_1 及 NPV_2 时，这两个数值与零的接近程度有关，这两个值越接近于零，则用插值法计算的 IRR 越精确。

随着计算机的普及以及各种电子计算工具的出现，计算项目的内部收益率不再是一件困难的事情。应用这些工具（如使用 Excel 或数据分析软件）已经能够很便捷地计算出一个项目的内部收益率。

(3)决策标准

由于内部收益率反映的是投资项目对占用的原始投资支出的恢复能力,其值越高,表示投资项目的经济性越好。当投资项目的内部收益率大于基准折现率时,说明该投资项目的经济效果超过预定的标准,项目可行。由此,当基准折现率 i_0 设定后,内部收益率的评价准则为:

$IRR > i_0$,投资项目可行;

$IRR < i_0$,投资项目不可行;

$IRR = i_0$,投资项目可以接受也可以不接受。

(4)内部收益率指标的优点

内部收益率指标是一个效率指标,反映项目单位投资的盈利能力。内部收益率反映了投资项目自身的盈利能力,其计算不受预定折现率大小的影响。

(5)内部收益率指标的局限性

1)内部收益率是反映投资在其计算期内项目的平均盈利能力,对于风险不大、产出比较平稳的项目,以内部收益率作为效率指标,具有一定的代表性。但对于风险性项目,投资者最关心资本的回收时间,至于资本投入项目后的盈利能力,则放在第二位考虑,此时内部收益率指标就不是最佳选择。

2)内部收益率对于确定项目的优先度,不能给出正确的概念。由于内部收益率是一个效率指标,不反映投资规模。

【例 7.19】 有项目 A、B,其计算期均为两年,资本成本为 10%,其在计算期内的净现金流量见表 7-32。

表 7-32 根据程式期现金流量计算 IRR 与 NPV   单位:万元

项目	0	1	IRR	NPV
A	−100	150	50%	36.36
B	−500	625	25%	68.18

经计算得到,按内部收益率来选择,两个项目的内部收益率均大于基准折现率,那么要判断这两个项目的优先度,就需要按净现值来选择,因为项目 B 的投资规模较大,其净收益较多,NPV 较高,应选取项目 B。

3)当项目现金流量不稳定时,会导致项目在其计算期内出现多个内部收益率,则需按现实经济学意义对内部收益率进行正确筛选。按内部收益率公式计算的解可能为正、负或虚数解。负值或虚值解不是经济学意义的解,不能作为决策指标。在正数解当中,合理的数值范围内,例如 0%~50% 之间,才能作为决策依据。

Tip:关于内部收益率的多解问题

从内部收益率的计算公式上,可以看出该方程是一个以 IRR 为未知数的多项式方程,未知数的最高次幂是 n。如果未知数的最高次幂大于 2,通常不太容易通过代数方法求得方程的解。而且当 $n \geq 2$ 时,这样的多项式方程的解的个数将有可能不是唯一的。确切地讲,在复数范围内,多项式方程解的个数等于其未知数的最高次幂,方程的解有可能是正实数、负实数或是虚数。只有符合经济学含义的正实数解才是内部收益率。但是尽管如此,多项式方程在 $n \geq 2$ 时,也可能存在有多个正实数解的情况。

一个项目内部收益率的正实数解的个数,取决于其净现金流量序列的特性和类型,即净现金流量序列正负号变化的次数。一般情况下,一个项目的净现金流量序列中通常都是以负的净现金流量作为起始,表示项目的初始投资,随着项目生产能力、市场份额的不断扩大,逐渐开始出现正的净现金流量,并一直保持下去,这种项目其净现金流量序列在整个项目计算期内只改变一次符号,因此它的内部收益率是唯一的。而对于一些特殊项目,在项目计算期中需要进行大规模投入等,使得一个项目的净现金流量序列在其计算期内发生正负号的多次变化,如果这种变化次数为 m 次,那么这个项目的内部收益率最多可能会有 m 个正实数解。举例子说明:

【例7.20】 某项目 A 的各期的净现金流量见表 7-33。

表 7-33 某项目 A 的各期净现金流量　　　　　单位:万元

项目	0	1	2	3
A	-1000	4700	-7200	3600

如上表所示,项目 A 的净现金流量序列在其项目周期内发生了三次正负号的改变,因此这个项目内部收益率的正实数解最多可能有三个,经过计算得知,它们分别为 20%,50%,100%。

3. 获利指数(Present Index)

(1)获利指数定义

获利指数又称现值指数或盈利能力系数。指投资项目在其投产后各期净现金流量现值合计与初始投资额现值合计之比。

(2)计算公式

$$获利指数(PI) = \frac{投产后各年净现金流量的现值合计}{原始投资的现值合计}$$

$$= \frac{\sum_{t=s+1}^{n} NCF_t \cdot (P/F, i_c, t)}{\left| \sum_{t=0}^{s} NCF_t \cdot (P/F, i_c, t) \right|}$$

上式中：$\sum_{t=s+1}^{n} NCF_t \cdot (P/F, i_c, t)$ 为投产后各年净现金流量的现值合计。

（3）决策标准

$PI > 1$，说明净现金流量的现值大于初始投资，从而 $NPV > 0$，项目可行。

$PI < 1$，说明净现金流量的现值小于初始投资，从而 $NPV < 0$，项目不可行。

$PI = 1$，说明净现金流量的现值正好等于初始投资，从而 $NPV = 0$，项目可实施或放弃。

4. 现值回收期法

现值回收期法是由静态投资回收期法改进而来的一种方法，也称之为动态投资回收期，它考虑了资金的时间价值。这一指标是将各期净现金流量以一个适当的折现率折现后，再计算项目的投资回收期。但现值回收期法仍未能解决静态投资回收期存在的第二个和第三个局限性，使投资回收期指标失去了计算快速、简洁的优势，因而这种方法在实务中使用不甚广泛。

7.3.1.3 经济评价指标比较

1. 净现值与内部收益率

净现值法和内部收益率法是进行投资项目评价的主要方法，这两种方法在某些特定情况下会出现不一样的结论。下面分别从项目及多项目（方案）比选结果进行分析。

对于常规的独立项目而言，使用净现值指标与内部收益率指标得出的评价结果是一致的。如果计算得到的项目的净现值大于或等于零，那么项目的内部收益率一定会大于或等于基准收益率。

对于非常规的独立项目而言，由于净现金流量序列可能多次发生正负号的变化，使得 $NPV-i$ 曲线不再是一个单调递减函数，从而造成有多个内部收益率的情况。举例说明：

【例 7.21】 根据某项目 A 第 0 年、第 1 年和第 2 年的现金流量，预测净现金流量分布见表 7-34。

表 7-34　根据各期现金流量计算 IRR 与 NPV　　　　　　　　　　单位：万元

项目	0	1	2	IRR	NPV(i=0.1)
A	-100	260	-168	20% 或 40%	-2.48

上面这个项目的净现金流量序列在计算期内改变了两次符号,因此这个项目最多可能有两个内部收益率值,通过计算分别为 20% 及 40%(如图 7-17 所示)。若项目的折现率为 10%,则两个值均大于基准折现率,根据内部收益率指标的决策标准,应当接受这一个项目,但计算一下这个项目的净现值会发现为负值,应当予以放弃。显然在这种情况下净现值指标与内部收益率指标的结论相互矛盾。基于此,使用内部收益率指标来评价例 7.21 的项目 A,会造成错误的决策结果。因此对于非常规项目,即有多个内部收益率出现的项目,通常不使用内部收益率指标作为评价依据。

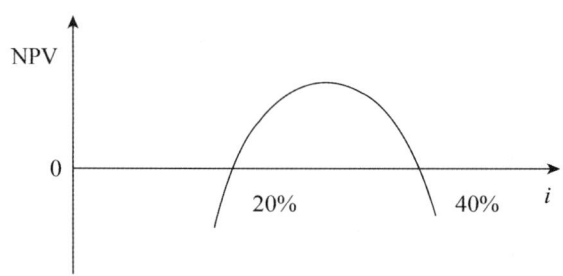

图 7-17　存在多个内部收益率的情况

对于初始投资额相等的两个互斥项目,可能会发生 NPV 与 IRR 评价的结论不一致的情况。

【例 7.22】　两个项目 A、B 为互斥项目,初始投资均为 9000 万元,折现率均为 10%,在计算期内预测两个项目净现金流量分布见表 7-35。

表 7-35　根据各期现金流量计算 IRR 与 NPV　　　　　　　　　　单位：万元

项目	0	1	2	3	4	5	IRR	NPV(i=0.1)
A	-9000	6000	5000	4000	20	20	33.4%	3618
B	-9000	1200	1500	3000	6500	7000	22.6%	4371

显然例 7.22 中的两个互斥项目,在应用 IRR 与 NPV 分别评价时得到的结论是不一致的。从直接原因看,在于两个项目的现金流量的分布差异很大。项目 A 的现金流量集中在近期发生,在折现率保持不变时,近期的现金流量对现值的贡献起主要作用;而项目 B 的现金流集中在远期发生,由于分布差异,造成了矛盾的现象。

对于初始投资额不相等的两个互斥项目进行决策时,也有可能会发生 NPV 与 IRR 评价结论不一致的情况。如例 7.23。

【例 7.23】　项目 A、B 是两个互斥项目,其折现率均为 10%,两个项目的计算期均为十年,每年发生的净现金流量一样,预测见表 7-36。

表 7-36　根据各期现金流量计算 IRR 与 NPV　　　　　　　　　单位:万元

项目	0	1～10 年(每年)	IRR	$NPV(i=0.1)$
A	−2000	390	14.4%	396
B	−1000	200	15.1%	229

经过计算发现,项目 B 的内部收益率为 15.1%,大于项目 A 的内部收益率 14.4%,因此按照内部收益率的决策标准,应当选择项目 B。但是计算这两个项目的净现值后发现,项目 A 的净现值高于项目 B 的净现值,按照净现值指标的评价标准,应当选择项目 A。这时使用内部收益率指标与净现值指标得到的结论并不一致,造成这两个指标评价的结论不一致的直接原因在于其初始投资额不相等。

以上三种情况与现金流量序列的发生模式或初始投资有关。如果将例中的两个项目描绘在一张图中(如图 7-18 所示),可表示为:

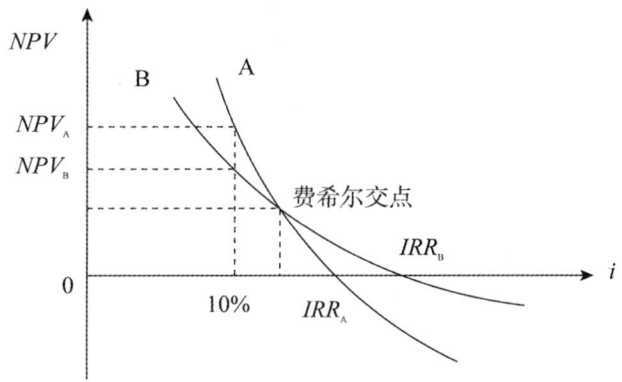

图 7-18　NPV 与 IRR 指标不一致的情况

图 7-18 中,项目 A 和 B 各自的 $NPV-i$ 曲线与横轴交点的横坐标分别代表了这两个项目的内部收益率,项目 A 和项目 B 的 $NPV-i$ 曲线的交点称为"费希尔交点",在这一点上两个项目的净现值相等,计算得到 $\Delta IRR=13.8\%$。显然,在费希尔交点左侧,使用净现值指标与内部收益率的指标评价结论相矛盾;在费希尔交点右侧,使用净现值指标与内部收益率的指标评价结论相一致。在本例中,折现率为 10%,位于费希尔交点左侧,使用 NPV 与 IRR 指标评价结论相矛盾。造成净现值指标与内部收益率指标结论不一致的更深层原因在于两种决策方法对再投资收益率的假设不同。

在常规的 NPV 和 IRR 的计算公式中,虽然没有明确给出关于再投资收益率的假设,但实际隐含地假定了再投资收益率等于折现率或项目本身的内部收益率。下面以一个具体的项目例 7.24 加以说明。

【例 7.24】　项目 A、项目 B、项目 C 的初始投资均为 50 万元,它们的折现率为 10%。

各年的现金流量情况见表 7-37。

表 7-37　项目 A、B、C 各年现金流量　　　　　　单位：万元

年份	项目 A	项目 B	项目 C
0	－50	－50	－50
1	30	0	0
2	30	63	64
NPV	2.07	2.07	2.89
IRR(％)	13.07	12.25	13.14

根据计算，项目 A、B 具有相同净现值，以 NPV 作为判断依据，这两个项目不分优劣。但这里显然作了一种经济假设，即项目 A 在第 1 年获得的 30 万元，仍以 10％的收益率进行再投资，才能使得其在第 2 年现金流增加 33 万元（63－30＝33）。只有这样，项目 A 与项目 B 的最终财富才相同；比较项目 A、项目 C，两项目具有近似相同的内部收益率，以 IRR 作为判据，这两个项目不分优劣。但这里同样隐含关于再投资收益率的假设，即项目 A 在第 1 年的现金流入 30 万元应当以 13.07％（即 IRR）的收益率进行再投资。这样，在第 2 年的现金流才能增加 34 万元（64－30＝34），项目 A 与项目 C 的最终财富才是相同的。

通过上述项目的比较分析，可以看出，如果一个投资项目具有中间现金流量，即为时间上的多阶段项目，在用常规的净现值指标对它进行评价时，则假定了中间现金流量是按折现率进行再投资的。而用常规的内部收益率指标对它进行评价时，则假定了中间现金流量按项目本身的内部收益率进行再投资。

在使用净现值指标与内部收益率指标进行项目经济效益评价时，如果两者的结论不一致，应优先选择净现值法，原因在于它的再投资假定更容易被满足。在再投资收益率假定下，使用 NPV 法的再投资只需要中间现金流量以最低投资报酬率进行再投资，而使用 IRR 法的再投资则要求中间现金流量以 IRR 进行再投资，假设存在一个 IRR 为 50％的项目，则意味着找到一个 50％再投资收益率的项目，而投资者不一定能找到满足 IRR 假定要求的再投资收益率的项目。所以，NPV 法更具有现实的可能性。

2. 净现值与获利指数

比较净现值指标与现值指数指标，可以看出二者在计算中使用的数据是完全相同的，都是投资项目的初始投资额和投资收益的现值。但二者的使用方法不同，前者是差值，后者是比值。在比较初始投资额相同的项目时，两者的结论是一致的，但当初始投资额不同时，两者的结论可能会不一致。如例 7.25。

【例 7.25】　A、B 两个项目的现金流量见表 7-38。

表 7-38　项目 A、B 各年现金流量　　　　　　　　　　　单位：万元

项目	0	1	2	3	PI	$NPV(i=0.1)$
A	−11000	5000	5000	5000	1.13	1435
B	−1000	505	505	505	1.26	256

在例 7.25 中，互斥项目 A 和 B 的折现率为 10%，二者的获利指数都大于 1，同时项目 B 的获利指数大于项目 A。按照获利指数指标的决策标准，应当选择项目 B。但是计算两个项目的净现值，会得出相反的结果，即项目 A 的净现值大于项目 B 的净现值，根据净现值指标的评价标准，应当选择项目 A。显然依据 PI 指标与依据 NPV 指标评价的结果产生了矛盾，在这种情况下应当以哪个指标的评价结果为准呢？这依据于项目评价的标准，在资本无限量的前提下，当以收益最大化作为评价标准时，应选择净现值指标作为评价最终依据；在资本受限制前提下，当以资本使用效率作为评价标准时，应选择获利指数作为评价最终依据。

7.3.2　投资项目的不确定性分析及风险决策

一切不利事件发生的可能性，都称之为风险。例如，发生意外事故的风险和失业的风险。在金融交易或其他投资领域，风险通常被认为是损失部分或全部投入资金的可能性。比如，投资者在出售股票前，如果股价下跌，那么投资者将遭受损失，而这种股价下跌的可能性就是股票投资者所经常考虑的风险。进行实业型投资项目也存在着同样的情况，未来的实际收益有可能达不到预期的收益水平，甚至还会发生无法收回原始投资的情况。

在现代的经济社会中，对于投资者而言，除了把资金存入银行获得利息收益被认为是无风险外，几乎所有投资项目都存在风险。因此，在进行实际投资决策时，必须要考虑投资中的风险问题。

本节将在前面介绍的内容基础上，把不确定性分析及风险决策引入到项目投资决策的分析当中。

7.3.2.1　不确定性与风险

投资项目是对未来的预期，在进行投资项目决策过程当中，指标分析的数据大部分来自估算和预测，存在一定程度的不确定性。这种不确定性来自投资者对于未来的无法预知性。我们将这些影响投资项目未来结果的因素称之为不确定性因素。这种不确定性因素变化对投资项目的影响可能是正面的，也可能是负面的。如果影响是负面的，即未来的不确定性因素变化造成投资项目成本的增加、收益的减少或投资损失，则投资项

目存在风险。

美国学者库珀(Cooper)和查普曼(Chapman)在《大项目风险分析》中将风险定义为:"风险是由于从事某项特定活动过程中存在的不确定性而产生的经济或财务的损失、自然破坏或损伤的可能性。"

一般来说,风险具有三个特征:第一,风险具有不确定性。对于投资项目而言,未来预期结果的风险性和收益性是同时存在的,投资项目既可能获得预期收益,也可能发生投资损失,承认投资存在风险的同时也承认投资存在收益的机会。第二,风险的实质是投资损失或损害。风险的影响是负面的,风险越大,影响损失量也越大。第三,风险是可以度量的。风险是实际结果对预期有利结果的偏离。实际结果偏离预期结果越大,风险也越大。

7.3.2.2 不确定性分析

不确定性分析主要包括盈亏平衡分析及敏感性分析,主要解决或回答投资项目决策分析中的两个问题:第一,当不确定性事件发生时,哪些经济变量可能成为风险因素;第二,当风险因素发生变化时,对投资项目预期收益的影响程度。

1. 盈亏平衡分析

盈亏平衡分析是指投资项目在正常生产情况下,分析产销量、成本和利润三者之间的关系,确定盈亏平衡点(Break Even Point,BEP)的一种方法。盈亏平衡分析也称为量本利分析、保本分析。在盈亏平衡点上,投资项目收入等于支出,投资项目既无盈利也无亏损。

根据产销量、成本、利润三者间关系,可将盈亏平衡分析划分为线性盈亏平衡分析与非线性盈亏平衡分析。

(1)线性盈亏平衡分析

1)假设条件

盈亏平衡分析通常建立在下列假设条件下:

①产品销售量等于产量(Q),即假设各年产品全部售出、单位产品售价(P)不随产销量变化、项目只生产单一产品,如生产多种产品应折算为某一种基本产品。

②项目的销售收入(S)是产销量的正线性函数,即:

$$S = P \times Q$$

③项目的总成本(C)是产销量的线性函数,即:

$$C = C_v \times Q + C_f$$

其中,项目的固定成本(C_f)在生产期一定规模内保持不变;项目的单位变动成本

(C_v)是产销量的正线性函数。

④各数据应采用达到设计能力的正常年份的数据。

2)基本公式

$$S \times (1-t_s) = C_v \times Q + C_f$$

其中：S——销售收入；

t_s——税率；

C_v——单位产品变动成本；

C_f——固定成本；

Q——产量。

在盈亏平衡点上，扣除销售税金及附加后的销售收入正好等于总成本，利润为零，项目不盈不亏，我们将项目达到盈亏平衡时的点(BEP)称为保本点。如图7-19所示。

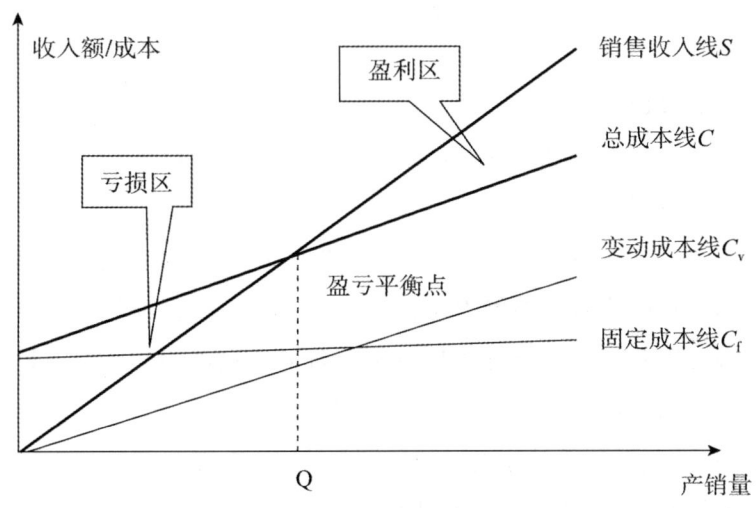

图7-19 线性盈亏平衡分析图

3)盈亏平衡分析

由公式 $S \times (1-t_s) = C_v \times Q + C_f$ 可以推导得到，盈亏平衡点也可以利用生产能力利用率、产量、销售收入、变动成本、固定成本等不同风险因素表示。

①盈亏平衡产量 $BEP(Q)$

$$BEP(Q) = \frac{C_f}{P \times (1-t) - C_v}$$

$BEP(Q)$是项目保本时的产量。在这点上，项目销售收入正好能补偿固定成本及变动成本支出，项目保本。保本产量值越小，表明项目可以较低的产量即可保本，项目的抗风险能力越强。

②盈亏平衡生产能力利用率 $BEP(E)$

$$BEP(E) = \frac{BEP(Q)}{Q^*} = \frac{C_f}{[P \times (1-t) - C_v] \times Q^*}$$

其中，Q^*表示达到设计生产能力时的产量。

$BEP(E)$反映了项目保本时的产量与设计产量的比值，该值越低，说明项目生产能力利用程度较低，项目盈利空间越大，抗风险能力越强。

③盈亏平衡销售收入$BEP(S)$

$$BEP(S) = \frac{C_f \times P}{P \times (1-t) - C_v}$$

④盈亏平衡销售价格$BEP(P)$

$$BEP(P) = \frac{C_f + C_v \times Q^*}{Q^* \times (1-t)}$$

⑤盈亏平衡单位产品变动成本$BEP(C_v)$

$$BEP(C_v) = \frac{P \times Q^* \times (1-t) - C_f}{Q^*}$$

⑥盈亏平衡固定成本$BEP(C_f)$

$$BEP(C_f) = P \times Q^* \times (1-t) - C_v \times Q^*$$

4）盈亏平衡分析评价

通过公式$S \times (1-t_s) = C_v \times Q + C_f$及图示7-19可以看出，盈亏平衡点越低，则项目的盈利空间越大，项目的抗风险的能力越强；盈亏平衡点越高，项目的盈利空间越小，项目抗风险能力越弱，因此盈亏平衡分析反映了项目的盈利能力。同时，进一步分析各风险因素，可得到如下结论：

①固定成本占总成本的比重越大，盈亏平衡点就越高，项目风险越大；

②设计产销量远远大于盈亏平衡点时的产销量时，项目抗风险能力越强；

③市场需求量远远大于盈亏平衡点产销量时，项目抗风险能力越强。

【例7.26】 某厂年设计生产能力为5万台，预测市场售价为400元/台、年销售税金为110万元，年生产总成本估计为1600万元，其中固定成本为500万元。试在销售收入、总成本均与产销量，呈线性关系的情况下，分别求出以产量、生产能力利用率、销售价格、单位产品变动成本、固定成本表示的盈亏平衡点，并进行分析。

解：　　　　　$Q^* = 50000$(台)　　　$P = 400$(元/台)

　　　　　　　$C = 1600$(万元)　　　$C_f = 500$(万元)

$$C_v = \frac{C - C_f}{Q^*} = \frac{1600 - 500}{5} = 220(\text{元}/\text{台})$$

$$t = \frac{110}{400 \times 5} = 5.5\%$$

$$BEP(Q) = \frac{C_f}{P \times (1-t) - C_v} = \frac{5000000}{400 \times (1-5.5\%) - 220} = 31646(台)$$

$$BEP(E) = \frac{BEP(Q)}{Q^*} = \frac{31646}{50000} = 63\%$$

$$BEP(P) = \frac{C}{Q^* \times (1-t)} = \frac{1600}{5 \times (1-5.5\%)} = 339(元/台)$$

$$BEP(C_v) = \frac{P \times Q^* \times (1-t) - C_f}{Q^*} = 400 \times (1-5.5\%) - \frac{500}{5} = 278(元/台)$$

$$BEP(C_f) = P \times Q^* \times (1-t) - C_v \times Q^*$$
$$= 400 \times 50000 \times (1-5.5\%) - 220 \times 50000$$
$$= 790(万元)$$

通过计算盈亏平衡点可以分析：当产量达到 31646 台时，项目盈亏平衡；盈亏平衡时的生产能力利用率为 63%，项目抗风险能力较强；当项目单价为 339 元/台时，项目达到盈亏平衡，实际价格高于此点时，项目盈利；当变动成本为 278 元/台，固定成本 790 万元时，项目盈亏平衡，低于此指标点时，项目盈利。指标计算结果见表 7-39。

表 7-39　盈亏平衡分析指标计算结果

参数 状态	销售单价 （元/台）	产量 （台/年）	生产能力利用率 （%）	变动成本 （元/台）	固定成本 （万元）
正常经营	400	50000	100%	220	500
保本点	339	31646	63%	278	790

（2）非线性盈亏平衡分析

在实际的投资项目分析中，产品的成本与产量往往呈非线性变化，销售收入也会随市场需求的变化而呈非线性变化。这就需要进行非线性盈亏平衡分析。

当产量、成本和盈利呈非线性关系时，可能会出现两个或两个以上的盈亏平衡点，投资项目投产后的产量、收入和成本的非线性关系，可以用二次曲线的函数式表示：

$$f(x) = ax^2 + bx + c$$

式中 x 为盈亏平衡时的产量。

在求盈亏平衡点的产量时，应令销售利润方程式为零，即销售收入总额减去成本总额等于零，以求平衡点的产量 x。

$$f(x) = f(R) = f(S) - f(C) = f(Px) - f(F+vx) = f(Px-F-vx) = 0$$

式中：R 为销售利润，S 为销售收入，C 为生产成本总额，P 为单位产品价格，F 为固定成本总额，v 为单位产品变动成本。

运用二次方程求根公式，可解得产量 x：

$$x = \frac{-b \pm \sqrt{b^2 - 4ac}}{2a}$$

由此解得的 x_1 和 x_2 分别为盈亏平衡点的最低产量和最高产量。在这两个平衡点之间,存在着最大的利润点,在这个点的左侧,利润率上升,在这个点的右侧,利润率下降。这种与产量的变动相关的利润变化率就是边际利润。在这个最高利润点上,利润变化率肯定为零。要找到这个点,就应对利润方程式求导,令其导数等于零,解出 x。如图 7-20 所示。

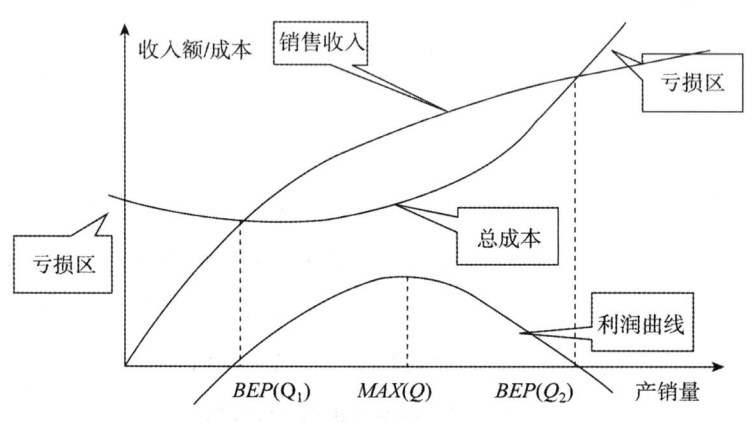

图 7-20　非线性盈亏平衡分析图

在图 7-20 中,当产销量在 $BEP(Q_1)$ 与 $BEP(Q_2)$ 之间时,项目盈利;当产销量小于 $BEP(Q_1)$ 或大于 $BEP(Q_2)$ 时,项目亏损。从利润曲线中可以看出,当利润最大时的产量为 MAX(Q)。

【例 7.27】　某项目生产 MP3 机,预计年销售收入 S 与总成本 C 的函数关系如下,请对该项目进行盈亏平衡分析。

$S = 2000Q - 0.3Q^2$

$C = 720000 + 740Q - 0.2Q^2$

解:设该项目利润为 R,即 R=S－C

$R = 2000Q - 0.3Q^2 - 720000 - 740Q + 0.2Q^2$

$\quad = -0.1Q^2 + 1260Q - 720000$

令 R=0,得到:$BEP(Q_1)=600$　　$BEP(Q_2)=12000$

当项目产量设定在 $BEP(Q_1)$ 和 $BEP(Q_2)$ 之间时,项目盈利。

其利润最大时的产量可以运用求极值的方法计算得出。即满足一阶导数为零时的产销量,为利润最大时的产销量。

解:$\dfrac{dR}{dQ} = -0.2 \times Q + 1260 = 0$

得:当 MAX(Q)=6300,存在最大利润 MAX(R)=324.9。

2. 敏感性分析

敏感性分析是投资项目的经济评价中常用的一种研究不确定性的方法。它在确定性分析的基础上,进一步分析不确定性因素对投资项目的最终经济效果指标的影响及影响程度。敏感性因素一般可选择主要参数(如销售收入、经营成本、生产能力、初始投资、寿命期、建设期、达产期等)进行分析。若某参数的小幅度变化能导致经济效果指标的较大变化,则称此参数为敏感性因素,反之则称其为非敏感性因素。

敏感性分析是通过预测、研究各不确定因素的变化对项目的经济效益指标的影响程度及该因素达到临界值时项目的风险承受能力,来判定这些因素对项目经济效益指标作用的重要性。敏感性分析的任务,就是在诸多的不确定因素中,确定哪些因素是敏感性因素,并分析敏感性因素发生变化导致项目经济效益的主要指标变动的敏感程度。

根据投资项目不确定性因素的数量及每次变化的数量,敏感性分析可分为单因素敏感性分析和多因素敏感性分析两种。单因素敏感性分析是假设其他因素不变时,某一因素变动对投资项目经济效益指标的影响;多因素敏感性分析是指每次同时变动多个因素时对投资项目经济效益指标的影响。一般选用净现值和内部收益率指标作为敏感性分析的经济效益指标。

(1)单因素敏感性分析

单因素敏感性分析常采用逐项替换法,步骤如下:

1)选择需要分析的不确定性因素

由于投资项目各数据的采集均建立在预测的基础上,从未来的不确定性上讲,各因素均具有不确定性。一般仅选择在项目评价过程中把握不大的因素作为不确定性因素,如产销量、价格、单位变动成本等因素。

2)进行单因素敏感性计算,计算敏感度系数和临界点

假设某因素发生变动,其他因素不变,计算项目经济效益指标的变动范围,并计算敏感度系数和临界点。

①敏感度系数,指经济效益指标变化率与单个不确定性因素变化率的比值,反映了经济效益指标对单因素变化的敏感程度,实质是一种弹性系数。敏感度系数越大,表示经济效益指标对该不确定性因素变化越敏感。敏感度系数计算公式为:

$$E = \frac{\Delta B/B}{\Delta A/A}$$

其中:

A——不确定因素正常情况下的值;

ΔA——不确定因素的变化值；

B——经济效益指标（NPV 或 IRR）正常情况下的值；

ΔB——不确定因素变化时，相应经济效益指标（NPV 或 IRR）的变化值；

E——经济效益指标对不确定因素变化的敏感度系数。

②临界点，指不确定因素向不利方向变化的极限值。超过极限值，项目经济效益指标评价使项目由可行转变为不可行。临界点可用临界百分点或者临界值表示。临界点可用专用软件的财务函数计算，也可通过绘制敏感性分析图直接求得近似值。

3）编制敏感性分析表，绘制敏感性分析图

通常，敏感性分析表中会把可能对经济效益指标产生影响的不确定性因素的影响结果列出。分析时可采用一个或多个因素。其中，不确定性因素的变化率根据预测情况自行设定，经济效益指标通常选取内部收益率。表格形式见表7-40。

表 7-40　敏感性分析表

序号	不确定性因素	变化率（%）	IRR	IRR 变化率（%）	敏感系数	临界点（%）	临界值
1	产量						
2	产品销售价格						
3	原材料价格						
4	汇率						

敏感性分析图如图 7-21 所示。图中一般以变化率作为横轴，中心轴为零点。左侧表示负向变化，右侧表示正向变化。以经济效益指标作为纵轴，选定项目评价基准指标并标注在纵轴上。然后，将各敏感性因素变化时对应的经济效益指标值的计算结果以散点形式描绘在图中并连成线，线越陡峭，表示该因素的变化对经济效益指标的影响程度越大。一张图中可以反映多个因素的敏感性分析结果，每条斜线与基准收益率的交点对应的是不确定因素的变化率，图 7-21 中 C_1、C_2、C_3 即为该因素的临界点。

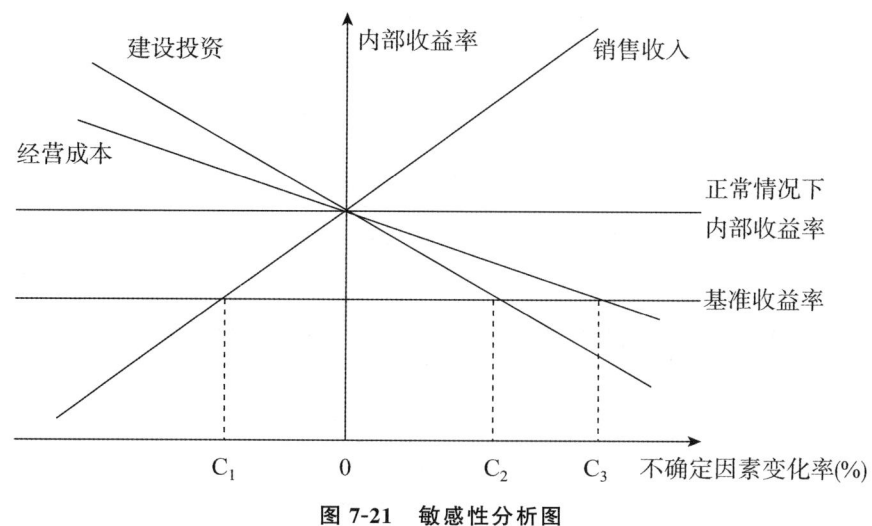

图 7-21 敏感性分析图

4)分析敏感性因素,提出相应的措施

通过敏感性分析,可以找出影响项目经济效益最关键的因素,以便在项目实施中对其加以关注并采取必要的对策加以控制。

单因素敏感性分析是假设某一因素变动而其他因素不变时对投资项目效益指标的影响程度,而实际上各不确定因素对投资项目的影响是综合、同时发生的,这时就必须进行多因素的敏感性分析。

(2)多因素敏感性分析

多因素敏感性分析中最常用的是双因素敏感性分析,其步骤为:

1)在单因素敏感性分析基础上,确定两个同时变化的敏感性因素。

2)确定两个敏感性因素变化范围内的各种组合,以及对经济效益指标影响的程度。

3)确定临界点,即找出使得项目从可行至不可行的临界值,并将两个敏感性因素变化的组合与之比较,以分析投资项目的可行性。

下面以例 7.28 说明单因素敏感性分析的方法。

【例 7.28】 某城市拟建一座大型化工企业,计划投资 1900 万元。其中固定资产投资 900 万元,流动资金投入 1000 万元,固定资产采用直线折旧法,期末无残值,流动资金期末一次收回。整个项目建设期 1 年,计算期 10 年,预计项目在经营期收入及成本见表 7-41。假定项目在建设期中建筑材料可能会上涨 30%;项目投产后,原材料等经营成本价格可能会上涨 5%;项目投产后,如果市场需求减少可能造成产品售价下降 8%。试对本项目上述各不确定性因素进行单因素敏感性分析并提出相应措施(假定不考虑折旧,投资者要求的最低投资回报率为 12%)。

解:

第一步:选择内部收益率(IRR)作为分析指标(见表 7-41)。

表 7-41 运营期收入成本表　　　　　　　　　　　　　　　　　　　　　单位：万元

年份\项目	1	2	3	4	5	6	7	8	9
销售收入	1000	4000	5000	7300	7300	7300	7300	6300	6300
经营成本	1700	3600	4300	5400	5400	5400	5400	5400	5400
折旧	100	100	100	100	100	100	100	100	100
所得税	0	99	198	594	594	594	594	264	264

注：所得税＝（销售收入－经营成本－折旧）×0.33

第二步：计算各不确定因素不变时的内部收益率（IRR），见表 7-42。

表 7-42 内部收益率计算表　　　　　　　　　　　　　　　　　　　　　单位：万元

年份\项目		建设期 0	建设期 1	运营期 2	3	4	5	6	7	8	9	10
一	现金流入量	0	0	1000	4000	5000	7300	7300	7300	7300	6300	7300
1	销售收入			1000	4000	5000	7300	7300	7300	7300	6300	6300
2	流动资金回收											1000
二	现金流出量	900	1000	1700	3699	4498	5994	5994	5994	5994	5664	5664
1	建设投资	900										
2	流动资金		1000									
3	经营成本			1700	3600	4300	5400	5400	5400	5400	5400	5400
4	所得税			0	99	198	594	594	594	594	264	264
三	净现金流量	−900	−1000	−700	301	502	1306	1306	1306	1306	636	1636
	折现系数 $(1+12\%)^{-n}$	1.000	0.893	0.797	0.712	0.636	0.567	0.507	0.452	0.404	0.361	0.322
	净现金流量现值	−900.00	−892.86	−558.04	214.25	319.03	741.06	661.66	590.77	527.47	229.35	526.75
	净现值（NPV）	1459.44										
	内部收益率（IRR）	22.03%										

从上表计算结果显示：IRR＝22.03%。可以看出，在各因素不变时项目的内部收益率超过投资者所要求的最低投资回报率，项目可行。

第三步：选择敏感性因素，确定变动幅度，并进行单因素敏感性分析。

经过分析我们得知，对此类项目的最终效益影响较大的因素，主要有投资成本、经营成本、销售价格三个不确定性因素。计算后的敏感性分析表见表 7-43。

表 7-43 敏感性分析表

不确定性因素	变化率	IRR	IRR 变化率	敏感系数	临界点	临界值
正常情况	0%	22.03%				
建设投资	30%	19.52%	11.39%	0.380	162.10%	2358.9
经营成本	5%	15.11%	31.41%	6.282	7.03%	5779.62
销售收入	−8%	7.40%	66.41%	−8.301	−5.79%	6877.33

由上述分析得知,该化工厂建设项目的三类影响因素的敏感程度,由高到低依次为:产品销售价格、经营成本、建设投资。其中后两个因素发生时,IRR 仍在可取范围内,而产品售价如果下降水平达到 8% 时,该项目将无法达到投资者要求的最低收益率,此时应当提出切实措施以确保该方案有较好的抗风险能力,否则应放弃。

3. 风险概率分析

风险被认为是损失部分或全部某项交易所投入的资金的可能性,大众认识的投资风险,是指某项投资的实际报酬率低于投资者预期的报酬率的可能性。这种定义方式很易于理解。但是,未来的实际收益小于预期收益的结果是很多的,每一种结果也都对应着一种可能性,所以以这种定义方式去度量风险,是一件很困难的事情,需要换一个角度来定义风险。

可以把风险看成是未来结果与预期收益的偏离,而且每种偏离程度的可能性是可以估计的,用统计学的语言来说,就是这种偏离的概率分布是可以知道的,然后再运用概率论与统计学的方法加以处理,来解决风险的度量问题。

通过盈亏平衡分析可以找到投资项目关键的不确定性因素;通过敏感性分析可以考察各不确定性因素对经济效益指标的影响程度,然而却不能表明该不确定性因素变化发生的概率;风险概率分析法可以回答不确定性因素变化发生的概率,从而为项目风险决策提供依据。

风险概率分析的基本原理是:假设各不确定因素,即风险变量是服从某种概率分布的随机变量,项目经济效益指标是风险因素的函数,则项目经济效益指标必然也是随机变量。通过对各种风险因素,如产品的销售量、销售收入、产品成本、投资额等因素可能出现的概率分布及标准差等进行定量分析,来估计项目经济效益指标,如净现值的概率分布、标准差及期望净现值,从而判断项目不可行的风险大小,并运用风险决策方法对多个投资方案或项目进行优选。

在这种定义下进行风险概率分析,需要用到概率论与统计学的一些知识。在这里介绍几个相关的概念。

(1) 随机变量与概率分布

1) 随机变量与概率分布的概念

在统计学中,随机变量是指某一过程可能发生的结果。随机变量可能是离散的,也可能是连续的。离散型随机变量的可能值为有限个或无限个,而连续型随机变量的取值范围为一个区间。

假定某产品价格变化的可能值为低于预期值10%、低于预期值5%、等于预期值、高于预期值5%、高于预期值10%等五种状态,即认为某产品价格变化是离散型随机变量。各种状态概率取值见表7-44。

表 7-44　不同状态下产品价格的取值

产品价格	概率
低于预期值10%	0.0425
低于预期值5%	0.2500
等于预期值	0.3750
高于预期值5%	0.1500
高于预期值10%	0.1825
合计	1.0000

"随机变量 X 的概率分布"就是所有可能出现的结果及每种结果发生的概率的一种函数表示。这种表示可以通过图形表示,也可以通过解析表达式来表示。随机变量的概率分布是对随机变量取值特点和取值规律的一种描述,它反映了一个随机变量取值变化的数量规律性。需要注意的是所有可能出现的结果的概率之和等于1。上述概率分布可以用图7-22表示。

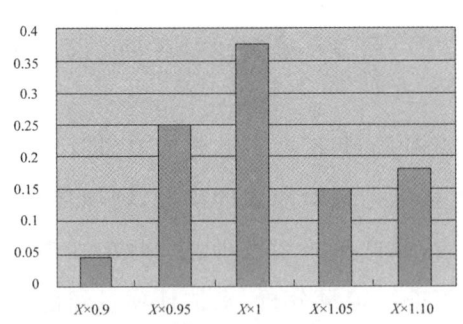

图 7-22　离散型变量概率分布

连续型的随机变量是指随机变量能取某一范围内的任意值。例如,某产品市场需求量 X 的概率分布 $P(X)$ 如图7-23所示。产品市场需求量在1700万~2000万元的概率为图中1700~2000两点间的曲线与横轴所包含的面积,而整个曲线下与横轴所包含的面积为1。

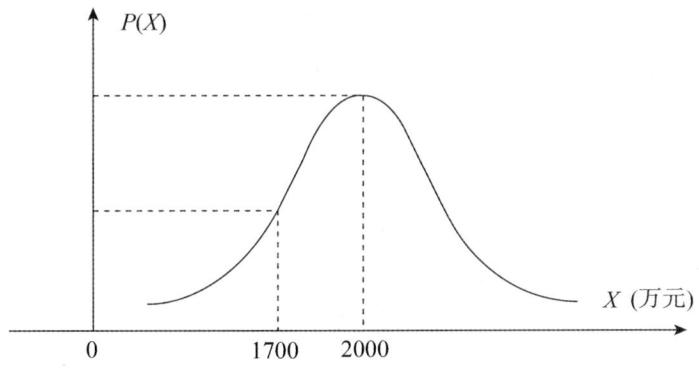

图 7-23　连续型随机变量的概率分布

2）期望值、方差、标准差及变异系数

期望值是用来测度随机变量的集中趋势的统计量。它是随机变量所有可能取值的加权平均值。权重就是各种可能取值出现的概率。用公式表示为：

$$E(X) = \sum_{j=1}^{n} X_j \times P_j$$

其中：$E(X)$——随机变量的期望值；

　　　X_j——随机变量第 j 种可能性对应的值；

　　　P_j——X_j 值发生时对应的概率。

在项目风险概率分析中，通常计算期望净现值来反映项目在预估风险下经济效益指标的平均水平，其正负及大小可以作为项目取舍或项目风险决策的基本依据。

在统计学中，观察到的随机变量的结果偏离均值的程度是用随机变量概率分布的方差或标准差来描述的，它们都是用来测度随机变量离散程度的统计量。在此用 σ^2 表示方差，计算公式如下：

$$\sigma^2 = \sum_{j=1}^{n} [X_j - E(X)]^2 \times P_j$$

标准差是方差的正的平方根。与期望值的量纲相同，标准差在投资分析中更为常用。它反映了随机变量偏离均值或期望值的"平均距离"。

在项目风险概率分析中，标准差反映了净现值分布的集中度，标准差越小，表示各净现值偏离期望净现值的距离越小，数据越集中，项目风险越小；标准差越大，说明各净现值偏离期望净现值的距离越大，数据越分散，项目风险越大。

变异系数是标准差与期望值的比值，通常以 v 表示。变异系数越小，表示净现值的波动幅度越小，项目风险程度越低。

3）常用的连续型随机变量的概率分布

①正态分布：这是一种最常用的概率分布，大量客观现象和经济现象服从或近似地服从正态分布，适用于描述一般经济变量的概率分布，如销售量、售价、产品成本等。正

态分布的几何形状如同一口钟,它以随机变量的期望值为纵对称轴,并在此处曲线达到最大值,而以横坐标轴为其渐近线。对于正态分布而言,其期望值决定了正态分布密度曲线的位置,而标准差决定了图形的形状,标准差越大曲线越平缓,标准差越小曲线越陡峭。

②三角分布:这种概率分布是由乐观值、最可能值和悲观值组成的对称或不对称的三角形的概念分布。三角分布可应用于描述成本或产量等对称分布的风险变量,也可应用于描述投资或工期等不对称分布的风险变量。基本形态如图 7-24 所示。

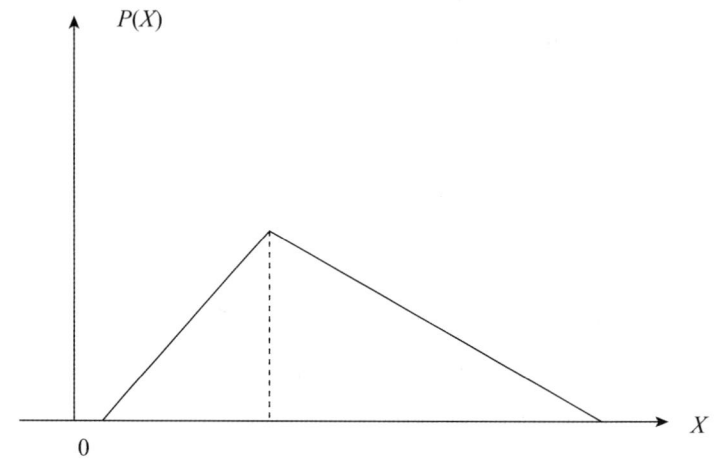

图 7-24　三角概率分布

③阶梯分布:它的特点是在不同的数值区域内,风险变量的概率不同,但在风险变量的变化界限内,该变量为连续型随机变量。基本形态如图 7-25 所示。

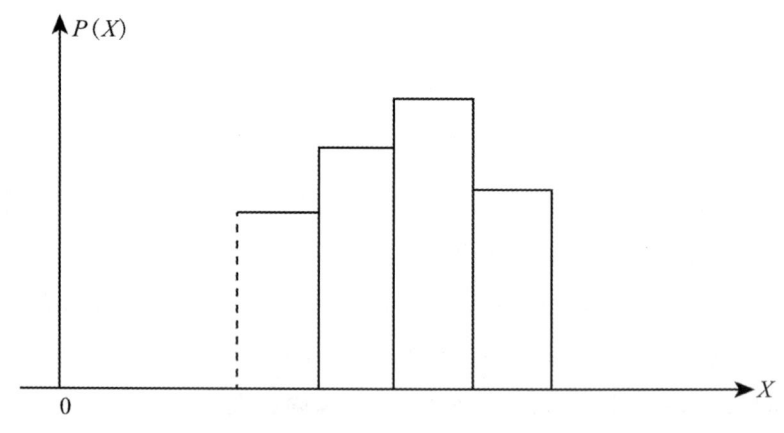

图 7-25　阶梯概率分布

(2)风险变量的概率确定

风险变量的概率估计通常采用客观概率和主观概率两种方法。客观概率是通过调查、收集历史数据或类似项目数据,对其统计分析,得出风险变量可能出现的状态和概率分布,从而获得的概率。例如,典型的投资水利工程的项目,一般先假定历史规律在未来会发生，比如洪水水位和径流量等状态规律。主观概率是根据人的经验并通过主观推理而得到的概率。在项目决策分析中，变量的概率分布通常是通过专家调查来确定的。在实践中，常用德尔菲法来估计风险因素的概率分布。

在概率分析中，不论使用客观概率分析还是主观概率分析，基础数据的取值及其发生的概率的估算，对分析的准确程度都有很大的影响。这时工作人员的经验和能力就成为重要的因素。

（3）风险概率分析的基本步骤

①在盈亏平衡分析及敏感性分析的基础上，选择需要分析的风险因素。

②估算风险因素可能出现的概率或概率分布。估算需要借助历史统计资料和评价人的丰富经验，应尽可能避免随意性与片面性。

根据风险因素的概率变化，调整现金流量，计算不同组合或各种可能结果下的投资项目的期望净现值、净现值、标准差和净现值的概率分布，计算投资项目的经济效益指标达到某种标准或满足某种要求的概率。通常是计算分析净现值小于零的概率。综合分析选择最佳方案或对特定方案进行取舍。

（4）风险概率计算模型

常用的风险概率计算模型主要有概率树及蒙特卡洛模型。

1）概率树分析

概率树分析是在构建概率树的基础上，计算项目净现值、项目期望净现值和净现值概率小于零的概率。概率树分析在理论上适用于有限个风险变量的组合，实践中组合中的风险变量的数量一般不超过三个。

①构造概率树，计算不同组合状态下的概率。若存在 n 个风险变量 x，每个风险变量的变化状态有 m 种，对应每种状态的概率为 $P(x_{ij})$，则 $\sum_{j=1}^{m} P(x_{ij}) = 1$（其中 $i=1,2,\cdots,n$）。将各风险变量的各种状态进行组合，分别计算各种组合状态下发生事件的概率。

【例 7.29】 某项目的主要风险变量有建设投资和销售收入，其变化状态及相应概率分布见表 7-45（假设风险变量为连续型变量）。

表 7-45 风险变量的概率分布

风险变量	状态	状态值	概率
建设投资(X_1)	+20%	X_{11}	0.3
	0	X_{12}	0.5
	−15%	X_{13}	0.2

续表

风险变量	状态	状态值	概率
销售收入(X_2)	15%	X_{21}	0.2
	0	X_{22}	0.6
	−10%	X_{23}	0.2

根据已知资料,进行风险变量组合共 9 种,构造概率树如图 7-26 所示。

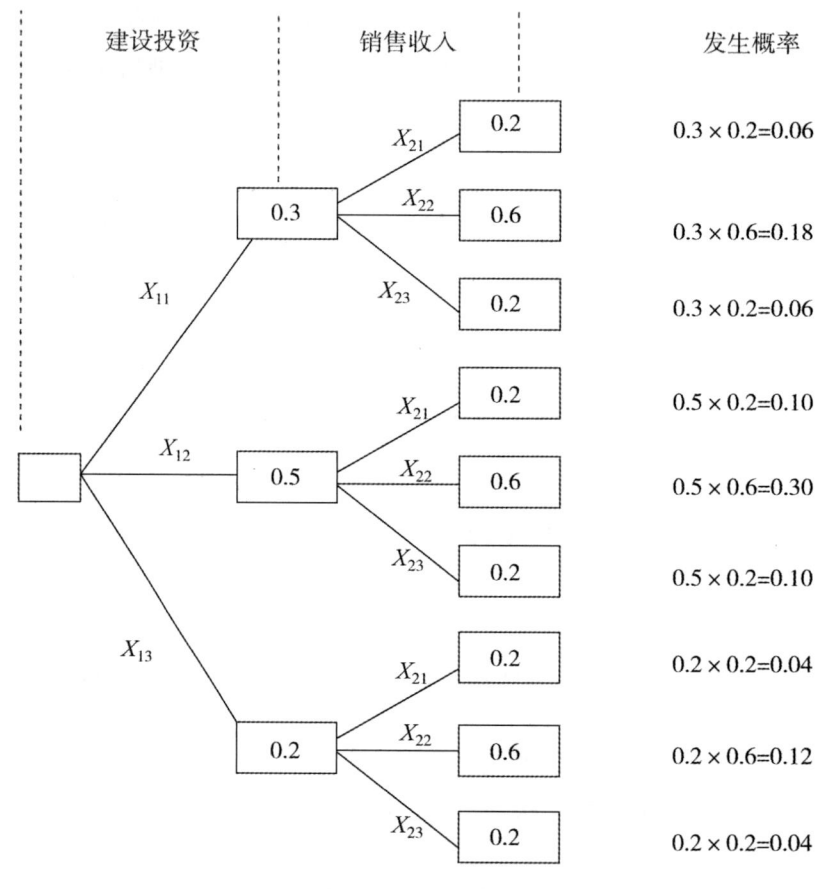

图 7-26 概率树

②计算净现值的期望值

根据上例中建设投资、销售收入的变化形成的 9 种组合,调整现金流量表,得到 9 个净现值,结果见表 7-46。

表 7-46 风险变量变化状态的组合

事件(i)	建设投资变化率	销售收入变化率	概率(P_i)	净现值(NPV_i)
1	+20%	+15%	0.06	450

续表

事件 (i)	建设投资变化率	销售收入变化率	概率 (P_i)	净现值 (NPV_i)
2	+20%	0%	0.18	300
3	+20%	−10%	0.06	−270
4	0%	+15%	0.1	600
5	0%	0%	0.3	520
6	0%	−10%	0.1	−105
7	−15%	+15%	0.04	650
8	−15%	0%	0.12	590
9	−15%	−10%	0.04	−85

计算项目期望净现值 $E(NPV)$，即各事件概率与其对应净现值乘积的和，即：

$$E(NPV)=\sum_{i=1}^{9}P_i \times NPV_i = 363.7$$

③净现值大于或等于零的概率分析

其中：方差 $=\sum$(净现值－期望净现值)$^2 \times$概率

由表 7-47 得：

表 7-47　期望净现值与方差计算表

事件(i)	净现值(NPV_i)	概率(P_i)	累计概率	加权净现值($P_i \times NPV_i$)	方差
3	−270	0.06	0.06	−16.2	24094.54
6	−105	0.1	0.16	−10.5	21967.97
9	−85	0.04	0.2	−3.4	8053.27
2	300	0.18	0.38	54	730.38
1	450	0.06	0.44	27	446.86
5	520	0.3	0.74	156	7328.91
8	590	0.12	0.86	70.8	6145.40
4	600	0.1	0.96	60	5583.77
7	650	0.04	1	26	3278.71
E(NPV)				363.7	
方差					77629.81

$$P(NPV<0)=0.2+\frac{(0.38-0.2) \times 85}{300+85}=0.2397$$

$$\sigma=\sqrt{77629.81}=278.62$$

$$\upsilon=\frac{\sigma}{E(NPV)}=\frac{278.62}{363.7}=0.77$$

根据净现值的概率分布分析，该项目净现值小于零的概率为 23.97%，即项目不可行的概率为23.97%。变异系数为0.77,项目的风险较大。

> **Tip:关于净现值小于零的概率的计算方法**
> 　　在项目风险分析中,当需要计算净现值小于零的概率时,通常使用解析法或图示法。对于离散型变量,这两种方法的概率计算是一致的;对于连续型变量,两种方法的计算结果有一定误差。原因在于图示法使用散点图描绘风险变量的概率分布,在计算净现值小于零的概率时,通常使用插入计算法来估计净现值为零时发生的概率,因而与解析法使用公式计算净现值小于零的概率有差异。

2)蒙特卡洛模型分析(Monte Carlo analysis)

①定义

蒙特卡洛模拟法(Monte Carlo Simulation)又名随机模拟法,其名字来源于摩洛哥的蒙特卡洛。它是计算机模拟的基础,最早可追溯到法国科学家普丰在1777年提出的计算圆周率的方法——随机投针法,即著名的普丰随机投针问题。

PMI(项目管理协会)这样定义蒙特卡洛模拟:一种多次执行项目模拟来计算可能结果分布的技术。

这种方法的基本思想是从不同变量的概率分布中随机抽样,利用随机抽样的值产生模拟系统的值,重复上述过程就会产生一个系统模拟值的概率分布,可作为实际中系统性能的指令,重复次数越多,仿真结果与实际情况越相似。蒙特卡洛模拟法的计算精度与$1/N$(N为样本点的数量)成正比,也就是说,需要进行大量的计算才能达到较高的计算精度。在过去,计算机应用并不普及,很难被广泛使用,但现如今,通过在计算机上进行编程已很容易实现。

应用蒙特卡洛方法的前提是要确定目标变量的数学模型以及模型中各个变量的概率分布。

在投资项目风险概率分析中,蒙特卡洛技术是用随机抽样的方式确定一组风险变量的随机值,作为项目经济评价的基础数据,计算出经济效益评价指标值(NPV或IRR),重复上述过程生成大量项目经济效益指标的可能结果。通过对模拟计算得出的项目经济效益指标的统计特征进行研究,估计投资项目的风险。

②蒙特卡洛模拟法步骤

应用蒙特卡洛方法的具体步骤为:

第一步,建立描述项目经济效益指标与风险因素之间关系的数学公式,称作蒙特卡洛分析模型。

第二步,确定蒙特卡洛分析模型的主要风险变量。

第三步,根据经验和历史数据,确定各风险变量的概率分布模型。

第四步,用计算机按给定的风险变量概率分布模型生成一个随机抽样数值,将随机抽样数值转化为风险变量的随机值,代入并计算项目评价指标(通常指 NPV 或 IRR)。

第五步,重述上述步骤,计算经济效益指标。

第六步,整理模拟结果所得经济效益指标的期望值、方差等统计指标,计算投资项目可行或不可行的概率。

按照变量的分布随机取样是应用蒙特卡洛方法的关键,下面对两种常用分布的随机抽样作简单介绍。

设 R 为 $[0,1]$ 上均匀分布的随机数,则其他各种概率分布的随机数均可用数学方法通过 R 求得,下面给出两种常用分布的随机数的抽样变换结果。

正态分布的随机变量抽样。对于服从参数为 (μ,σ) 的正态分布的随机变量 x,其抽样变换式为:

$$x = \sigma\left(\sum_{K=1}^{12} R_k - 6\right) + \mu$$

式中 R_k 为 $[0,1]$ 上均匀分布的随机数。

三角形分布的随机变量抽样。对于服从在 $[a,c]$ 范围内变化,且均值为 b 的三角形分布的随机变量 x,随机抽样的变换式为:

$$\begin{cases} x = c - \sqrt{(1-R)(c-b)(c-a)} & R > \dfrac{b-a}{c-a} \\ x = a + \sqrt{R(b-a)(c-a)} & R \leqslant \dfrac{b-a}{c-a} \end{cases}$$

③蒙特卡洛风险软件

目前在 Excel 环境下最常用的风险分析工具有 Crystal Ball、Riskmaster 以及 @risk 三种,这三种软件都是以加载项方式挂在 Excel 之下运行的,可以很方便地对建立在 Excel 中的运算模型进行蒙特卡洛分析,并得到分析结果。下例通过 Excel 说明用蒙特卡洛模拟法进行投资项目风险概率分析的基本步骤。

【例 7.30】 某公司拟投资建立制袜厂,总投资 1900 万元,其中 1700 万元为固定资产投入,200 万元为流动资金。该项目计算期 10 年,固定资产按直线法折旧,无残值,流动资金于期末收回。预计每双袜子销售单价 12 元,成本 8 元,销售量 110 万双,销量每年递增 10%。其他付现成本占销售收入的 5%。按上述基础数据预测经营期的经营业绩及现金流量状况见表 7-48 和表 7-49。该项目中销售单价为敏感性因素。请进行风险概率分析。(所得税税率 33%,项目折现率 15%)

表 7-48 经营业绩预测   单位:万元

年份	1	2	3	4	5	6	7	8	9	10
销售收入	1320	1452	1596	1752	1932	2124	2340	2580	2844	3132
销售成本	880	968	1064	1168	1288	1416	1560	1720	1896	2088
折旧额	170	170	170	170	170	170	170	170	170	170
其他成本	66	73	80	88	97	106	117	129	142	157
利润总额	204	241	282	326	377	432	493	561	636	717
所得税额	67	80	93	108	125	142	163	185	210	237
净利润	137	162	189	219	253	289	330	376	426	481

表 7-49 现金流量预测   单位:万元

	0	1	2	3	4	5	6	7	8	9	10
现金流入	0	1320	1452	1596	1752	1932	2124	2340	2580	2844	3332
经营收入		1320	1452	1596	1752	1932	2124	2340	2580	2844	3132
回收流动资金											200
现金流出	1900	1013	1120	1237	1363	1509	1665	1840	2034	2248	2481
建设投资	1700										
流动资金	200										
销售成本		880	968	1064	1168	1288	1416	1560	1720	1896	2088
其他成本		66	73	80	88	97	106	117	129	142	157
所得税		67	80	93	108	125	142	163	185	210	237
净现金流量	(1900)	307	332	359	389	423	459	500	546	596	851

蒙特卡洛模拟的次数可达到上万次,本例将借助 Excel 电子表格进行 1000 次模拟运算,主要演示模拟过程。

第一步:设定销售单价为敏感性因素,并构造其概率分布。

经过历史资料统计,此类袜子价格在 10~15 元间波动,并服从期望值为 12 元、标准差为 4 元的正态分布。

第二步:抽取随机数,计算累计概率对应的销售单价。

在 Excel 表中输入随机数 Rand(),得到第一个随机数为 0.887685,将该数作为销售单价累计概率,利用函数 Norminv(0.887685,12,4)计算累计概率对应的销售单价为 16.85724。

第三步:将该销售单价作为基础数据,调整现金流量表,计算得到项目净现值为 2673.622。

第四步:重复上述步骤 1000 次,得到 1000 个随机抽样得到的项目净现值(见表 7-50

中给出前 20 次模拟结果）。

表 7-50　20 次模拟结果

模拟次数	随机数值	销售单价	净现值
1	0.887685	16.857241	2673.6216
2	0.036297	4.8185122	−3380.759
3	0.395762	10.942674	−300.8651
4	0.915946	17.513246	3003.5321
5	0.589981	12.909981	688.51076
6	0.947811	18.495968	3497.7516
7	0.2771	9.6340823	−958.9671
8	0.028303	4.3746375	−3603.987
9	0.643959	13.47625	973.29231
10	0.788845	15.209675	1845.0465
11	0.828925	15.799697	2141.7735
12	0.756729	14.783271	1630.6043
13	0.807435	15.473925	1977.9399
14	0.417547	11.167304	−187.8969
15	0.844447	16.051618	2268.4666
16	0.568275	12.687932	576.84026
17	0.865771	16.426491	2456.9937
18	0.355482	10.517752	−514.5621
19	0.569724	12.702686	584.26019
20	0.080227	6.3858039	−2592.554

第五步：整理计算结果，按净现值从小到大的顺序排列，计算累计概率，计算期望净现值、标准差及净现值小于零的概率，见表 7-51。

表 7-51　整理计算结果并计算累计概率

模拟顺序	模拟结果（NPV）	概率*	累计概率
669	−6101.05	0.001	0.001
275	−5468.68	0.001	0.002
327	−5465.47	0.001	0.003
837	−5432.6	0.001	0.004
283	−5232.95	0.001	0.005
⋮	⋮	⋮	⋮
645	−932.473	0.001	0.283
⋮	⋮	⋮	⋮
627	1769.608	0.001	0.757
⋮	⋮	⋮	⋮
484	5201.647	0.001	0.998
224	6055.013	0.001	0.999

续表

模拟顺序	模拟结果（NPV）	概率*	累计概率
570	8011.312	0.001	1
期望NPV		264.32	
标准差		62.00	
P(NPV<0)		44.90%	

* 每次模拟结果的概率＝1/模拟次数

从统计结果看出，在风险因素影响下，项目期望净现值为264.32，标准差62，项目不可行的概率为44.9%。

蒙特卡洛方法是投资项目分析中具有实用价值的有效的定量分析方法。它可以作为风险分析的一项重要内容纳入可行性研究体系。可行性研究体系只有包含较科学、较准确的风险分析，才能全面地描述投资项目整体情况，为投资者进行投资提供具有实用价值的决策依据。

风险概率分析的主要优点是可以给出项目净现值小于零的概率，从而定量地测定项目不可行的风险有多大。对于投资者来说，这是进行投资决策的重要信息。但是，由于概率的估计多出于人为的主观估计，概率分析的计算结果存在主观性；同时，风险概率分析对于计算出来的净现值小于零的概率也无法提供一个最终的项目取舍标准。但这并不是风险概率分析本身的不足，而是因为任何风险决策问题，对于项目的取舍都取决于两个方面：一是风险的大小，二是投资者对风险的态度和承受能力，即风险偏好。所以对于一个项目的最终取舍，不仅要依据概率计算得到的收益与风险水平的相关数据，还取决于投资者的风险偏好。

> **Tip：风险概率分析的相关性问题**
>
> 在风险概率分析中，我们通常假设影响经济效益指标的各风险因素是随机变量，这些变量之间有可能是不独立的，存在相互影响，这种关系称为相关关系。在概率分析中，对于存在相关关系的风险因素，如果忽略了相关性问题，则可能导致错误的决策。例如，如果风险因素间实际存在正相关关系，则概率分析所示的风险要比实际风险小；反之，风险因素间实际存在负相关关系，则概率分析所示的风险要比实际风险大。这将对投资者的投资决策造成影响，因此，在概率分析中，对相关性问题应引起足够的重视。

4. 项目风险分析

项目风险分析主要是对威胁项目的风险和不确定性进行评估。"项目"包含一些相关的任务,其目标是产生一个或一些特殊的结果(产品)。典型的项目风险分析包括进度风险分析和支出风险分析。

进度风险分析研究完成与项目有关的各项任务需要的时间,以及这些任务之间的关系。鉴定每一项任务的风险和机会,进行分析以决定项目总的工期,通常还要决定实现项目中一些重要目标的工期。进度风险分析一般比支出风险分析执行起来更复杂,因为要模拟任务之间的逻辑关系以决定关键路径。

支出风险分析包括研究与项目有关的各种支出,这些支出的不确定性影响着支出风险或者机会。风险和机会的定义分别是会增加或减少项目支出的离散的可能事件。它们都能够通过发生的概率以及发生后影响的大小估计值来描述。然后,在风险分析中将支出分布加起来,决定项目总支出的不确定性。

支出风险分析通常是从工作分解体系(Work Breakdown Structure,WBS)中建立的。WBS 是细化的项目从前至后所包含的不同工作计划(Work Package,WP)。每一项 WP 可以再被分解为完成它们需要的劳动估计值和数量清单。

每一项具有不确定要素的 WP,通常会有许多有关的支出项。而且,离散的事件(风险或机会)会改变这些支出的大小。这些支出项中正常的不确定性用连续分布 PERT 或 Triang 模拟。下面是利用 Triang 分布分析的例子。

【例 7.31】 一座办公大楼,设计用波纹电镀刚作为屋顶,支出在 165000 元和 173000 元之间,最可能是 167000 元。然而,参议会的计划部门收到了许多来自当地居民的反对意见。建筑师认为,有 30% 的概率这座大楼不得不用板岩做屋顶,支出在 193000 元和 203000 元之间,最有可能是 198000 元。

表 7-52 表示了如何利用 Triang 分布模拟这个屋顶的支出。模拟选择 70% 的情景用钢屋顶(C5 栏)、剩余 30% 的情景用板岩屋顶(C6 栏),在 C8 栏产生一个联合不确定性。

表 7-52 利用 Triang 分布模拟支出

	A	B	C	D	E	F	G
1							
2			新办公大楼屋顶支出模型				
3							
4			分布	最小值	最可能值	最大值	概率
5		电镀刚屋顶	¥168,333	¥165,000	¥167,000	¥173,000	70%
6		板岩屋顶	¥198,000	¥193,000	¥198,000	¥203,000	30%
7							
8		联合估计值	¥168,333				
9							
10			公示表				
11		C5: C6	=Triang(D5, E5, F5)				
12		C8(输出)	=Discrete(C5, C6, G5, G6)				
13							

项目的许多支出项形式是:x 支出项@¥y/支出项,其中 x 和 y 都是不确定的量。即支出 $= xy$。

进度风险分析使用和支出风险分析一样的原则模拟一般的不确定性风险和机会。但是,进度风险分析必须解决模拟项目不同任务的复杂关系。这需要借助一些风险分析软件,本节不再赘述。

7.3.2.3　定性风险分析

定性风险分析通常是一种既快速又具成本效益的方法,为风险响应规划建立优先级,而且若有需要,还可为定量风险分析奠定基础。

定性风险分析应于项目生命周期中反复运用,以与项目风险的变更同步。

定性风险分析是评估已识别风险的影响和可能性的过程。这一过程用来确定风险对项目目标可能的影响,对风险进行排序。

（1）分析依据

定性风险分析的依据包括以下七个方面:风险管理计划;已识别出来的风险;项目状态;项目类型;数据精确度;计量标度;假设。

（2）分析方法

①风险概率和后果:使用定性语言将风险的发生概率及其后果描述为极高、高、中、低、极低5级。

风险概率——描述某一风险事件发生的可能性。

风险后果——描述某一风险事件如果发生将对项目目标产生的影响。

风险的这两个维度适用于描述具体的风险事件,可以帮助我们甄别出那些需要强有力地加以控制与管理的风险,但不适用于描述项目整体。

②概率——后果风险评价矩阵。

（3）分析结果

风险名单在风险识别过程中形成,并根据定性风险分析的信息进行更新,更新后的风险名单被纳入项目管理计划。来自定性风险分析的风险名单更新包括:项目风险的相对排序或优先级清单;按种类分组的风险;需要在近期采取应对措施的风险清单;需要补充分析和应对的风险清单;低优先级风险观察清单;定性风险分析结果趋势。

7.3.2.4　其他风险分析

上面两小节中介绍了定量和定性分析的方法,投资风险一般包括政治政策风险、经济风险、文化风险、购买力风险、技术风险、利率风险、市场风险、变现风险、事件风险、人力资本投资风险等。

本节将考虑投资及其项目中常用到的其他几个风险分析。

(1)宏观层面

①政治政策风险。也就是投资目标地政局是否稳定,或者政府会不会出台某些政策对所投资的标的产生负面影响。

②经济风险。经济环境是否稳定,各主要经济指标是否在合理范围(金融指标尤其重要),经济发展趋势怎样。股市、楼市泡沫等因素都要列入考虑范围,这对今后的投资成功与否非常重要。

③文化风险。这一风险主要是针对全球范围内的投资,要充分考虑所投资项目是否与当地文化有冲突,是否符合当今世界的发展趋势。在当前环境下,投资那些环保、新能源、高新技术之类的项目经济风险就要小很多。

④市场风险。市场风险是指未来市场价格(利率、汇率、股票价格和商品价格)的不确定性对企业实现其既定目标的影响。市场风险可以分为利率风险、汇率风险、股票价格风险和商品价格风险,这些市场因素可能直接对企业产生影响,也可能是通过对其竞争者、供应商或者消费者间接对企业产生影响。

⑤技术风险。是指伴随着科学技术的发展、生产方式的改变而产生的威胁人们生产与生活的风险,如核辐射、空气污染和噪声等。以及在信息技术层面,投资者交易数据被破坏、修改、泄露等风险。

(2)微观层面

在分析这一层面时要考虑的因素非常多,并且非常复杂,一般需要大量的财务、金融、营销方面的知识。以投资宝洁公司为例。首先要分析公司连续五年来的财务报表,熟悉公司的资产负债率,每股回报率,利润增长率等一系列指标,注意公司近期是否有大的资本运作,如兼并、拆分股票等。熟悉公司目标市场的容量,增长情况,消费者信息,竞争对手的动作等。只有做到对某一公司的运营状况非常了解,才能保证有效的投资回报率。

(3)个人层面

个人风险主要是个人在进行投资活动时对投资结果的反应程度风险。投资是一项高风险的运作,所以一定要有淡定的心态和良好的心理素质。

根据墨菲定律,一个人不可能进行无风险的投资,并且也不能把所有的风险因素都考虑进去。所以,在投资时,一定要先将风险进行评级,排列出主次风险,而有意地忽视一些小概率风险。通常可以结合定量、定性及其他风险分析做出最科学的投资规划,并把投资风险降到最低。

第8章
金融量化投资

8.1 金融量化投资的主要方法

金融量化投资即量化选股,量化选股就是利用数量化的方法选择股票组合,期望该股票组合能够获得超越基准收益率的投资行为。量化选股策略总的来说可以分为两类:第一类是基本面选股,第二类是市场行为选股。基本面选股包括多因子模型、风格轮动模型和行业轮动模型。市场行为选股包括资金流模型、动量反转模型、一致预期模型、趋势追踪模型和筹码选股模型。本书主要介绍基本面选股。

量化择时就是利用数量化的方法,通过对各种宏观微观指标的量化分析,试图找到影响大盘走势的关键信息,并且对未来走势进行预测。量化择时方法主要有趋势择时(趋势择时的基本思想来自技术面分析,技术面分析认为趋势存在延续性,因此只要找到趋势方向,跟随操作即可)、市场情绪择时、有效资金模型、牛熊线、Hurst 指数、SVM 分类、SWAVRCH 模型及异常指标模型,本书主要介绍技术面分析。

除此以外,本书还会进一步介绍资本资产定价模型在选股和择时等方面的应用。

8.1.1 基本面分析

1. 基本面分析介绍

基本面分析又称基本分析,是以证券的内在价值为依据,着重于对影响证券价格及其走势的各项因素的分析,以此决定投资购买何种证券及何时购买。

基本分析的假设前提是:证券的价格是由其内在价值决定的,价格受政治的、经济的、心理的等诸多因素的影响而频繁变动,很难与价值完全一致,但总是围绕价值上下波动。理性的投资者应根据证券价格与价值的关系进行投资决策。

基本分析主要适用于周期相对比较长的证券价格预测、相对成熟的证券市场以及预测精确度要求不高的领域。

基本面分析有两项基本任务:

(1)评估证券的内在价值,其作用在于为判断证券市场价格的高低,确立一个参照标准。

(2)因素分析。它是试图通过对与证券价格存在逻辑联系的各种因素的分析,探索证券价格决定及其变动的内在原因,并在此基础上对证券价格的走势进行判断。

基本面分析的主要要素包括以下几个方面:

①经济因素

经济周期、国家的财政状况、金融环境、国际收支状况、行业经济地位的变化、国家汇率的调整,都将影响股价的沉浮。

经济周期是由经济运行内在矛盾引发的经济波动,是一种不以人们意志为转移的客观规律。股市直接受经济状况的影响,必然也会呈现一种周期性的波动。经济衰退时,股市行情必然随之疲软下跌;经济复苏繁荣时,股价也会上升或呈现坚挺的上涨走势。根据以往的经验,股票市场往往也是经济状况的晴雨表。

国家的财政状况出现较大的通货膨胀,股价就会下挫,而财政支出增加时,股价会上扬。

金融环境放松,市场资金充足,利率下降,存款准备金率下调,很多游资会从银行转向股市,股价往往会出现升势;国家紧缩银根,市场资金紧缺,利率上调,股价通常会下跌。

国际收支发生顺差,刺激本国经济增长,会促使股价上升;而出现巨额逆差时,会导致本国货币贬值,股票价格一般将下跌。

②政治因素

国家的政策调整或改变,领导人更替,国际政治风波,国家政权转移,国家间发生战事,某些国家发生劳资纠纷甚至罢工风潮等都会导致股价波动。

③行业因素

行业在国民经济中地位的变更,行业的发展前景和发展潜力,新兴行业引来的冲击等,以及上市公司在行业中所处的位置、经营业绩、经营状况、资金组合的改变及领导层人事变动等都会影响相关股票的价格。

④公司自身因素

股票自身价值是决定股价最基本的因素,而这主要取决于发行公司的经营业绩、资信水平以及连带而来的股息红利派发状况、发展前景、股票预期收益水平等。

⑤市场因素

投资者的动向、大户的意向和操纵、公司间的合作或相互持股、信用交易和期货交易的增减、投机者的套利行为、公司的增资方式和增资额度等,均可能对股价形成较大影响。

⑥心理因素

投资人在受到各个方面的影响后产生心理状态改变,往往导致情绪波动,判断失误,做出盲目追随大户、狂抛抢购行为,这往往也是引起股价狂跌暴涨的重要因素。

基本分析的优点主要是能够比较全面地把握证券价格的基本走势,应用起来也相对简单。但是,基本分析的缺点主要是预测的时间跨度相对较长,对短线投资者的指导作用比较弱;同时,预测的精确度相对较低。

2. 多因子模型

市场上的投资者,不管是价值投资者,还是投机者,或者短线交易者,都会根据某些因子来判断股票的涨跌。当有一群交易者同时采用某个因子的时候,就会造成该因子有效。

市场上有很多这样的因子,它们在不同的市场环境下或多或少会起作用,从量化分析的角度来看,这些因子和收益率之间存在因果关系。本节的多因子模型就是要研究市场上有哪些因子对最终收益率的作用比较大,它们在不同市场阶段的表现如何。

多因子模型是一类重要的选股模型,它的优点是能够综合很多信息最后得出一个选股结果。多因子模型的表现相对来说也比较稳定,因为在不同的市场情况下,总有一些因子会发挥作用。因此,在量化投资界,不同的投资者和研究者都开发了很多不同的多因子模型。各种多因子模型核心的区别:一是在因子的选取上,二是在如何用多因子综合得到一个最终的判断。

一般而言,多因子选股模型有两种判断方法:一是打分法,二是回归法。

打分法就是根据各因子的大小对股票进行打分,然后按照一定的权重加权得到一个总分,根据总分再对股票进行筛选。打分法根据加权方法的不同又可以分为静态加权和动态加权。打分法的优点是相对比较稳健,不容易受到极端值的影响。

回归法就是用过去的股票的收益率对多因子进行回归,得到一个回归方程,然后把最新的因子值代入回归方程得到一个对未来股票收益的预判,最后以此为依据进行选股。回归法的优点是能够比较及时地调整股票对各因子的敏感性,而且不同的股票对不同的因子的敏感性也可以不同。回归法的缺点是容易受到极端值的影响,在股票对因子敏感度变化较大的市场情况下效果也比较差。

多因子选股模型的建立过程主要分为候选因子的选取、选股因子有效性的检验、有效但冗余因子的剔除、综合评分模型的建立和选股、模型的评价及持续改进5个步骤。

(1)候选因子的选取

候选因子可能是一些基本面指标,如PB、PE、EPS增长率等,也可能是一些技术面指标,如动量、换手率、波动等,或者是其他指标,如预期收益增长、分析师一致预期变化、宏观经济变量等。候选因子的选择主要依赖于经济逻辑和市场经验,但选择更多和更有效的因子无疑是增强模型信息捕获能力、提高收益的关键因素之一。

(2)选股因子有效性的检验

一般检验方法主要采用排序的方法检验候选因子的选股有效性。具体而言,对于任意一个候选因子,在模型形成期的第一个月初开始计算市场中每只正常交易股票的该因子的大小,按从小到大的顺序对样本股票进行排序,并平均分为 n 个组合,一直持有到月末,在下月初再按同样的方法重新构建 n 个组合并持有到月末。每月如此,一直重复到模型形成期末。

组合构建完毕后,计算这 n 个组合的年化复合收益、相对于业绩基准的超出收益、在不同市场状况下的高收益组合跑赢基准和低收益组合跑输基准的概率等。为确定选股因子的有效性,建立如下数量标准:

①序数为 1 到 n 的组合年化复合收益应满足一定的排序关系,即组合因子的大小与收益应具有较大的相关关系,从统计的角度看,因子能较为显著地影响组合预期收益。假设序数为 i 的组合年化复合收益为 x_i,那么 x_i 与 i 的相关性绝对值 $Abs(Corr(x_i, i))$ 应满足如下关系:

$$Abs(Corr(x_i, i)) \geqslant MinCorr$$

其中,MinCorr 为模型所设定的收益和序数最小相关性阈值。

②令序数为 1 和 n 的两个极端组合相对基准的超额收益分别为 AR_1 和 AR_n,如果 $AR_1 > AR_n$(该假设表示因子越小,收益越大),那么两者应满足如下条件:

$$AR_1 > MinARtop > 0 \text{ 和 } AR_n < MinARbottom < 0$$

反之,如果 $AR_1 < AR_n$(该假设表示因子越大,收益越小),那么与上面不等式类似,两者应满足:

$$AR_n > MinARtop > 0 \text{ 和 } MinARbottom < 0$$

其中 MinARtop、MinARbottom 分别为两个极端组合的最小超出收益阈值,以上条件保证因子最大和最小的两个组合中,一个是明显跑赢市场的赢家组合,另一个是明显跑输市场的输家组合。

③无论在上涨、下跌还是整个模型形成期,序数为 1 和 n 的两个极端组合中,较高收益的组合应该能以较高的概率跑赢市场,而较低收益的组合则能以较高概率跑输市场。

符合以上 3 个条件的因子至少说明在过去的一段时期内表现出较好的选股能力,可以作为进一步筛选的有效选股因子。

(3)有效但冗余因子的剔除

不同的选股因子可能由于内在的驱动因素大致相同等原因,所选出的组合在个股构成和收益等方面具有较高的一致性,因此其中的一些因子需要作为冗余因子剔除,而只保留同类因子中收益最好,区分度最高的一个因子。假设需要选出 k 有效因子,样本期共 m 月,那么具体的冗余因子剔除步骤如下:

①先对不同因子下的 n 个组合进行打分,分值与该组合在整个模型形成期的收益相

关,收益越大,分值越高。具体方法:令组合 1 和 n 相对基准的超额收益分别为 AR_1 和 AR_n,如果 $AR_1 < AR_n$,则将组合 i 的分值设为 i;反之,$AR_1 > AR_n$,组合 i 的分值为 $n-i+1$,即所有组合的分值取 1 到 n 间的连续整数。组合得分确定后,再将其赋给每月该组合内的所有个股。

②按月计算个股的不同因子得分间的相关性矩阵,令第 t 月的个股因子得分相关性矩阵为:$(Score\_Corr_t, u, v)$,$u, v = 1, 2, \cdots, k$。u 和 v 为因子序号。

③在计算完每月因子得分相关性矩阵后,计算整个样本期内相关性矩阵的平均值,计算公式为:$\frac{1}{m}\sum_{t=1}^{m}(Score\_Corr_t, u, v)$,$u, v = 1, 2, \cdots, k$。

④设定一个得分相关性阈值 MinScoreCorr,对得分相关性平均值矩阵中大于该阈值的元素所对应的因子只保留与其他因子相关性较小、有效性更强的因子,而其他因子则作为冗余因子剔除。

(4) 综合评分模型的建立和选股

综合评分模型选取去除冗余后的有效因子,在模型运行期的每个月初对市场中正常交易的个股计算每个因子的最新得分,并按照一定的权重求得所有因子的平均分。如果有的因子在某些月份可能无法取值(例如,有的个股因缺少分析师预期数据无法计算预期相关因子),那么按剩下的因子分值求加权平均。最后,根据模型所得出的综合平均分对股票进行排序,并根据需要选择排名靠前的股票。例如,选取得分最高的前 20% 股票,或者选取得分最高的 50~100 只股票等。

(5) 模型的评价及持续改进

一方面,由于量化选股方法是建立在市场无效或弱有效的前提下,随着使用多因子选股模型的投资者数量的不断增加,有的因子会逐渐失效,而另一些新的因子可能被验证有效而加入模型中;另一方面,一些因子可能在过去的市场环境下比较有效,而随着市场环境的改变,这些因子可能短期内失效,而另外一些以前无效的因子会在当前市场环境下表现较好。

另外,计算综合评分的过程中,各因子得分的权重设计、交易成本考虑和风险控制等都存在进一步改进的空间。因此在综合评分选股模型的使用过程中,会对选用的因子、模型本身做持续的再评价和不断改进以适应变化的市场环境。

3. 风格轮动模型

投资风格是针对股票市场而言的,是指投资于某类具有共同收益特征或共同价格行为的股票,即某类投资风格很受欢迎,并且在某一个时间段内具有持续性和连续性。由于投资风格的存在,从而产生一种叫作风格动量的效应,即在过去较短时期内收益率较高的股票,未来的中短期收益也较高;相反,在过去较短时期内收益率较低的股票,在未来的中短期也将会持续其不好的表现。

投资风格的形成主要来源于对股票市场异象的研究成果。在长期市场研究中,研究人员发现存在大量市场异象,主要包括公司属性效应、趋势效应等。市场有效性程度会随时间不断变化。也就是说,追逐这些市场失效现象能获取超额投资收益。所以,风格投资从本质上来说是通过执行各种投资决策,从某些特定分割的、异质的市场或从某类错误定价的股票中获得超额收益。

境外投资风格鉴别技术一般可分为两种:一种是持股特征基础的投资风格鉴别法(HBs),包括晨星公司的风格箱法和新风格箱法、罗素公司的风格分类系统、富兰克罗素和所罗门兄弟公司开发的风格分类系统等;另一种是收益率基础投资风格鉴别法,如夏普的鉴别方法等。

① 持股基础判别法

晨星风格箱法是一个 3×3 矩阵,从大盘和小盘、价值型和成长型来对基金风格进行划分,介于大盘和小盘之间的为中盘,介于价值型和成长型之间的为混合型,共有 9 类风格,见表 8-1。

表 8-1 晨星市场风格判别法

价值	混合型	成长型
大盘价值	大盘混合	大盘成长
中盘价值	中盘混合	中盘成长
小盘价值	小盘混合	小盘成长

数据来源:MorningStar。

a. 规模指标:市值。通过比较基金持有股票的市值中值来划分,市值中值小于 10 亿美元为小盘;大于 50 亿美元为大盘;10 亿~50 亿美元为中盘。

b. 估值指标:平均市盈率、平均市净率。基金所持有股票的市盈率、市净率用基金投资于该股票的比例加权求平均,然后把两个加权平均指标和标普 500 成分股的市盈率、市净率的相对比值相加,对于标普 500 来说,这个比值和是 2。如果最后所得比值和小于 1.75,则为价值型;大于 2.25 为成长型;介于 1.75~2.25 之间为混合型。

② 夏普收益率基础的投资风格鉴别

夏普收益率基础的投资风格鉴别将所有股票分为 4 类:

a. 将标普 500 指数成分股按净市比(B/P)排序分为两类,分界点是两类股票的总市值大小一样,高 B/P 的股票为价值股,其余为成长股。更新频率是 6 个月。

b. 将非标普 500 指数成分股按市值高低分为两类,从高到低排序后占总市值前 80% 的股票称为中市值股,剩下的则为小市值股。

收益率基础投资风格鉴别见表 8-2。

表 8-2 夏普收益率基础投资风格鉴别

股票	风格
标普 500 成分股	价值股 成长股
非标普 500 成分股	中市值股 小市值股

(1) 盈利预期生命周期模型

盈利预期生命周期模型刻画了投资者对盈利预期演化的各个阶段,如图 8-1 所示。该模型认为几乎所有的股票都会经历上述的部分阶段,不过并非任何股票都要完整经历所有阶段,而且不同股票经历盈利预期生命周期循环的速度不同。此外,在子阶段中也可能存在完整的盈利预期循环。

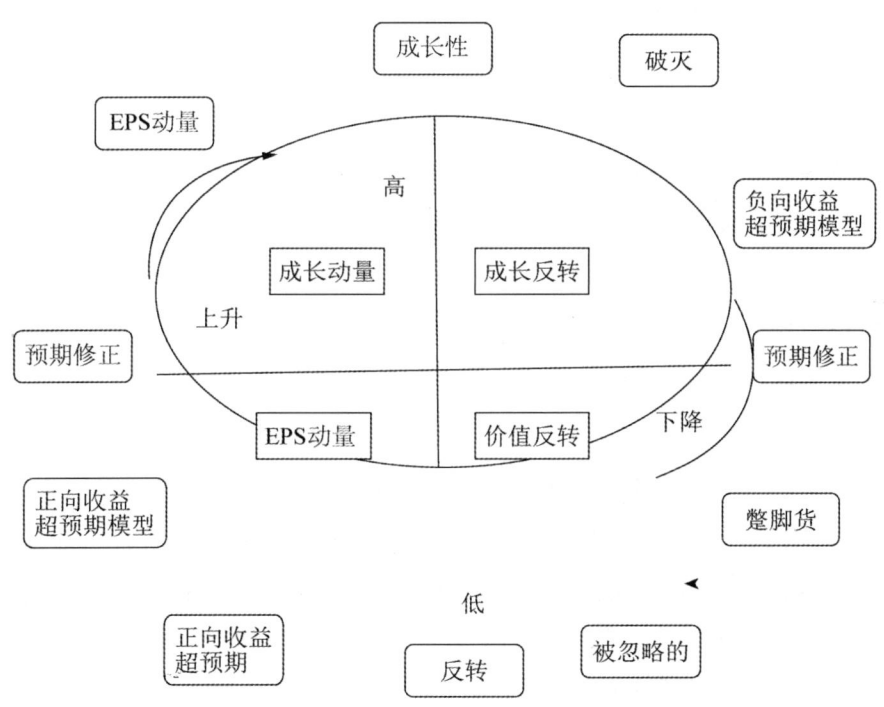

图 8-1 盈利预期生命循环周期模型

数据来源:Bernstein,Richard,"style Investing:Unique Insight into Equity Management",John Wiley&Sons,1995。

① 阶段特征

反转:反转策略投资于具有较低盈利预期的股票,多数投资者认为这些股票不具有吸引力或风险过高。

正向收益超预期：具有较低预期的公司开始发布稍微乐观的信息，股票重新获得投资者的注意，对于这些股票的研究覆盖开始增多。

正向收益超预期模型：基于实际盈利和分析师预期有显著正向差异的选股模型。传统的正向收益超预期模型指持有股票直至实际盈利发布，这样就从盈利预期生命周期模型的第三阶段过渡到了第二阶段。

预期修正：随着正向的收益超预期，市场一致预期开始调升盈利水平，部分分析师的滞后调整是因为他们不愿相信这种超预期意味着基本面的改变。

EPS动量：盈利动量策略的投资者基于预期和实际盈利的增长，以及EPS的年度同比增加而买入股票。

成长性：当强劲的盈利动量持续相当长一段时间时，股票被认为具有成长性。这些股票既不是像在第四或第五阶段那样，属于被先知先觉的投资者新挖掘的成长股；也不是使得商业环境改变的真正的成长性公司。不过，大多数投资者认为这些股票具有较优秀的特质，这些股票的盈利预期非常高，因此也是盈利预期生命周期模型中不符合预期的风险最高的阶段。反转策略的投资者认为此时是抛售的最佳时机。

破灭：公司开始达不到盈利预期，盈利预期和股价开始崩塌。

负向收益超预期模型：和第三阶段相对应，不过此时实际盈利和分析师预期有显著负向差异，这些股票是最好的卖出对象。

预期修正：随着负向的收益超预期，市场一致预期开始调低盈利水平。同样，部分分析师的滞后调整是因为他们不愿相信这种低于预期意味着公司基本面的改变。

瘸脚货：当公司实际盈利持续低于盈利预期一段时间后，投资者开始回避这些股票。有关并购、重组或破产的谣言会使得股价发生短期波动，但投资者会尽量回避这些股票。

被忽略的：投资者对这些股票兴趣索然，研究机构认为其毫无覆盖的价值而将其剔除，缺乏相关的研究信息也许意味着一个新周期的开始。

②投资风格

按照此盈利预期生命周期模型，区分了成长风格和价值风格的投资者。成长风格的投资者一般对投资标的有较高的预期，而与之对应，价值风格的投资者对投资标的的预期较低。因此，成长风格和价值风格的投资者分别处于盈利预期生命周期模型图的上半部分和下半部分。

根据盈利预期生命周期模型，还可以区分基于好公司和坏公司的投资策略，也可以理解为基于盈利预期动量和盈利预期反转的投资策略。基于好公司的投资策略寻找那些处于预期上升阶段的公司，而不管盈利预期较好或较坏，只要预期改善即可；而基于坏公司的投资策略则高买低卖，即在预期最乐观的时候卖出，在最悲观的时候买入。因此，基于好公司和坏公司的投资策略,分别处于盈利预期生命周期模型图的左半部分和右半部分。

将以上两种划分结合起来,就可以得到 4 种风格策略:成长动量、成长反转、价值动量和价值反转。

(2)策略模型

①传统的风格预测方法

实施风格轮换战略,在不同的风格类别之间进行切换,需要对各类风格的收益特性有较好的把握和对未来风格走势有较准确的判断。风格评估和预测的方法可分为相对价值法和场景预测法两类。

相对价值法的核心是均值回归理论,被低估的股票价格最终将被市场发现而向均值回归,被高估的股票价格也将下跌至均值水平。能获得低估或高估收益的投资者,必然是对某类股票、企业有着长期的追踪研究并具备价值发现能力的投资者。当市场出现价格偏差时,能在第一时间发现并调整组合,及时判断出市场未来走势。

场景预测法的核心:同一风格股票的收益率间存在某种相似属性和因素敏感性,因此当外部环境发生变化时,受某类因素正面影响的风格类型将取得超额收益,反之则会获得低于市场的收益。场景预测法可分为两个步骤:一是对影响股票收益的各个因素建立因素模型;二是设想未来可能出现的不同场景,对未来风险状况进行预测。

②风格轮动的定量预测

由于市场风格轮动,保持单一的投资风格并不一定是最佳的投资策略,积极的风格转换策略有助于提高投资绩效。风格转换主要涉及两个问题,即在何时进行风格转换,以及风格转换能否弥补交易成本。

风格转换策略模型实际上是在建立了一系列基本预测变量的基础上,寻找一个适用于风格转换的合理模型。从已有文献看,主要有以下 3 类方法:

a. 将风格相对收益率对相关变量进行回归。但由于建立精确关系较为困难,因此这种方法基本被排除。

b. Markov Switch 模型。该模型主要关注相对收益率的历史表现(按照 Levist 的变量分类办法,这些指标主要是技术变量),并不关注其他基本经济变量,因此这种方法可能遗漏了很多可用信息。

c. Logist 概率模型。在任意时点,风格转换的结果无非两种,即转换或不转换。如果预期下期某类风格占优,则将现有风格转化为占优的风格。

标准 Logistic 模型如下:

$$p_t = p(y_{t+1}) = 1 - e_1^{-x\beta} / 1 + e_1^{-x\beta}$$

其中,如果构建期后一月份的某风格(如价值股)收益率大于另一风格(如成长股)收益率,则 $y_{t+1}=1$,否则,$y_{t+1}=1=0$。建立递归预测方法,当构建期往后延伸时,则形成时间序列 $y_1, y_2, \cdots, y_t$。

在建立 Logistic 预测模型前,需要首先选择 n 个可能的影响因素(宏观、基本面与技术面等),这可以通过逐步回归、主成分分析等方法选择。然后,利用 y 对 n 个解释变量建立多元。Logistic 回归模型可采用 Jackknife method 等检验方法对多元 Logistic 模型的稳定性进行检验,并确定模型最佳的判别点。比较按最佳判别点确定的风格转换策略所获得的收益是否大于任何简单的买入并持有策略,若难以超越,则认为简单的买入持有策略为最佳策略;若超过,则考虑交易成本后的最佳转换风格的交易策略。

4. 行业轮动

与风格轮动类似,行业轮动是另外一种市场短期趋势的表现形式。在一个完整的经济周期中,有些是先行行业,有些是跟随行业。例如,对某个地方基础设施的投资,钢铁、水泥、机械属于先行行业,投资完后会带来房地产、消费、文化行业的发展,这就属于跟随行业。

研究在一个经济周期中的行业轮动顺序,从而在轮动开始前进行配置,在轮动结束后进行调整,则可以获取超额收益。本节研究这种行业轮动的规律和策略。

(1) 基本概念

自上而下的投资分析方法认为,宏观经济决定了资产的收益率,因此对于一个坚持自上而下分析的投资者来说,一般先关注宏观经济运行指标的变动,然后进行资产配置,或者调整投资组合的风格,并且指导股票资产中的行业组合进行积极管理。

从股票投资的方向来看,利用宏观经济指标驱动行业配置的理念和作用在于:在自上而下的投资分析中,行业层面是最基本的分析,也是由宏观经济指导的。在股票收益分解过程中,实证结果表明行业因子是股票收益的重要贡献因子,因此,能够预测到行业未来的变动,选择强于整体市场的行业进行配置,获得超额收益的概率也将较高。

(2) 宏观经济周期对行业配置的指导

作为自上而下投资策略的重要组成部分,行业配置是投资管理中一个重要的环节,国外许多实证研究表明,在环球资产配置中,行业配置对组合收益贡献的重要性甚至超过了国家配置,而且认为行业配置的重要性在未来相当长一段时间内也将保持。行业轮动策略的有效性原因是资产价格受到内在价值的影响,而内在价值则随着宏观经济因素变化而波动。周期性行业在不同经济周期表现差异较大的原因是,其经济产业链上的位置所决定的现金流量不均衡。

研究表明,板块/行业轮动在机构投资者的交易中最为获利的盈利模式是基于行业层面进行周期性和防御性的轮动配置,这也是机构投资者最普遍采用的策略。此外,周期性股票在扩张性货币政策时期表现较好,而在紧缩环境下则支持非周期性行业。行业收益差在扩张性政策和紧缩性政策下具有显著的差异。

(3)货币政策周期的划分标准

国际上的研究者一般根据FED的利率方向性变化采用FED贴现率来划分货币政策的周期,他们认为依赖于FED的贴现率而不是联邦基金利率具有两个好处:一是FED贴现率自FED成立以来就一直存续,比基准利率存在时间长;二是贴现率与联邦基金利率存在相对应的转换点。

由于我国利率并没有实现市场化,而是由政府管制的,因此我国货币政策实际能运用的利率进行调整的范围并不大。如果按照利率政策来看,进行行业轮动期间跨度过长,并不能反映中央银行实际所执行的货币政策及货币周期的变动。

除了按照央行的货币政策对利率和存款准备金率进行调整外,央行实际可以运用的货币政策手段还有公开市场操作、调整再贴现利率及窗口指导等,而这些手段最终可以反映货币供应量的变化。根据货币供应量的变化来判断货币政策周期,而M2正是广义的货币,反映了社会总需求的变化和未来通货膨胀压力。M2同比增速则可以反映流通中的货币供应量变化,即货币政策效果的实际反应。因此,可以用M2来判断货币政策或者货币供应处于扩张还是紧缩的周期。

由于月度M2的波动仍然比较剧烈,需要采用移动平均的方法进行平滑。

通过移动平均线平滑后的M2增速,将2007年6月至2011年12月划分成如表8-3所示的几个货币周期。

表8-3 中国货币周期分段(2007年6月至2011年12月)

	起点	终点	状态
第一阶段	2007年6月	2008年11月	紧缩
第二阶段	2008年12月	2009年11月	扩张
第三阶段	2009年12月	2010年7月	紧缩
第四阶段	2010年8月	2010年12月	扩张
第五阶段	2011年1月	2011年9月	紧缩
第六阶段	2011年10月	2011年12月	扩张

从货币周期来讲,货币周期的一个阶段持续时间最短为一个季度,最长达到了一年半左右,平均持续时间在12个月左右,比较适合作为中期战术性组合管理的依据。

(4)行业分类:周期性 VS 非周期性行业

为了将行业划分为周期行业和非周期性行业,这里选取沪深300行业指数。并且以沪深300指数作为市场组合,利用CAPM模型计算行业的Beta值和均值方差。

从 Beta 值来对行业的周期性和非周期性进行区分,周期性行业有能源、材料、工业、和金融;非周期性行业有可选、消费、信息、医药、电信和公用。

从表 8-4 中可以看出年均收益率最高的行业为医药,其次是金融和公用,收益率最低的行业是可选。

表 8-4　沪深 300 行业指数统计

	平均收益率	年化波动率	Beta	类别确定
沪深 300 能源	-9.85%	32.97%	1.05	周期
沪深 300 材料	-6.68%	31.58%	1.07	周期
沪深 300 工业	-12.02%	30.39%	1.00	周期
沪深 300 可选	-13.20%	31.20%	0.98	非周期
沪深 300 消费	-6.99%	28.83%	0.78	非周期
沪深 300 医药	4.09%	31.05%	0.83	非周期
沪深 300 金融	3.31%	34.14%	1.04	周期
沪深 300 信息	-10.44%	35.58%	0.98	非周期
沪深 300 电信	-12.40%	35.00%	0.87	非周期
沪深 300 公用	-2.02%	29.07%	0.79	非周期

(5)行业轮动策略

针对上述对周期性和非周期行业的划分,构建周期性行业和非周期性行业的轮动策略。

①信息的同步性:考虑到 M2 的披露时间及信息的传导时间,所有投资时段都滞后了一个月的时间。

②组合的构建策略:在货币政策处于扩张时等权重配置周期性行业,紧缩时等权重配置非周期性行业。

首先统计周期行业和非周期性行业在货币政策处于扩张或者紧缩时期的不同表现,同时计算每个阶段要进行 10 个行业的等比例投资,具体情况见表 8-5。

表 8-5　行业不同阶段的表现

投资时间	状态	周期性	非周期性	行业平均
2007.7.2—2008.11.30	紧缩	-61.33%	-46.50%	53.14%
2008.12.1—2009.11.30	扩张	85.11%	76.88%	80.23%
2009.12.1—2010.7.30	紧缩	-17.28%	-3.61%	-9.55%
2010.8.1—2010.12.30	扩张	15.49%	3.85%	8.60%
2011.1.1—2011.9.30	紧缩	-21.89%	-17.33%	-19.23%
2011.10.1—2011.12.30	扩张	-11.83%	-10.95%	-11.18%

通过对周期性行业和非周期性行业在不同阶段收益的比较,3 个紧缩阶段的非周期性行业组合全部战胜了周期性行业组合,胜率为 10%。在 3 个扩张周期中,两次周期性

行业战胜非周期性行业的表现,胜率为67%。在两次较大的下跌市场环境中,投资于非周期性行业均规避了较大的市场风险,其防御性特征可见一斑。而在牛市中,周期性行业和非周期性行业的投资收益相差较小。

按照顺周期划策略(即策略1)构建投资组合并查看组合的收益及对应的逆向投资(扩张时投资非周期性行业,紧缩时投资周期性行业,初始资金1000万元)。

表8-6所示为资产损益统计,图8-2所示为周期性行业和非周期性行业按照顺周期策略进行轮动的资产损益变动图。在每个周期开始时都重新调整等比例投资、等权分配所投资行业的权重。

表8-6 资产损益变动统计

时期	策略1	逆周期策略	行业平均
2007.7.2	1000	1000	1000
2008.11.30	535	387	469
2009.11.30	990	684	844
2010.7.30	955	566	764
2010.12.30	1102	588	829
2011.9.30	911	459	670
2011.12.30	803	409	595

从2007年7月至2011年12月的策略收益来看,不考虑交易成本,顺周期行业轮动策略获得最高的累积收益(-19.65%)远胜于行业平均(-40.50%)和逆周期策略(-59.13%),逆周期策略表现最差。

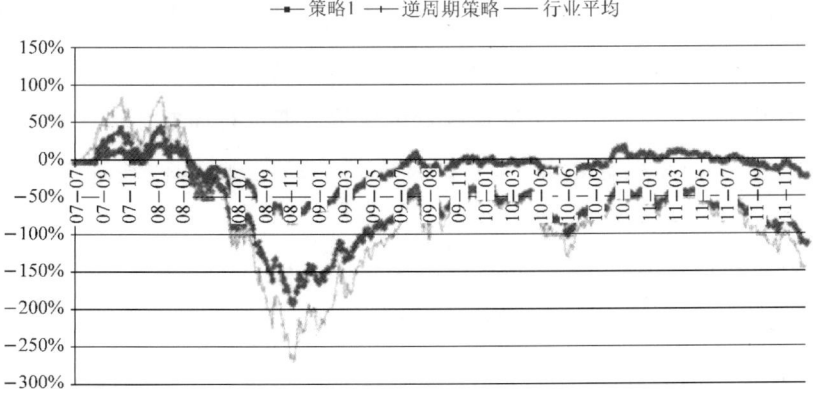

图8-2 顺周期行业轮动策略的收益图示

此期间业绩基准为沪深300指数的收益为-37.57%,顺周期的行业轮动策略则战胜沪深300指数达到17.92%,年化超额收益超过3.6%。即便扣除2%的单次换仓成本,行业轮动策略同样远远战胜同期沪深300指数和行业平均投资策略的表现。

该策略具有如下优点：理念容易理解，且符合自上而下的投资理念，适合机构投资者进行行业配置；将行业划分为周期性和非周期性进行投资，这种分类标准与实际投资中对行业属性的认识也非常接近，减少了对行业基本面和公司信息的依赖；在紧缩时由于选择投资于非周期性行业能够避免较大的不确定性，使得整个组合的风险大大降低，抗风险能力得到增强；依据货币供应增速 M2 进行轮动，使得策略具有较强的可操作性。

从对货币周期的划分，再到按照货币周期的紧缩和扩张进行行业轮动策略的实证来看，货币供应量 M2 是宏观经济运行中的重要指标，也是货币政策效果的集中体现，用它来指导行业配置确实能够起到增强组合收益、降低组合风险的作用。

从上述实证研究可以看到，在行业配置过程中考虑了行业周期性和非周期性因素的影响，实际上如同在组合配置过程中进行风格配置一样，是价值股还是成长股，抑或是大盘股和小盘股的风格轮动。

在投资中，风格选时对组合收益的贡献大约为 50%，如果对周期性和非周性行业做出正确的判断而进行适时轮动，则对组合收益的贡献将不低于风格选时，且持续性较强。从难易程度上讲，驱动风格轮动的因子变量仍不明确，一般采用宏观经济模型、基本面模型和风险模型进行综合建模；而周期性行业和非周期行业基本可以确信为由宏观经济因子，特别是货币因素所驱动，因此，判断难度大大降低，增强了进行周期性和非周期性行业轮动的可操作性。

（6）市场情绪轮动策略

轮动投资策略主要是通过对特定代理变量的观测适时投资强势投资品种，从而获取超额收益。轮动投资策略有主动轮动和被动轮动之分。对于行业轮动来说，主动轮动通过代理变量的预示作用选择未来表现强势的行业进行投资；被动轮动则在轮动趋势确立后进行相关行业的投资，代理变量主要用来刻画轮动趋势。

前一节的基于 M2 这一代理变量观测货币政策周期进行周期性行业和非周期性行业的轮动策略就属于主动轮动策略，本节探讨一种被动轮动策略：基于市场情绪的行业轮动。

市场情绪指标种类繁多，最常见的是市场技术指标。对于趋势型技术指标，虽然指标值完全基于历史市场信息，但在趋势性市场中这些指标也能刻画出市场趋势动量的强度。基于此，可以认为趋势性市场情绪指标对行业轮动具有一定的指导意义，有可能开发出实用的被动型行业轮动策略。

基于市场情绪设计行业轮动投资策略主要考虑两点：一是哪些行业处于上扬趋势，即哪些行业从市场情绪来看变得可投资；二是这些可投资的行业中哪些行业更具备比较优势，即哪些行业具有比业绩基准更强的上扬趋势。

市场情绪的刻画手段有很多，例如，种种技术指标都是从某一角度来刻画市场情绪的，但必须选择交易信号指示明确的趋势性市场情绪指标。值得注意的是，一般市场情绪指标由于过度依赖历史信息而在遭遇行情剧烈波动时往往会发生误判，所以基于市场情绪的行业轮动策略中，止损策略的考虑必不可少。

8.1.2 技术面分析

在技术分析中，大多数技术指标都是选股和择时兼顾，即在合适的情况下选择股票进行交易，也有部分技术指标只用于择时，如大盘指标等。这里只考虑利用技术指标进行市场的择时。本章重点研究趋势型指标、大盘类指标和超买超卖类指标等几种。

技术面分析又称技术分析，是股票投资分析的专业术语。技术分析研究以往价格和交易量数据，进而预测未来的价格走向。此类型分析侧重于图表与公式的构成，以捕获主要和次要的趋势，并通过估测市场周期长短，识别买入/卖出机会。根据投资者选择的时间跨度，可以使用日内（每5分钟、每15分钟、每小时）技术分析，也可使用每周或每月技术分析。

技术分析的四大要素：价、量、时、空。

从排序中可以看出，"价"是四大要素之首，它包括如下含义：

（1）首先是个股本身所具备的价值，个股的价格归根结底是由其基本面决定的。但个股的价值投资并不能简单以现在的业绩论英雄，业绩只能说明过去，不能说明将来，价格和价值也是不同的两个概念。而股票投资正是投资未来的艺术。市场往往提前炒作，当个股业绩很好的时候，可能是个股价格达到历史高点的时候。而个股业绩是否能维持及之后的走势就需要好好斟酌，仔细进行行业分析、财务分析。一般来说，能够维持长期高增长的股票是非常少的，大多聚集在垄断行业、特殊资源行业之中。

（2）其次是个股目前价格在市场价格体系中的位置。市场所有的股票价格大致分成高价区、中价区和低价区。分析目标股目前处于什么位置，从概率上来说，目标股价位越低，上涨空间也就越大。

（3）对照目标个股同行业及相关行业个股的价格分布，看看目标股所处位置，即瞄准比价效应。当然同行业个股的自身情况往往差别很大，要具体情况具体分析。

（4）对照目标个股自身的历史价位分析个股目前的位置。技术分析本身是依据历史经验，得出一个关于概率而非必然的推论，而最重要的历史经验来源于个股本身。一般来说，个股目前价位距离其本身历史高点、近期高点越遥远，上涨的概率越大，而一旦突破历史高点，说明这一个股或者市场环境发生根本变化，需要调整对该个股的固有认识。

量是指对成交量的分析。对成交量的分析仅次于价格分析,作为对市场价格短期运动的分析,成交量分析的价值更甚于价格分析。因为市场的行为并非完全理性,股票价格的波动是围绕股票本身的价值进行波动,但又并不限于股票本身的价值。价格很容易人为控制,但成交量很难人为操纵,通过成交量可以判断,识别主力意图。因为对一个价格的认同与否,需要以成交来体现:

(1)当市场对价格认同度越高时,往往成交量越小。而成交量越小时,且价格停止创新低,越容易成为底部的先兆,但这需要观察个股最近的调整幅度才能判定,当然是调整幅度越大时成交量缩小越可靠。

(2)当市场对价格分歧越大时,成交量往往会持续放大或突然放大。成交量大幅放大一般会出现在三个位置:市场价格经历低位缩量横盘后反转时、对重要价格进行向上突破时、经过一定上涨后引发市场抛售时。以上三个位置的放量是标志性的、易于把握的,而其他位置的放量骗线居多,要慎重对待。一般来说,成交量越大,越能说明市场主力活跃其中,投资者可以观察成交量放大后的价格运动方向和力度,分析其中利弊,作出有利的抉择。

(3)对成交量的研判,必须以其他三大要素为基础,研究成交量的价值,主要在于对中短期的价格波动,可以比较清晰地判断出较佳的介入时机。运用前,要以较为严苛的其他技术条件相配合。运用成交量的要诀是突变性和可持续性。

时间也是技术分析必须考虑的重要因素,这是因为:

(1)当市场价格在一个区域维持运动越久,那么市场成本会越集中于这个价格区域,当向上或向下有效突破该价格区间的时候,其所具有的意义也就越大。

(2)当个股下跌所花的时间越少,而跌幅越大时,说明该个股下跌动力充足,在短暂反弹后还会继续探底。但要结合具体情况进行分析,观察该个股下跌所处阶段。如果该个股快速下跌处于下跌初期,要以回避为主;但如果该个股已经经历逐级盘跌之后,再出现的加速度大跌,则往往是底部出现的征兆,如果同时出现成交量巨幅放大反转的现象,通常是捕捉短期黑马的时机。

(3)当个股上涨所花的时间越少,而涨幅越大时,将来回调幅度越大,但这里要考虑个股基本面因素的变化。如果出现单日25%以上的换手率,还是立即撤退。如果个股大幅上涨后始终没有出现大幅度的成交量,或者在大成交量之后仍能常以不高的换手率创新高,则该股成为长期牛股的希望很大。

(4)个股在上涨或下跌途中,所花的时间越长,而价格波动幅度越小,则往往是该股不活跃的象征,其在后来的下跌或上涨过程也会相对缓慢,而且涨、跌幅度小,要改变这一局面,只有成交量发生突增才能实现。

(5)价格运动过程中会形成一些规律性的周期,投资者要善于利用这种周期运动对股价的影响,正确把握股价的运行趋势。具体可以参考《江恩时间法则》。

空也就是指价格可能上涨或下跌的空间:

(1)分析股价的上涨或下跌空间,首先要参考历史最高价和历史最低价,并以黄金分割理论相互印证。

(2)当个股价格创出历史新高或新低时,需要对该股进行重新认识。

(3)个股短期涨跌空间可以参考该股近期形态,并以形态理论为依据进行分析。一般来说,重要高点、低点以及经过盘整的位置会构成阻力和支撑。

(4)成交量的堆积位置也对股价影响很大,要特别关注成交量突增的位置及其对股价的推动方向以及推动速度。

(5)移动平均线系统对于股价有吸引、支撑和阻力作用,吸引作用在股价距离均线系统越远时发生越有效,而支撑、阻力作用则在股价调整幅度越大时越有效。这也是判断股价涨跌空间的一个重要工具。

1. 传统趋势指标

趋势型指标是投资者运用最多,也最容易在市场中获利的方法。趋势型指标通常利用两根线的交叉作为交易信号,并以此作为买卖时点的判断。

常用的趋势型指标包括:移动均线(MA)、振动升降指标(ASI)、佳庆指标(CHAIKIN)、平均差(DMA)、趋向指标(DMI)、区间振荡指标(DPO)、简易波动指标(EMA)、平滑异同移动平均线(MACD)、三重指数平滑平均线(TRIX)、终极指标(UOS)、十字滤线(VHF)、量价曲线(VPT)、威廉变异离散量(WVAD)等。这里重点研究其中最常用的 MA、MACD、DMA 和 TRIX 这 4 个指标的择时情况。

(1)MA(移动平均)

移动平均分析是利用统计学上移动平均的原理,对每天的股价或成交数据进行平均化处理,以消除偶然变动,减弱季节和循环变动的影响。移动平均线是以道·琼斯的平均成本概念为理论基础,采用移动平均分析的方法,将一段时期内的股票价格平均值连成曲线,用来显示股价的历史波动情况,进而反映股价指数未来发展趋势的技术分析方法。

股价移动平均线是目前股票市场上使用最简单、应用最广泛的技术分析方法之一,由于移动平均线客观精确,适应性强,因而成为绝大多数研究运行趋势的基础。按照计算时间区间的不同,移动平均线可分为短期、长期等类型,一般来说,计算期间在 20 天以内称为短期,20 天以上称为长期。不同计算长度的移动均线可以用来判断不同时段市场的趋势。

移动平均的计算方法有多种,最常用的是算术移动平均,又称为简单移动平均(SMA),其计算公式为:

$$SMA(N)t \frac{1}{N}\sum_{t=0}^{n} P_{t-1}$$

其中,N 为移动平均期间,MAt 为第 t 天的移动平均数,第 P_{t-1} 为第(t−i)天的收盘价或股价指数。

此外还有加权移动平均,包括线性加权、指数加权等方法,而在实际运用中主要以简单的算术移动平均为主。

利用移动平均线进行择时交易的方法众多,其中最为著名的是葛南维移动平均线八大法则。八大法则中四条用来研判买进时机,四条用来研判卖出时机。简单来说,移动平均线在价格之下,又呈上升趋势时是买进时机;反之,平均线在价格线之上,又呈下降趋势时则是卖出时机。

利用移动均线择时的另外一种常用方法是交叉择时法则,即当一条短期均线从下向上穿过长期均线时,形成所谓金叉,此时应该做多;而当一长期均线从上向下穿过短期均线时,形成所谓死叉,此时应该做空或空仓。

利用金叉和死叉进行择时不仅在移动均线中运用广泛,而且是趋势型指标的一个通用法则,在后面的 MACD、DMA 和 TRIX 择时策略中都将以此为基础。

(2)MACD

MACD 即指数平滑异同移动平均线,是一种研究判断股票买卖时机、跟踪股价运行趋势的技术分析工具。

MACD 指标是根据均线的构造原理,通过分析短期(常用为 12 日)指数移动平均线与长期(常用为 26 日)指数移动平均线之间的聚合与分离状况,对买进、卖出时机做出判断的技术指标,是一种典型的趋势型指标。

MACD 的计算:

A. 计算短期(S 日)指数移动平均线和长期(L 日)指数移动平均线 EMA_1、EMA_2。

B. 计算离差值 $DIFF=EMA_1-EMA_2$。

C. 计算 DIF 的 N 日指数移动平均线,即 DEA。

D. 计算 $MACD=2\times(DIF-DEA)$。

在 MACD 的计算和测试中,需要设定的参数主要包括短期均线和长期均线的计算天数 S、L,以及 DEA 的计算天数 M。

MACD 的运用:

A. DIFF、DEA 均为正,DIFF 向上突破 DEA,买入信号。

B. DIFF、DEA 均为负,DIFF 向下跌破 DEA,卖出信号。

C. DEA 线与 K 线发生背离,行情反转信号。

D. 分析 MACD 柱状线,由红变绿(正变负),卖出信号;由绿变红,买入信号。

(3) DMA

DMA 指标即所谓平均线差指标,是股市分析技术指标中的一种中短期指标,它常用于大盘指数和个股的研究判断,DMA 指标也是一种运用较多的趋势型分析指标。

DMA 是依据快慢两条移动平均线的差值情况来分析价格趋势的一种技术分析指标。它主要通过计算两条基准周期不同的移动平均线的差值,来判断当前买入卖出的能量的大小和未来价格走势的趋势。

DMA 的计算:

A. 计算短期(S 日)移动均线和长期(L 日)移动均线 MA_1、MA_2。

B. 计算平均线差 $DMA=MA_1-MA_2$。

C. 计算 DMA 的 M 日移动平均线,即 AMA。

D. 在 DMA 的计算中,需要设定的参数主要是短期均线和长期均线的计算天数 S、L,以及 AMA 的计算天数 M。

DMA 的运用:

A. DMA 向上交叉其平均线 AMA 时,买进。

B. DMA 向下交叉其平均线 AMA 时,卖出。

C. DMA 与股价产生背离时的交叉信号,可信度较高。

(4) TRIX

TRIX 指标即三重指数平滑移动平均指标,是一种研究股价和市场长期运行趋势的技术分析工具。

TRIX 指标是根据移动平均线理论,对一条平均线进行三次平滑处理,再根据这条移动平均线的变动情况来预测股价的长期走势。

TRIX 的计算:

A. 计算 N 日的指数移动平均线 EMA。

B. 对上述 EMA 再进行两次 N 日指数移动平均后得到 TR。

C. 计算 TRIX=(TR-昨日 TR)/昨日 TR×100。

D. 计算 TRIX 的 M 日简单移动平均 MATRIX。

在 TRIX 的计算中,需要设定的参数主要是三次移动平均的天数 N,以及 MATRIX 的计算天数 M。

TRIX 的运用:

A. TRlX 由下往上变叉其平均线时,为长期买进信号。

B. TRIX 由上往下交叉其平均线时,为长期卖出信号。

(5)单指标择时测试与参数选择

选择 MA、MACD、DMA 和 TRIX 这 4 个指标进行趋势型指标择时模型的构建的原因是:它们都是市场中常用的技术指标,受到投资者数年的实践检验,长盛不衰;它们的运用方法都以交叉法则为主,择时相关性较好,便于后面的叠加。

上述每一种指标都经过了前人长期检验,其有效性或有用性有一定保证,但就单个证券而言,不同的计算参数将导致不同的择时效果,因此在进行择时模型构建时,首先需要检验单个指标不同参数的测试效果,并选择一个相对较好的参数,然后再将多个指标结合起来,构建一个多指标的择时模型。

在测试区间选择上,考虑到不同的时间阶段和不同的市场行情,参数对择时的情况也会有所不同。因此在本节中,分别测试了不同时间区间的择时情况,然后从中选择一种相对稳定的参数指标。例如,将 1996 年至 2010 年这 15 年划分为 3 个 5 年,分别测试各种参数组合在 3 个区间内的择时表现,然后对其进行打分,选择得分最高的一组参数作为最优参数。3 个测试期间为 1996.1~2000.12、2001.1~2005.12、2006.1~2010.11。

交易成本是影响择时交易的一个重要因素,在单个指标择时中不考虑交易成本,只在综合指标择时中计算 1% 的双边交易成本。

①MA

MA 指标利用短期移动均线与长期移动均线的交叉来进行择时交易,具体法则如下:

$$\text{Signal}=\begin{cases}1, \text{SMA}_t>\text{SMA}_{t-1} \& \text{SMA}_{t-1}>L\text{MA}_t \& \text{SMA}_{t-1}<L\text{MA}_{t-1}\\ 0, L\text{MA}_t<L\text{MA}_{t-1} \& \text{SMA}_{t-1}<L\text{MA}_{t-1} \& \text{SMA}_{t-1}>\text{SMA}_{t-1}\end{cases}$$

其中,Signal=1 表示买进,Signal=0 表示卖出。

测试参数包括计算短期均线天数 S 和长期均线天数 L。在每个测试期间内,S 以 2 天为间隔,测试范围从 2 天到 20 天;L 以 5 天为间隔,测试范围从 20 天到 120 天。

测试中采用遍历搜索方法,分别计算不同参数匹配下的择时交易情况。

从测试情况来看,MA 指标适合长线择时。在不考虑交易成本的情况下,交叉择时交易法则获得不错的收益表现。综合而言,以 4 日为短期均线、40 日为长期均线进行交叉时效时相对较好;在 3 个择时期间内,有两个期间跑赢买入持有策略,只在第一个 5 年收益欠佳,但从长期的择时收益来看,能大幅跑赢指数收益,见表 8-7。

表 8-7 MA 指标择时测试最好的 20 组参数及其表现

区间(S-L)	收益率		
	1996.1~2000.12	2001.1~2005.12	2006.1~2010.11
4-40	265%	-21%	491%
4-35	330%	-17%	372%
2-65	261%	-34%	563%
2-55	242%	-33%	581%
4-90	250%	-38%	585%
2-60	244%	-36%	551%
4-65	243%	-35%	531%
6-35	319%	-23%	283%
6-70	249%	-37%	527%
2-30	272%	-17%	241%
8-35	241%	-14%	348%
4-30	242%	-30%	432%
2-70	227%	-33%	545%
8-55	222%	-25%	465%
4-50	226%	-26%	444%
4-70	231%	-34%	501%
2-95	241%	-39%	579%
8-50	217%	-22%	446%
14-45	247%	-31%	360%
2-40	204%	-28%	549%
上证指数	273%	-44%	143%

② MACD、DMA、TRIX 择时测试

本书只给出 MACD、DMA、TRIX 这 3 个指标的择时方法和最终结果的比较，不再单独列出每个指标择时的具体效果。

MACD 指标的测试中采用 DIF 和 DEA 的交叉进行择时交易，按照使用惯例，在买入信号产生中加入 DIF 和 DEA 为正，卖出则必须为负的约束。具体操作法则如下：

$$\text{Signal} = \begin{cases} 1, \text{DIF}_t > \text{DIF}_{t-1} \ \& \ \text{DIF}_t > \text{DEA}_t \ \& \ \text{DIF}_{t-1} < \text{DEA}_{t-1} \ \& \ \text{DIF}_t > 0 \\ 0, \text{DIF}_t < \text{DIF}_{t-1} \ \& \ \text{DIF}_{t-1} < \text{DEA}_t \ \& \ \text{DIF}_{t-1} > \text{DEA}_{t-1} \ \& \ \text{DIF}_t < 0 \end{cases}$$

其中，Signal=1 表示买进，Signal=0 表示卖出。

测试参数包括计算 DIF 的长期均线天数 L、短期均线天数 S 和 DEA 的计算天数 M。在每个测试期内，S 以 2 天为间隔，测试范围从 2 天到 20 天，L 以 5 天为间隔，测试范围从 20 天到 120 天；M 以 5 天为间隔，测试范围从 5 天到 60 天。测试中采用遍历的搜索方法，分别计算不同参数匹配下的择时交易情况。

DMA 指标的测试也采用 DMA 与 AMA 的交叉进行择时交易,具体操作法则如下:

$$Signal = \begin{cases} 1, DMA_t > AMA_{t-1} \& DMA_t > AMA_t \& DIF_{t-1} < DMA_{t-1} \\ 0, DMA_t < AMA_{t-1} \& DMA_{t-1} < AMA_t \& SMA_{t-1} > LMA_{t-1} \end{cases}$$

其中,Signa=1 表示买进,Signal=0 表示卖出。

测试参数包括计算 DMA 的长期均线天数 L,短期均线天数 S 和 DEA 的计算天数 M,在每个测试期间里,S 以 2 天为间隔,测试范围从 2 天到 20 天;L 以 5 天为间隔,测试范围从 20 天到 120 天;M 以 5 天为间隔,测试范围从 5 天到 60 天。测试中采用遍历的搜索方法,分别计算不同参数匹配下的择时交易情况。

TRIX 指标的测试采用 TRIX 及其均线 MATRIX 交叉进行择时交易,具体操作法则如下:

$$Signal = \begin{cases} 1, TRIX_t > TRIX_{t-1} \& TRIX_t > MATRIX_t \& TRIX_{t-1} < MATRIX_{t-1} \\ 0, TRIX_t < TRIX_{t-1} \& TRIX_t < MATRIX_t \& TRIX_{t-1} > MATRIX_{t-1} \end{cases}$$

其中,Signal=1 表示买进,Signal=0 表示卖出。

测试参数包括计算 TRIX 的天数 N,以及计算 MATRIX 的天数 M。在每个测试期间内,N 以 2 天为间隔,测试范围从 2 天到 20 天;M 以 5 天为间隔,测试范围从 20 天到 120 天。测试中采用遍历的搜索方法,分别计算不同参数匹配下的择时交易情况。从 4 个趋势型指标的独立择时交易情况来看,通过调整指标计算参数,均可获得较好的择时效果。以 4 个指标的最优参数择时效果来看(见表 8-8),在相对较长的时期内均能稳定战胜买入并持有策略下的交易收益。并且风险调整收益也更具优越性。其中,MA、MACD 和 TRIX 的择时交易次数更明显低于 DMA 指标,因此,如果考虑交易费用,DMA 的择时效果会打折扣。

表 8-8　4 个趋势型指标最优参数下的独立择时交易表现比较

区间	收益率		
	1996.1~2000.12	2001.1~2005.12	2006~2010.11
MA	265%	−21%	491%
MACD	206%	−28%	459%
DMA	289%	7%	213%
TRIX	147%	−8%	376%
上证指数	273%	−44%	143%

③组合指标择时策略

单个指标的择时效果从某种程度上讲具有较大的偶然性,并且效果优劣和参数的选择有很大关系,为了增强择时的稳定性和鲁棒性,这里考虑将 4 个趋势型指标的择时策略结合起来,构建一个综合性的趋势型指标择时模型。

在前面的单指标择时测试中,每个具体策略都会产生一个信号序列,即前面的 signal 变量,其数值为 1 或 0,这里将 4 个指标最优参数策略下的 signal 变量叠加起来,构成一个新的信号变量,记为 Flag,显然 Flag 的取值范围为{0,1,2,3,4}。假如在某个时点 Flag 为 0,则表示 4 个指标在此刻均发出卖出信号;如果 Flag 为 1,则表示有 1 个指标发出买入信号,3 个指标为卖出信号,依此类推。

根据历史数据测试,考虑 1%的双边交易费用,包括费税成本和冲击成本,测试结果显示(见表 8-9),由于交易过于频繁,后面几种择时策略的收益惨不忍睹。

由此可见,只有在择时准确率和择时频率之间进行权衡,才能找到一种最优的择时策略。就上面的趋势型指标综合择时而言,最优的择时策略是 3—3 组合,即最少 3 个买入信号和 3 个卖出信号发出时进行相应的交易是相对最优的。在历时 15 年的测试中(如图 8-3 所示),总共进行了 17 次交易,累计收益达到 16.39 倍,同期指数收益只有 2～8 倍。

表 8-9 有交易成本情况下不同信号个数下的综合择时策略

区间	1996.1～2000.12	2001.1～2005.12	2006.1～2010.11
4—4	235%	−37%	377%
3—4	261%	−38%	461%
4—3	145%	−19%	542%
3—3	210%	−20%	602%
2—3	223%	−28%	423%
3—2	191%	−8%	487%
2—2	−29%	−82%	157%
1—2	−60%	−94%	−43%
2—1	−94%	−94%	−63%
1—1	−96%	−98%	−89%
指数	273%	−44%	143%

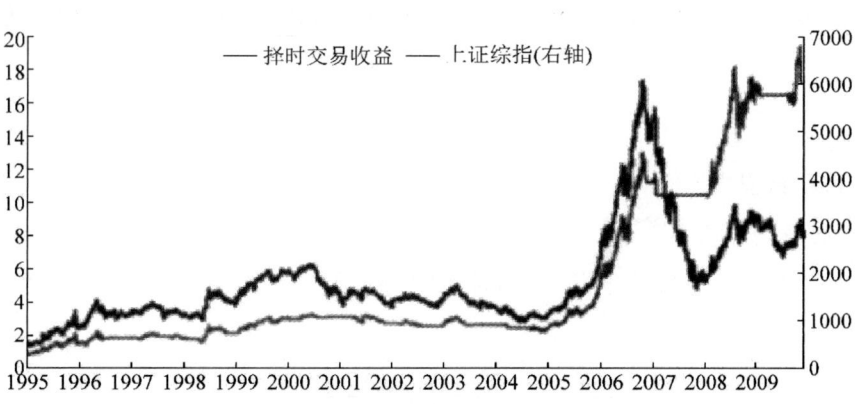

图 8-3 趋势型指标最优综合择时策略历史表现

从实证结果来看,趋势型指标确实具有较好的择时效果,当采用多指标组合后,可以在有效降低风险的同时提高收益率。趋势型指标简单有效,往往可以抓住大的波段行情,获得超额收益。

2. 自适应均线

上一节介绍的固定均线是最简单的情况,虽然效果很好,但是也有很大的缺点。通常均线总是有一个给定的参数,如 10 日均线、60 日均线,其中 10 日均线变化快一点,60 日均线变化慢一点。这个参数一旦给定,在整个画线的过程中不管行情怎么变动都不会变化。比如,在市场反复震荡时短期均线频繁地转向,而在市场快速上升或者下跌时长期均线反应迟钝,这就会造成频繁发出错误开平仓信号。

那么可以把均线做成自适应,在行情反复震荡的时候慢一点,在行情快速变化的时候快点跟上趋势。一个自适应的系统有自动学习和自动调整的功能,比一个固定的系统有优势。自适应均线由俄国经济学家考夫曼所创造。

(1)价格轨迹的效率

一般来说,投资者都有这样的经验,就是在震荡多的走势上要使用较慢的均线,在趋势快速展开的走势上需要用更快的均线。

如何用数量化的办法来区分这两种不同的走势?这里需要引入一个价格轨迹效率的概念。

在行情的走势图中,可以大致分为两种走势:一种是一直上攻的走势,被称为高效率的,因为每一天收盘价格的变动都直接贡献于总的涨幅;另一种是反复震荡的走势,被称为低效率的,很多次收盘价格的变化相互抵消。类似于物理学中路程和位移的概念,如果走过的路程很长,但是位移很小,在实现位移的目标考量下,这样的运动可以称为低效率的。

很自然地,可以导出价格轨迹的效率定义。

假定在过去一个收盘价格分别为 $p_1, p_2, \cdots p_n$,那么这个价格序列的效率为:

$$E = \frac{|p_n - p_1|}{\sum_{i=1}^{n-1} |p_{i+1} - p_1|}$$

即位移和路程之比。

(2)动态平均算法

动态平均是一个迭代的定义,比如时间序列 y_t 是另一个时间序列 x_t 的动态平均,意味着:

$$y_t = ax_t(1-a)y_{t-1}] \quad y_0 = x_0$$

其中,参数 a 是每一步的加权因子,它可以随着时间的变化而变化,因而可以实现调节平均线的快慢而达到自适应的效果。

价格轨迹的效率 E 是给定长度的价格历史序列的统计特征,加权因子 a 应该随着 E

变化，其变化的法则可以设置成：

$$a = (c + dE)\delta$$

其中，c、d、δ 都是新的参数，加上计算 E 必须用到的参数 n，这个自适应系统有了 4 个参数，看起来比之前的固定平均线参数更多，更需要人工设置，但是这 4 个参数对不同的行情是不太敏感的，一旦设置好，可以适应更多种不同形态的行情。正如一个智能化的机械不可避免地会增加更多部件。

可以发现对上证指数，市场波动形态清晰明显的状态下，用 60 日均线的效果很好，但是回溯到 2005 年前，市场的波动形态不这么明显，60 日均线就无法适应了。利用自适应均线，虽然参数较多，但在给定一套合适的参数下，可以做到既适合 2005 年后的市场，也适合之前的市场。

总结起来，自适应均线的算法如下：

A. 计算从当前收盘价起，最新的 n 个历史收盘价格的效率 E。

B. 根据公式 $a = (c + dE)\delta$ 计算 a。

C. 根据公式 $y_t = ax_t(1-a)y_t - 1]\, y_0 = x_0$ 计算价格序列的动态平均。

趋势型指标择时是最简单，也是最有效的择时指标之一，通过对主要的趋势型指标的实证结果来看，以均线为主的择时策略具有明显的超额收益，可以抓到大的波段（不管是牛市还是熊市），但是在小波段震荡市的时候，由于频繁交易，容易造成连续错误和损失。

因为自适应的特点，自适应均线比固定均线在更多种不同波动形态的市场中能够有效跟踪趋势，市场出现较大的转折都能被自适应均线跟踪到，从而帮助投资者做出正确的决策。

8.1.3 基本面分析与技术面分析的区别和联系

技术分析与基本面分析各自的区别与联系体现在以下两点：

(1) 技术分析形成了众多的门类，其中有代表性的是道氏理论和波浪理论等。技术分析假设前提是：市场行为包容消化一切信息，价格以趋势方式波动，历史会重演。基本面分析的假设前提是：证券的价格是由其内在价值决定的，价格受政治的、经济的、心理的等诸多因素的影响而频繁变动，很难与价值完全一致，但总是围绕价值上下波动。

(2) 相对于基本面分析，技术分析的优点是客观、直接、容易量化。它从技术指标和技术形态入手，能够形成一种量化的方法，而且操作上受投资者情绪影响较小，能够避免出现基本面投资者对部分公司盲目喜爱或排斥的现象。缺点是难以对重大事件（尤其是不确定事件）、行业走向或公司业绩进行前瞻性的预判，对一些白马股难以获得整段收益，往往因为短期技术形态或技术指标而提前"下车"。它只能在事件发生之后反映到技术面上,才能进行进一步的操作。

相对于技术分析来讲,基本面分析的优点是具有前瞻性、容易抓到白马股。前瞻性方面,基本面分析可以提前预判行业发展前景,也可以提前预判公司业绩拐点,进而能够以相对较低的成本获取筹码。在白马股捕捉方面,基本面分析可以基于公司业绩表现,在公司业绩保持向上增长趋势的前提下手握筹码,把握白马股股价趋势性上涨,获取超额收益。缺点是不易量化、主观性强,投资者容易盲目迷信公司发展前景,进而对自己看好的公司产生"迷恋之情",从而在该止损时没有在第一时间斩断亏损。

综上所述,技术分析与基本面分析没有高低贵贱之分,只有适合与否的区别。同理,真正成熟的投资者不会抨击均线不科学、KDJ 不好用、K 线有瑕疵、技术分析是骗子,也不会抨击市盈率不科学、净利率不好用、基本面分析不靠谱,等等。但凡在市场中能够长期获得稳定盈利的投资者,一定既能够熟练运用技术分析,也能够对多数公司基本面了如指掌,综合运用技术分析与基本面分析。

8.1.4 资本资产定价模型

资本资产定价模型(Capital Asset Pricing Model,CAPM)是由美国学者夏普(William Sharpe)、林特尔(John Lintner)、特里诺(Jack Treynor)和莫辛(Jan Mossin)等人于 1964 年在资产组合理论和资本市场理论的基础上发展起来的,主要研究证券市场中资产的预期收益率与风险资产之间的关系以及均衡价格是如何形成的,是现代金融市场价格理论的支柱,广泛应用于投资决策和公司理财领域。

资本资产定价模型假设所有投资者都按马科维茨的资产选择理论进行投资,对期望收益、方差和协方差等的估计完全相同,投资人可以自由借贷。基于这样的假设,资本资产定价模型研究的重点在于探求风险资产收益与风险的数量关系,即为了补偿某一特定程度的风险,投资者应该获得多少的报酬率。资本资产定价模型如图 8-4 所示。

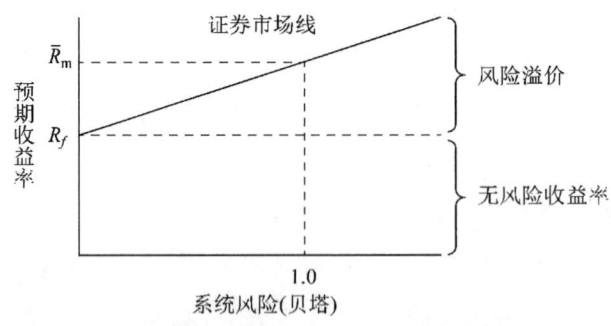

图 8-4 资本资产定价模型图

1. 资本资产定价模型(CAPM)的假设

CAPM 是建立在马科维茨模型基础上的,马科维茨模型的假设自然包含在其中:

(1) 投资者希望财富越多越好,效用是财富的函数,财富又是投资收益率的函数,因此可以认为效用为收益率的函数。

(2) 投资者能事先知道投资收益率的概率分布为正态分布。

(3) 投资风险用投资收益率的方差或标准差标识。

(4) 影响投资决策的主要因素为期望收益率和风险两项。

(5) 投资者都遵守主宰原则(Dominancerule),即同一风险水平下,选择收益率较高的证券;同一收益率水平下,选择风险较低的证券。

2. CAPM 的附加假设条件

(1) 可以在无风险折现率 R 的水平下无限制地借入或贷出资金。

(2) 所有投资者对证券收益率概率分布的看法一致,因此市场上的效率边界只有一条。

(3) 所有投资者具有相同的投资期限,而且只有一期。

(4) 所有的证券投资可以无限制的细分,在任何一个投资组合里可以含有非整数股份。

(5) 税收和交易费用可以忽略不计。

(6) 所有投资者可以及时免费获得充分的市场信息。

(7) 不存在通货膨胀,且折现率不变。

(8) 投资者具有相同预期,即他们对预期收益率、标准差和证券之间的协方差具有相同的预期值。

上述假设表明:第一,投资者是理性的,而且严格按照马科维茨模型的规则进行多样化的投资,并将从有效边界的某处选择投资组合;第二,资本市场是完全有效的市场,没有任何摩擦阻碍投资。

3. CAPM 的计算方法

当资本市场达到均衡时,风险的边际价格是不变的,任何改变市场组合的投资所带来的边际效果是相同的,即增加一个单位的风险所得到的补偿是相同的。按照 β 的定义,代入均衡的资本市场条件下,得到资本资产定价模型:

$$E(r_i) = r_f + \beta_{im}[E(r_m) - r_f]$$

其中:

$E(r_i)$——资产 i 的期望收益率(或普通股的资本成本率);

r_f——无风险收益率,通常以短期国债的利率来近似替代;

β_{im}——资产 i 的系统性风险系数,$\beta_{im} = \dfrac{Cov(r_i, r_m)}{Var(r_m)}$;

$E(r_m)$——市场投资组合 m 的期望收益率,通常用股票价格指数收益率的平均值或所有股票的平均收益率来代替;

$E(r_m)-r_f$——市场风险溢价,即市场投资组合的期望收益率与无风险收益率之差。

从资本资产定价模型的计算公式看出期望收益率与市场投资组合的期望收益率的关系。模型主要研究证券市场供求均衡价格是如何形成的,以此来寻找证券市场中被错误定价的证券。

CAPM 的说明如下:

(1)单个证券的期望收益率由两个部分组成,无风险利率以及对所承担风险的补偿—风险溢价。

(2)风险溢价的大小取决于 β 值的大小。β 值越高,表明单个证券的风险越高,所得到的补偿也就越高。

(3)β 度量的是单个证券的系统风险,非系统性风险没有风险补偿。

4. 如何理解资本资产定价模型

假设有一项资产1,选择一年期定存或者一年期国债,它的收益率为2%,可以称2%为无风险收益率。现在有一项资产2,选择股票市场组合,假设投资它的风险是中等风险,假如持有这项资产2的预期收益率和资产1的相等,也是2%。根据资产组合理论,一个理性的投资人应该会选择风险更小的资产1。

但是,假定资产2的预期收益率再增加6%变为8%,那么投资者更愿意持有它,6%就是所谓的风险溢价。风险溢价(risk premium)可以理解成一种"奖品",它是投资者愿意承担更多的风险而给予的一个奖励(风险溢价=预期收益-无风险收益=8%-2%=6%)。

所以一项资产的预期收益,等于无风险收益率 r_f 加上它的风险溢价。

假设还有资产3,这项资产有更高的风险,比中等风险高10%,那么它的预期收益率至少要多少,才能使得资产3和资产1、资产2看起来具有相同吸引力呢?即资产3应该如何定价?资本资产定价模型CAPM给出了答案。

根据CAPM,资产的预期收益,等于无风险利率加上资产的风险溢价,而此处的风险溢价等于等号右边的第二项:β 乘以市场组合的风险溢价,我们用这一项来衡量资产的系统风险。

那么市场组合是什么呢?

市场组合就是图8-5中的 M 点。M 点是一个全市场组合,组合中每一种资产的持有比例,等于该资产的市值占所有资产的总市值的比例,因此称为市场组合,通常也用来指代全市场。

那 β 具体是什么呢?

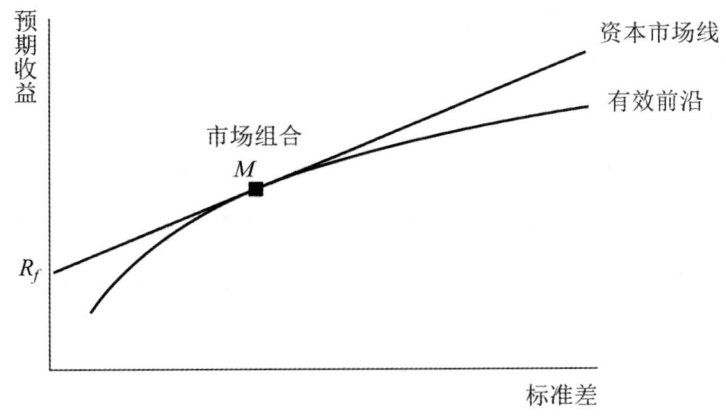

图 8-5 市场组合图

$$\beta_{im} = \frac{cov(r_i, r_f)}{\sigma^2(r_m)}$$

β 衡量了资产 i 相对于市场组合的变动情况。

资产 3 的资本成本(Cost of Capital)是多少？可以用 CAPM 为资产 3 定价，即计算资产 3 的预期收益。

因为 β 是指该资产相对于市场组合的波动情况，所以资产 3 比市场组合的风险高 10%，也就是说 β 等于 1+10%=1.1(这意味着，市场组合上涨 1%，该资产上涨 1.1%，市场组合下跌 10%，该资产下跌 11%)。

由此计算得到：

$$E(r_i) = r_f + \beta_{im}[E(r_m) - r_f] = 2\% + 1.1(8\% - 2\%) = 8.6\%$$

而资产 3 的风险溢价为：

$$E(r_i) = r_f + \beta_{im}[E(r_m) - r_f] = 1.1(8\% - 2\%) = 6.6\%$$

β 越大，资产的预期收益越大。如果投资者确认 CAPM 是一个准确的资产定价模型，那么通过计算得到的资产价格，可以有助于投资者判断资产的价格是被高估还是被低估了，是应该买入还是卖出该资产。

CAPM 模型从本质上传递了两个主要的信息。一个信息是广泛分散化的投资组合可以通过分散化降低风险。另一个信息是，想要获得更高的预期收益，必须接受一个更大的 β 值。

5. 如何计算贝塔系数(β)和预期收益

贝塔系数衡量股票收益相对于业绩评价基准收益的总体波动性，是一个相对指标。β 越高，意味着股票相对于业绩评价基准的波动性越大。β 大于 1，则股票的波动性大于业绩评价基准的波动性。反之亦然。

如果 β 为 1，则市场上涨 10%，股票上涨 10%；市场下滑 10%，股票相应下滑 10%。

如果 β 为 1.1，市场上涨 10% 时，股票上涨 11%；市场下滑 10% 时，股票下滑 11%。如果 β 为 0.9，市场上涨 10% 时，股票上涨 9%；市场下滑 10% 时，股票下滑 9%。

(1) β 系数计算

单项资产系统风险用 β 系数来计量，通过以整个市场作为参照物，用单项资产的风险收益率与整个市场的平均风险收益率做比较，即以整个市场的平均风险收益率为自变量，以单项资产的风险收益率为因变量，求得一元线性回归的回归系数。另外，还可按协方差公式或斜率公式计算 β 值。

$$\beta_{im} = \frac{Cov(r_i, r_m)}{Var(r_m)}$$

(2) 预期收益计算

确定 r_f 是无风险收益率，通常以短期国债的利率来近似替代。$E(r_m)$ 是市场投资组合 m 的期望收益率，通常用股票价格指数收益率的平均值或所有股票的平均收益率来代替（如沪深 300 指数的年平均收益），代入方程，求得单项资产的预期收益率。

注意：掌握 β 值的含义。

β=1，表示该单项资产的风险收益率与市场组合平均风险收益率呈同比例变化，其风险情况与市场投资组合的风险情况一致。

β>1，说明该单项资产的风险收益率高于市场组合平均风险收益率，则该单项资产的风险大于整个市场投资组合的风险。

β<1，说明该单项资产的风险收益率小于市场组合平均风险收益率，则该单项资产的风险程度小于整个市场投资组合的风险。

6. CAPM 的优缺点

优点：

(1) CAPM 最大的优点在于简单、明确。

它把任何一种风险证券的价格都划分为三个因素：无风险收益率、风险的价格和风险的计算单位，并把这三个因素有机结合在一起。

(2) CAPM 的另一优点在于它的实用性。

它使投资者可以根据绝对风险而不是总风险，来对各种竞争报价的金融资产作出评价和选择。这种方法已经被金融市场上的投资者广为采纳，用来解决投资决策中的一般性问题。

缺点：

(1) CAPM 的假设前提是难以实现的。

比如，假设之一是市场处于完全的竞争状态。但是，实际操作中完全竞争的市场是很难实现的，"做市"时有发生。假设之二是投资者的投资期限相同且不考虑投资计划期之后的情况。但是，市场上的投资者数目众多，他们的资产持有期不可能完全相同，而且现在进行长期投资的投资者越来越多，所以假设二也就变得不那么现实了。假设之三是投资者可以不受限制地以固定的无风险利率借贷，这一点也是很难办到的。假设之四是市场无摩擦。但实际上，市场存在交易成本、税收和信息不对称等问题。假设之五、六分别是理性人假设和一致预期假设。显然，这两个假设也只是一种理想状态。

(2) CAPM 中的 β 值难以确定。

某些证券由于缺乏历史数据，其 β 值不易估计。此外，由于经济的不断发展变化，各种证券的 β 值也会产生相应的变化，因此，依靠历史数据估算出的 β 值对未来的指导作用也要打折扣。

参考文献

[1] 张晖. 基于 Logistic 模型的上市公司财务预警实证研究 [J]. 齐鲁工业大学学报，2008，22（04）.

[2] 钱娜. 基于 Logistic 模型的上市公司财务危机预警研究 [D]. 江苏省：南京农业大学，2009.

[3] 红梅. 基于 Logit 模型上市公司财务预警实证研究 [J]. 合作经济与科技. 2007，(08).